The Millennium Book of Prophecy

밀레니엄의 대예언 2

The Millennium Book of Prophecy
Copyright © 1997 by John Hogue
All rights reserved

Korean Translation copyright © 1998
by Aquarius Publishing Co.

Korean language edition arranged with
HarperCollins Publishers Inc., New York
through Eric Yang Agency, Seoul.

The Millennium Book of Prophecy

밀레니엄의 대예언 2

옮긴이 : **최환**
1962년 서울 생. 서울대학교 인문대학 종교학과 졸업.
현재 정보제공 '사피엔스' 운영(신화, 미스테리, UFO 등)
저서 : ≪UFO 최후의 보고서≫ 역서 : ≪로즈웰 파일≫
URL : *http://ufo.sapiens.org*
email : *sapiens @sapiens.org*

밀레니엄의 대예언 2
The Millennium Book of Prophecy

서기 1998년 2월 18일 초판 1쇄 발행
지은이 존 호그
옮긴이 최환
등록 1997. 4. 14 . 1-2160호
펴낸이 유희남
펴낸곳 도서출판 물병자리
주소 서울 종로구 종로1가 19번지 표준빌딩 807호
전화 (02)735-8160 전송 (02)735-8161

본 저작물의 한국어판 저작권은 Eric Yang Agency를 통한
HarperCollins Publishers Inc., New York사와 독점계약하여
'도서출판 물병자리' 가 소유합니다.
저작권법에 의하여 한국 내에서 보호를 받는 저작물이므로
무단전재와 무단복제를 금합니다.

ISBN 89-87480-09-7 03900
ISBN 89-87480-07-0 (전2권)

목차

제3부 축복의 미래 · 301
유토피아로 가는 다리가 있는가? · 312
    다리 1: 발명 · 314
    다리 2: 엘리트에 의한 지배 · 324
        정치적 유토피아로의 다리: 최초의 스케치 · 328
        정치적인 유토피아의 다리: 두 번째의 스케치 · 332
        정치적인 유토피아의 다리: 제3의 스케치 · 336
    다리 3: 러시아는 세계의 희망이다. · 340
    다리 4: 지구 공동체 · 346
        라즈니쉬푸람의 실험 · 350
    다리 5: 인간—산업 복합체 · 362
    경고! 물병자리의 어두운 면이 있다. · 369

과거의 죽음 · 379
    서설 · 380
    신세계로? · 384
        도그마의 묘지 · 392
        누가 누구에게 적그리스도라고 부르는가? · 401
    핵가족, 핵전쟁 · 404
    과당 경쟁(Rat Race): 호모 "햄스터" 사피엔스의 사회 · 411
    민족주의: 전지구적인 감화 체계 · 415
    사람은 자아와 분리되어 있다. · 418
    마지막 기회의 책 · 423

영적 반역 · 431
    종교 없는 종교 · 438
        다르마의 씨는 동쪽으로부터 퍼져 나갈 것이다. · 442
        다르마의 씨는 영혼의 혁명을 러시아로 가져갈 것이다. · 444
        그러나 다르마의 씨는 처음에 미국에서 뿌리를 내리고 꽃을 피운 후에야 세계를 계몽시킬 것이다. · 446
    호모 노부스(Homo Novus) · 452
        호모 모리엔스: 부정적인 삶의 인간 · 459
        조르바 붓다 · 462

호모 노부스: 미래를 위한 유일한 희망	464
명상: 정신병원 지구의 치유력	468
명상: 고대 — 현대 과학	486
명상: 원시적 심리학의 여명	490
명상: '질병'으로부터 '진정한 평안'	492
명상: 조건으로부터의 자유	494
명상: "무엇을 하지 말고, 거기 앉아라"	498
명상: "무지"	500
깨달음의 핵심	502
저 메시아의 이름을 부를지어다!	506
'붓다의 땅': 비인격적 메시아의 사원	510
제안된 깨달음의 핵심	512
다르마의 핵분열	514
"내부"	515

맺음말	519
부록: 예언자에 관한 백과사전	523
참고 서적 목록	594

1권

옮긴이의 말	5
이 책을 읽는 방법	12
예언을 글 안에서 구분하는 방법	13
예언에 대한 문헌 정보를 보는 방법	14
저자의 언급에 대한 설명	15
1997년 판에 대한 설명	17
예언과 예언자에 대한 약어	17
머리말 : 공포와 희망	24
예언에 대해 훑어보기	25
제1부 종말기의 교차로	57

피라미드 예언들	61
시간의 순환	62
시간의 종말기에서의 삶	67
두 번째 밀레니엄	73
마지막 교황들	75
다르마의 바퀴가 멈췄다!	77
칼리 유가	78
불에 의한 정화: 마지막 경고들	81
하늘의 징조들	87
마지막의 시간표	88

제2부 공포스런 미래 … 93

종말을 알리는 4명의 기사로부터 최후 심판을 알리는 4명의 사자들 … 97
최초의 사자: 인구 과잉 … 100
두 번째 사자: 지구의 재난 … 107

엄청난 고통	112
대기가 오염된 행성	117
대가뭄	123
전지구적인 대홍수	127
온실 효과냐 빙고(氷庫) 효과냐?	133
불과 얼음이 기근을 초래한다.	135
지진, 이동, 그리고 흔들림-	138
전주곡	148
축의 이동	151
지축 이동 이후의 세계 지도	152

세번째 저승 사자: 나그네쥐 신드롬(Lemming Syndrome) … 156

7개의 마지막 질병들	160
"질병" 1: 피, 질병	162
"질병" 2. 죽음의 물	165
"질병" 3: 여러 가지 숨은 독	168
"질병" 4: 하늘로부터 온 질병	172
"질병" 5: 우울, 절망	175
"질병" 6: 잘못된 예언자들의 아편	179
"질병" 7: 그대가 질병이라는 것을 깨닫는가?	182

네 번째 사자: 제3차 세계대전 … 187

정화에의 의지	191
군비 축소의 꿈	197
신세대 무기들	200
북부와 남부의 블록	206
공포의 삼두정치	211
대심판 연합	214
단계 1: 남쪽 음모가들의 회합	214
단계 2: 중동의 추축국들	215
단계 3: 북쪽으로부터의 공격자	215
단계 4: 아마겟돈의 중국 카드	216
핵 전쟁	217
아마겟돈의 인계 철선	230
아마겟돈: 유프라테스가 마를 때	230
아마겟돈: 음식이 떨어질 때	234
아마겟돈의 인종주의	236
아마겟돈: 국제 테러리즘의 전쟁	239
핵 안전 제어장치와 아마겟돈	242
아마겟돈의 생태학: 초체계가 붕괴될 때	247
두 번째의 대파국	250
제3차 세계대전? 모두를 위해 "자유"를 주는 세계전쟁	255
냉전에서 핵 겨울로	262
그리고 사람들 모두는 말을 탄다: 무의식적인 악몽	**267**
악몽의 4차원	268
교황과 인구 폭발	268
지구 이후의 날	270
기쁨과 질병들	273
뒤바뀐 대재앙의 전사들: 요정 이야기	274
무엇이 예언을 예언일 수 있게 하나?	276
대심판의 사망자: 무의식의 궤멸 이후	281
참고 서적 목록	**285**

제3부
축복의 미래

세계는 상심했지만, 새로 일어나고 있다. 나는 이것을 이해할 수 없다 …….

실비아 부인(1948)

대파국(Apocalypse)! 이 말은 성스러운 인과응보와 지구가 쪼개져 열리고, 죄인들이 사탄을 영접하는 모습으로 그려진다. 운명이 벽에 부딪치고, 역사의 마지막 변명을 듣게 되는 순간이다. 이것은 영적인 상실을 의미한다. 어떤 사람의 머리 위에 있는 모자처럼 생긴 산들이 끌려 왔으며, 혀에 검이 달린 천사들과 함께 성 요한이 힘든 여행에서 돌아왔을 때, 모든 울음 소리와 일곱개의 눈을 가진 새끼 양의 울음 소리를 들었다. 왜? 카르마의 대장(즉 전능의 신)이 생명의 책을 살펴보고 있으며, 거기에 당신의 이름이 없기 때문이다. 대심판의 날이 왔다!

대파국? 이 말은 우리가 투사했기 때문에 생명력을 갖게 된 것이다. 그것은 수 세기가 흘러오면서 형성된 이야기와 같이 새롭게 덧붙여졌다. 그리스인들은 '이 세계가 망할 것'이라고 생각하지 않았다. 'Apocalypse'의 글자 자체의 뜻은 '미발견'이나 진실을 '폭로하는 것'을 의미했다. 여기에는 구문상 변화된 상황에서 숨겨졌던 진실이

드러나 있다. 그러나 폭로된 진실은 준비가 아직 되어 있지 않은 변화를 의미하는지도 모른다. 우리가 변화에 대해 절망적으로 반응하고, 거짓 뒤에 숨어 있는 진실을 두려워하는 다른 이유는 무엇인가? 우리는 진실의 계시에서 대파국만을 보는 것은 아닌가?

나는 20세기 중반에 파국의 전조에 대한 경험과 예언의 활용법을 알기 위해 다양한 영매술을 실험해 보았다. '대파국'이라는 말의 본래적인 의미를 음미하고 싶었다. 얼마 동안 나는 타롯카드(점치는 데 사용되는 그림카드)를 판독했다. 좋은 심령가가 되는 길은 자신의 기대와 두려움을 중지하고 통찰에 (나 자신의 내적인 신탁, 만약 당신이 원한다면) 맡기는 것이라는 것을 알았다. 카드들이 스스로 말하게 해 주기를 바랐다. 나는 그것을 억지로 '읽으려고' 하지 않았다. 만약 아무것도 나타나지 않으면, 아무런 대답도 없는 것이었다. 딱 한 가지 규칙만 있었다. 판단하지 않는 상태에서 그것이 말하는 것을 무엇이든 완전히 신뢰하는 것이다. 그리고 이것은 거의 언제나 신탁의 '규칙'대로 호흡을 하면서 기다리는 동안 내가 경험했던 동일한 '차이'에 대해 고객의 에너지를 나와 동화되도록 노력했다. 내부의 신탁은 나나 고객이 리딩(점의 판독)의 진위를 판단하는 것에 전혀 관심을 두지 않았다.

기다리고 기다리고…… 매순간 들이쉬고 내쉬고. 입은 자기 스스로 말하고 손은 카드를 돌리고 생각은 스스로 그물처럼 짜여졌다. 바로 이러한 태도의 차이가 고대 그리스인들이 '대파국'이라는 말을 사용했던 원 뜻이라고 나는 생각한다. 이것은 예의와 격식, 사회정치적 관심, 모든 지식에 의한 가정과 자기 정체성이 사라져 버린 무지의 상태이다. 이러한 태도가 한두 가지 두려움을 갖고 있는 고객의 잘난 체하는 가면 뒤에 숨어 있는 후회의 눈물을 끝내 흘리게 만든다. 한 번은 독자들과 판독자를 당황하게 만드는 질문이 있었다. 나에게 '신탁'을 받으러 오는 사람들은 거의 대부분이 가난한 고객들이었지만, 결코 묻지 않았던 질문이었다.

나는 한때 캘리포니아에서 심령학 센터의 초빙 연구원이었다. 한 여성이 리딩실로 문을 열고—억지로 밀고 들어왔다는 표현이 더 적절할 것이다— 들어왔다. 내 '신탁'은 이 여인이 무의식적으로 자신의 비만과 지성을 과시하고 있다는 것을 금방 느꼈다. 그리고 나의 큰 입을 사용하여 그녀의 신탁을 수행했다. 그녀는 다섯 살경에 무언가를 도난당했다는 느낌을 받았다는 것과 이제껏 그 박탈감을 채우려고 한다는 것을 알게 되었다.

그녀는 대경실색을 하면서, "나는 다섯 살 때 갑상선을 앓았죠"라고 말했다. "그 때문에 외모가 이 지경이 되어 버렸죠." 그녀는 코끼리 같은 주름을 가리키면서 고백했다.

이것은 단지 나의 신탁을 부추겼을 뿐이다. 그녀는 비교(秘敎)적인 문제에서 빌려온 지식으로 지적인 자만심을 채우고 있으며, 이 학문적인 비만은 오래도록 그녀가 추구한 미스터리에 대해 직접적인 경험을 해 보고 싶다는 희망을 달래 주고 있다고 신탁은 알려 주었다. 그 말은 그녀에게 충격을 주었다. 그녀는 자신이 심령술 판독자라는 것을 인정했으며, 그녀는 내가 형이상학 분야에서 새롭게 알려져 있었기 때문에 나를 떠 보려고 했다고 고백했다.

그녀의 개인적이고 심리적인 부분들인 기대하지 않은 조각들이 놀랍게도 그녀를 완전히 사로잡았다. 나는 그녀가 다른 사람들의 미적 취향의 포로였기 때문에, 더 이상 자신을 사랑할 수 없었던 다섯 살바기 어린 소녀의 모습과 눈물을 보았다. 갑작스럽게 자신이 노출되자, 그녀는 사람이 차크라라고 하는 7개의 에너지 센터를 가지고 있다는 동양 이론을 신봉했다고 고백했다. 이것은 인간의 육체를 넘어 불가시적인 것으로 정묘한 몸 속에 가지고 있는 것이다. 그녀는 이것을 거의 느낄 수 없었기 때문에 자신의 목에 상응하는 통신 차크라가 상실되어 있거나 작동하지 않고 있다고 생각했다. 이때 신탁은 그녀의 뒤에서 이것에 대해 알고 있다는 것을 불쑥 말했다. 그녀가 느끼고 있었던 것은 자신의 차크라들이 아니었지만, 이 주제에 대한 책을 통해 갖추게 된 지식에 의해 형성된 것이었다. 만약 지식이아니라 체험으로 차크라를 알았더라면 , 그녀의 목 차크라는 열렸을 것이고 다른 것은 닫혔을 것이다.

  내가 지적하고 싶었던 마지막 것은 잔인한 것이었고 그녀를 울게 만들었다. 나는 리딩하는 동안, 자신의 제한을 발견하고 제한을 두려는 도덕성을 느끼고 신탁의 말들을 비판한다. 그러나 새로운 호흡을 하면서 무언가가 이 여인이 달콤한 허위 속에 빠져서 만족하는 경향을 사라지게 했다. 최면은 계속되었다. 내 입은 신탁이 혀를 움직일 수 있게 기다렸으며, 자음을 발음하고 모음을 함께 붙여 원하는 말을 쏟아부었다. 이번에는 신탁이 언짢아서 공허한 침묵만이 있었다.

  그녀는 울었다. 나는 앉아서 기다렸고 숨을 살폈다. 그녀의 훌쩍거림은 대파국의 고요한 눈 가장자리에서 신탁이 일으키는, 소용돌이치는 허리케인이었다. 흐느낌이 갑자기 끊어졌다. 나는 그녀가 침묵하고 있는 사이에 내 신탁의 목소리를 들을 수 있었다. "그것이 빌려온 지식 너머에 있는 곳이요." 나는 도대체 그것이 무엇을 의미하는지 알지 못했지만, 이 말은 우리 둘이 기운을 차리게 했고 나는 우리의 마음과 몸이 이완되어 현존하고 있는 상태로 되돌아왔음을 느꼈다.

　순간이 떠돌고

　　　구름이 무거워지면

　　　　　강하한다.

　조용히 비가 되어 나의 등을 모두 적시고 일상적인 마음에서 벗어난 일시적인 생각과 감정들을 애무했다. 그것은 촌놈, 두려움, 의기양양함, 울고 있는 여인으로 반사되었고, 사건들이 분명히 관찰되면 될수록 신탁은 점점 더 다가가지 못 하게-그들 모두로부터 자유롭게 되었다.
　타롯카드를 이용한 작업 뒤에 나의 고객은 자신을 고립시켜 영적인 헐벗음 상태로 만든 몸과 모든 판단을 벗어나 감동적인 아름다움을 드러냈다. 그녀는 대파국을 이루어냈다. 40년 동안 숨어서 그녀를 아프게 만들었던 40년간의 상처는 진실의 대기에 노출되었다. 그리고 이것을 받아들이자 자유가 찾아왔다.
　그녀는 연약했지만 고마워하는 고객이었다.
　한 시간 뒤에 나는 요한 계시록을 리딩하며, 수세기 동안 사용된 '대파국'이라는 말과 다른 반응도 경험했다. 전화가 울렸다. 비만에서 자유를 얻은 심령가는 계속 매우 화가 난 상태였다. 그녀는 나를 비난했고, 자신의 판단 속에 아직도 자신의 작은 소녀를 감싸고 있었기 때문에, 다시 상처를 줄 수도 있었다.

나는 그녀의 통렬한 비난에 싫증이 나서 한숨이 나왔다. 나 자신에 대해서도 이와 동일한 에고의 조건적이고 반사적인 습관을 잘 알고 있었다. 나도 숨기고 있는 자신의 상처를 가지고 있고 노출되고 드러나고 때때로 애끓는 진실을 부정한다. 그리고 이것이 폭로되면 불쾌한 감정을 일으키기 때문에 진실을 은폐하는 나 자신에 대한 두려움을 갖게 만든다.

이것이 끊임 없이 내일에 대한 두려움을 느끼게 만드는 동기이다. 만약 우리가 자신의 에고에 집착한다면 우리는 깨닫는 데에 충분한 용기를 내지 않을 것이며, 낡은 사고방식이나 도덕성을 버리지 못하게 될 것이다. 우리는 계속 고통을 겪을 것이다.

어느 날 센터를 찾은 O부인은, 영혼과 관련을 맺는다는 것은 나를 포기하는 것이라는 점을 깨닫게 해 주었다. 풍부한 차크라를 가진 이 부인은 남부 캘리포니아 심령교회에서 주요한 비교(秘敎)철학에 통달한 사람이었다. 뉴 에이지의 관점에서 보았을 때 나는 깊은 차크라 상태에 있었다. 나는 이 점에 대해 어떠한 고마움도 없었다!

어느 날 O부인은 나를 찾는 많은 고객들의 에고가 주름투성이라고 이야기 했다. 나는 방어하지 않았다. 그것은 사실이었다. 그들에게는 그들이 전생에 네페르티티(이집트의 왕비)나 예수 그리스도의 사적인 친구라고 말하지 않고, 유명한 요정 이야기에서 나오는 '새옷' 만큼이나 현혹시키는 것을 입었던 가상의 제왕들처럼, 그들의 과거 생활이 어떠했는지에 대해 나의 버릇 없는 신탁은 거친 방식으로 지적했던 것이다. 나의 고집 센 신탁은, 나를 찾은 사람들에게 그들의 미래의 영적 동료들에 대한 계시를 속삭이는 대신에 자신의 영혼의 짝들을 그들 스스로 감방에 가두어버렸다고 지적하고 그밖의 엉터리들을 폭로시켰던 것이다.

나는 어떤 타협도 불가능하다는 것을 O부인에게 말했다. 만약 사람들이 부푼 꿈을 가지고 나에게 오면, 나의 신탁은 마치 바늘 침대와 같았다. 나는 기꺼이 대파국적인 결과에 직면하였고, 내 고객을 위한 가짜 리딩을 해주기보다는 손님을 받지 않는 쪽을 택했을 것이다. O부인은 나를 해고하지 않았지만, 얼마 뒤에 나는 원예사가 되기 위해 심령술 카드 놀이를 그만 두었다.

대파국 현상에 대한 두려운 경험은 파트모스의 성 요한으로부터 기원했다. D. H. 로렌스는 에세이 ≪대파국≫에서, 기독교 무리들에게 성경의 마지막 예언자가 전쟁에서 함성을 지르는 것처럼, 대파국의 의미를 더럽힌 것은 지나치게 열심인 신자들에게 전달하는 과정에서 왜곡된 '이등 정신' 탓이라고 돌렸다. 이들 히스테리성 발작은 대심판의 날에 가난한 죄인들을 용서하게 해달라고 하면서 자기 자신이 천국에 비밀리에 들어가기를 바란다. 성 요한이 공포를 유포했음에도 불구하고, 그는 또 다른 의미에서 올바를지도 모른다. 아마 이 말의 본질적인 의미를 이해하려면, 예기치 않은 진정한 대파국이 있다. 아무도 진실이 꿈을 담은 컵을 뒤집는 것을 원하지 않는다. 정직하게 말하면, 아무도 무의식의 어두운 찬장 안에 계시적인 횃불을 기꺼이 밝히겠다고 말할 수는 없다. 계시의 빛이 원하지 않는 두려움과 악의 어두움을 내쫓을 수 있기 전에 우리의 꿈들을 이루고 있는 환상적인 재료를 폭로해야만 한다.

아마 가장 큰 꿈은 우리의 삶을 은밀하게 통제하는 것에 대해 믿는 것이다. 그리고 아마 가장 두려워하는 계시는 바로 안전이란 요정 이야기와 같다는 것을 발견하는 것이다.

주일학교에서 배우는 성 요한의 악몽을 제외하고, 미래를 표류하고 있는 나를 따라오기 위해 독자들이 이 책의 제1부에 나오는 예언들을 참고할 필요는 없다. 심판의 날은 신의 모습이나 더 예언적인 해석자의 투사를 필요로 하지는 않는다. 그것은 단지 에어컨으로부터 새어나오는 과도한 CFC나 핵의 과잉살상 능력의 축소를 핵감축이라고 믿는 사람들만 있어도 충분하다. 심판의 날은 세속적인 현상일 수도 있다. 신, 천국의 약속, 또는 지옥의 악몽이 존재하건 하지 않건, 많은 사람들은 자신의 당대에 재앙이 닥칠 것이라고는 인정하지 않는다.

우리는 지난 만 년 동안의 동기(motivation)에 의해 지배되어온 '현재로부터 미래에 이를 수 없다'는 예언적인 사고에 익숙해져 있다. 다음의 위대한 시대는 아담 시대의 전통을 극복하기 위해 변화될 준비가 된 사람들을 위해서만 올 것이다. 제3부 "축복의 미래"는 소수 사람들의 미래관을 살펴 볼 것이다. 이들 예언들에 의하면, 의식의 대파국이 전지구적 죽음을 방지한다는 것이다.

현재 예언가들은 우리 자신에게 문제가 되는 '문제'를 지적해 왔다. 제3부에서 몇몇 사람들은 우리의 운명에 대해 어떻게 예언할 수 있는지를 알아 보기 위해 단순한 예측에서부터 시작할 것이다. 책의 초반부는 경고였다. 후반부는 두려움을 극복할 수 있게 해줄 예언적인 전망을 살펴볼 것이며, 우리가 시간의 흐름에서 벗어나기 전에 변화에 대한 저항을 극복할 수 있도록 도움을 줄 것이다.

모든 인공적인 진보는 파괴를 부를 것이다. 그러나 위대한 운명이 경고를 보내기 위해 그녀의 손을 들 것이며 정지하라는 명령을 내릴 것이다. 만약 사람들 사이에 살아 있는 현자의 말을 듣고 중단하면, 자신에게 이득이 될 것이다. 그렇지 않으면 불행을 맞이하게 될 것이며 거대한 재난이 뒤따를 것이다.

몬트리올의 예언(1888)

모든 것은 우리가 얼마나 급격하게 통과(시간상)할 것인가에 의해 결정될 것이다. 만약 우리가 주의 깊게 생존을 보존하여 추락하지 않으면서 이를 통과하게 되면, 모든 것은 회복될 것이며 건강이 되돌아 올 것이다. 그러나 만약 우리가 한 발자국을 잘못 디디면 우리는 추락할 것이다. 세계는 보존되지 못할 것이다. 사람은 애쓰다가 고통을 받거나 모두 함께 죽을 것이다.

데구치 나오의 것이라 추정(1896년경)

그렇다. 이 세상은 이번 세기말에 끝나게 될 것이라는 노스트라다무스와 같은 옛 예언자들의 예언들은 이제껏 이해되어 온 것과는 다른 의미에서 진실이다. 노인(인류)은 참신한 가치를 갖는 새로운 인간들에게 자리를 내주고 사라져야 한다. 하나의 지구는 국가들로 분리되지 않고, 하나의 인류는 종교로 분리되지 않을 것이다. 변화들은 일어나고 있다. 그것은 이번 세기말에 정점에 이를 것인데 이때에 인류는 궁극적인 판단의 순간에 직면해야 할 것이다. 자신을 완전히 변형시키고 낡은 것을 버리며 뒤돌아 보아서는 안된다. 새로운 가치를 만드는 것에 착수하고 앞을 보라. 왜냐하면 과거는 지나갔고 무덤을 지나치게 자주 방문하는 것은 위험하다. 당신들이 관심을 두어야 할 것은 미래이다. 당신들이 도전할 것은 미래이며 멀리 떨어진 별들이다.

오쇼(1987), GRCH

유토피아로 가는 다리가 있는가?

그 뒤에 나는 새 하늘과 새 땅을 보았습니다. 이전의 하늘과 이전의 땅은 사라지고 바다도 없어졌습니다. 나는 또 거룩한 도성 새 예루살렘이 신랑을 맞을 신부가 단장한 것처럼 차리고 하느님께서 계시는 하늘로부터 내려 오는 것을 보았습니다. 그때 나는 옥좌로부터 울려 나오는 큰 음성을 들었습니다. "이제 하느님의 집은 사람들이 사는 곳에 있다. 하느님은 사람들과 함께 계시고 사람들은 하느님의 백성이 될 것이다. 하느님께서는 친히 그들과 함께 계시고 그들의 하느님이 되셔서 그들의 눈에서 모든 눈물을 씻어 주실 것이다. 이제는 죽음이 없고 슬픔도 울부짖음도 고통도 없을 것이다. 이전 것들이 다 사라져 버렸기 때문이다." 그때 옥좌에 앉으신 분이 "보아라, 내가 모든 것을 새롭게 만든다" 하고 말씀하신 뒤 다시금 "거룩하여라, 이 말은 확실하고 참된 말이다" 하고 말씀하셨습니다.

파트모스의 성 요한(서기 81-96), REV 21:1-5

유토피아는 그리스말 ou topos—"설 자리가 없다"로부터 온 것이다. 이것은 존재하지 않는 사회정치적인 완벽성에 대한 꿈에서 온 말이다. 억수같이 많은 생각들이 등장했을 때 사람들이 생각이라는 모자를 걸어 놓았던 존재하지 않는 모자 걸이이다. 이는 하늘에 던져져 있는 파이들을 받아 먹을 가능성이 있는 창문이다. 이것은 토마스 모어와 블러디 메어에 의해 영구화된, 가상의 작은 섬이다. 이것은 린든 베인스 존슨의 "위대한 사회"라는 서정시를 노래로 만든 로저스와 해머스타인의 "발리 하이"이다. 이것은 세계 공동체의 노래이며, 지구의 평화, 그리고 곡식 절단기를 치는 무기이고 할머니의 뜨개 바늘이다. 유토피아는 후르시초프의 구두 리듬에 맞춰 미국의 홀에서 춤추는 탱고이다. 어떻게 우리는 유토피아에 도착할 것인가?

인류가 배고픔, 죽음, 또는 전쟁의 비참함을 알지 못할 때가 올 것이라고 말한다. 인류가 국경의 고통과 다양한 종교로 겪게 되는 정신 분열증의 고통 없이 한 가족이 되는 때. 국가들은 전쟁과 거짓말, 그리고 가이아의 지구, 물, 그리고 공기 등 마지막 오염된 조각들을 둘러싸고 경쟁하는 것이 중단될 것이다. 유토피아를 위한 대가가 있다. 변화이다. 우리는 현재의 케익을 가질 수 없고 미래에 이를 먹게 된다. 문명의 7천년 간의 향연은 마지막 길에 들어섰다.

그러나 기다리라. 방금 어떤 것이 떠올랐다. 나는 이에 대한 잘못된 은유를 사용하고 있다. 여기에 가지고 있는 것은 공학적인 문제이다.

2부에서 본 것과 같이 인간의 생존을 위협하고 있는 것들은 지구 역사상 어느 때보다도 더 많고 심각하다. 우리는 다음 수십 년 동안 혼탁한 물에서 이를 만들어내지 못할 것이다. 가장 좋은 예언적인 사상가들도 우리를 다른 강으로 건너게 해 줄 다리를 고안해 낼 수는 없다. 그들은 단지 어떻게 우리가 노이로제에 걸린 현재로부터 황금기에 이를 것인가에 대한 암시만을 줄 뿐이다.

다음은 다섯 개의 예언적인 건설 계획들이다. 유토피아로 이르는 원형적인 다리는 다음과 같다. 발명, 엘리트의 지배, 세계의 희망으로서의 러시아, 지구 공동체, 그리고 인간-산업 복합체이다.

각각의 예언적인 상은 다리를 건설하는 것에 관한 몇 가지 정교한 예언의 테두리와 함께 시작한다. 그 뒤에는 잘못된 운명이라고 밝히는 예언을 스케치삼아 미래를 알아내게 될 것이다. 미래에 대한 디자인들 중에는 정교한 것도 있고, 또 다른 것들은 급진적이다.

다리 1: 발명

새로운 여인

'물병자리'나 '뉴 에이지'는 또한 대격변, 혁명, 그리고 변화를 이끄는 여성이 완전히 새로운 역할을 하면서 세계 무대에 나타날 것이다. …… 여성들은 모든 공적인 생활에서 전선으로 나가야만 한다. 나는 여성이 권력을 잡는 것이 좋거나 나쁘다고 생각하는 조류에 대해 불만을 가질 사람이 없다는 것을 확신한다.

체이로(1926), CWP

미스터리는 객관성을 지닌다: 과학에서의 비약

물질과학은 하나하나 치명적인 타격을 받을 것이다. …… 자연의 작업장에서 벌어지는 사실과 과정들은 신기함이 그 난해함을 폭로하고 소수의 개인들에게 주어지면서 정확한 과학들로 그 길들을 발견하게 해줄 것이다.

블라바츠키 여사(C.1888)

암의 치료

암과 같은 질병을 치료하는 데에 도움이 되는 많은 새로운 화학물들이 1993년부터 오랜 동안 논의될 것이다.

아이린 F. 휴즈(C. 1979)

5백명에게 음식과 의복이 제공되고 주어지게 될 것이다.
흙은 고무되어 최대의 생산성을 보일 것이며, 이전에 잡초로 생각된 행성의 전 영역이 음식이나 의복을 위해 사용될 것이다. 이들 큰 발전은 지구를 안락하게 만들 5백억 명에게 식량을 공급할 수 있을 것이다.

데이비드 굿맨 크롤리(1888), GLMPS

새로운 에너지 자원들: 반중력

…… 세 손가락 정도의 폭과 높이의, 인간보다 작은 기계로 자신과 친구들이 모든 감옥의 위험과 상승, 하강의 위험으로부터 자유로워질 수 있을 것이다.

로저 베이컨(1268), EPSC

새로운 생활양식들

사람들은 하루에 6시간 이상 일하지 않을 것이며, 오락가락하며 이동할 것이다. 재화와 용역은 모두 밤 시간 동안 이용하게 될 것이다. …… 사람들은 온도 조절된 환경을 제공할 돔 아래에서 살 것이며 공기로부터 해로운 물질을 걸러낼 것이다.

데이비드 굿맨 크롤리(1888), GLMPS

페스트들이 사라지고 세계는 작아진다. 오랜 동안 땅은 평화롭게 될 것이다. 사람들은 하늘(위에서), 바다 그리고 파도— 안전하게 여행할 것이다.

노스트라다무스(1555), C1 Q63

물병자리: 과학의 시대

미래는 과학자들의 것이지 정치가들의 것이 아니다.〔정치가들은〕스스로 동의하여 사라질 것이다. 그들은 자신들의 목적을 위해 과학자들을 착취해 왔으며, 누구든〔착취하는 것은〕존엄한 행동이 아니다.

오쇼(1987), GRCH

우생학을 통한 범죄의 종말

합법적인 수단들이 범죄자, 정신이상자, 그리고 출산시 병에 걸린 자들을 보호해 주기 위해 설립될 것이다.

데이비드 굿맨 크롤리(1888), GLMPS

유전공학은 생명을 연장한다.

그곳〔새 예루살렘〕에서는 결코 다시는 불과 며칠만 살 수 있는 영아나 자연 수명 전에 죽는 노인이 없을 것이다. 백 세에 죽는 사람은 매우 젊어서 죽었다고 생각할 것이다. 백 세에 이르지 못한 사람은 저주받았다고 생각될 것이다.

제3 이사야(서기전 400년), IS 65:20

죽음이 없을 것이다.

그는 그들의 눈에서 모든 눈물을 닦을 것이다. 사물의 낡은 질서가 사라져 버렸기 때문에 더 이상의 죽음과 애도나 울음이나 고통은 없을 것이다.

파트모스의 성 요한(서기 81-96), REV 21:4

지구에 대한 물질적(영적인 것뿐만 아니라)인 하늘
이들의 개선과 발견은 영혼을 새롭게 할 것이고, 지구에 휴식을 주어 세속의 국토에서 벗어나 자연적인 순항을 할 준비가 갖추어질 것이다. 영광스러운 시기가 인류 앞에 있다. 이것은 영적인 조화를 위해 준비된 일종의 물질적인 하늘일 것이다. …… 새로운 체제를 사랑하라. …… 물질적인 세계의 진전을 지성적으로 신뢰하라.

앤드류 잭슨 데이비스(1856년), PEN

다가올 물병자리 시대를 지배하는 에너지는 미래에 대한 우리의 관심을 과학에 의한 것으로 영향받게하고 또한 지배받게 할 것이다. 제한적으로 삶을 조종하는 물고기자리 시대는 인간의 상상력에 대한 통제를 잃어 버리기 시작할 것이다. 맹목적인 믿음보다는 반항적인 지적 호기심이 길이 될 것이다. 과학은 '앎'을 의미하고 앎의 훈련은 삶의 모든 차원에 영향을 미칠 것이다. 갑작스럽고 극적인 변화는 전체 사회에서 발생할 것이다.

미래의 지배층은 인테리겐챠일 것이다. 물병자리 시대는 인간의 마음에 과학과 신비주의의 통합을 가져다 줄 것이다. 물병자리의 지배 행성인 천왕성은 극단적인 연금술사이며 기이할 정도로 반항적인 통찰력을 지닌 천재이다. 천왕성은 연꽃처럼 모든 방향에서 자신을 펼치며 열리게 될 것이다. 그는 모순적인 것에 익숙하며 비합리적인 것의 베일을 꿰뚫을 수 있다. 이를 단순화하면, 물병자리의 과학자, 예술가, 또는 선교사들은 항상 움직이는 형상들 사이의 차이에서 편안함을 느낄 것이다. 물병자리의 원형적 지배자인 천왕성은 기본 지식들을 미지의 황금으로 바꾼다.

크리슈나무르티는, 거침없는 물병자리시대의 의식의 흐름 안에서는 미래 인류의 조화속의 부정들이 형태가 부여될거라고 사유했다. 크리슈나무르티에 대한 기억할만한 대화 중의 하나는 양자물리학과 실재와 시간에 관한 이론으로 우리의 의식을 뛰어넘은 위대한 물리학자 데이비드 봄과의 대화이다. 바라보는 객관적인 자와 춤을 추는 주관적인 자. 과학자와 대화하는 신비주의자 이것은 미래의 대화 방식이다. 크리쉬나무르티는 주관적이고 영적인 영역을 사람이 탐구하기 위해서는 완전히 물질적이고 경제적인 안락 속에 살아야 한다고 반복해서 강조했다. 인도의 신비가인 오쇼(라즈니쉬)가 한때 말한 바와 같이 "나는 우마차에서보다는 롤스로이스에서 명상을 더 잘 할 수 있다."

물병자리시대는 천왕성의 원형에만 머물지 않을 것이다. 토성은 물병자리의 세속적이고 낮은 진동수의 속성을 지녔고, 구조와 제한하는 힘의 원형을 지닌 이 토성이 앞으로 있을 천왕성의 혼돈을 조직화하려고 할 것이다. 토성의 진동을 이해하면, '창조'라는 유토피아에 다리를 놓을 수 있을 것이다.

천왕성에 대해 놀랄 만한 것이 또 하나 있다. 새롭고 무제한적인 에너지 자원들의 발견은 정치적이고 산업적인 긴장이 생태계에 미치는 많은 것들을 짧은 시간 내에 극복할 수 있게 해줄 것이다. 중세기에 로저 베이컨이 반중력에 대해 언급한 것은 전자기 추진 시스템에 대해 현재 진행되고 있는 실험들의 성공을 예측한 것인지도 모른다. 일본인들은 온실 가스의 주요 방출자들(내연엔진)을 맘모스처럼 사라지게 만들 것으로 예상되는 초전도성 물질에서 급속도의 진전을 이루고 있다.

　오사카 시의 내해(內海)에서 일본인들은 자기 부상 열차에서 사용된 것과 동일한 기술을 해운 수송에 적용하고 있다. 고베에서는 전자적으로 동력이 제공되는 배가 미쯔비시 중공업의 부두에서 만들어지고 있다. 야마토 1호의 처녀 출항은 로버트 풀톤이 만들어낸 최초의 증기선에 필적하는 의미를 가질 수 있는 것이다. 이 시스템은 파도를 가로질러 조용히 미끄러지는 전자기 진공을 통해 바닷물을 밀어내는 자기 추진력에 의해 작동된다. 21세기 중반에 해양 교역은 아마 인류가 유출시킨 기름의 흔적을 다시는 쫓아가지 않도록 바다를 휘파람을 불며 항진해 나가게 될 것이다.

　자신이 공간 왜곡을 통해 미끌어질 수 있는 무반동 엔진의 비행접시를 만들었다고 주장하고 있는 샌디 키드라는 사람이 있다. 그는 오스트레일리아 밀림에 살고 있으며 반항적인 기질의 공학자이다. 그는 자신의 회전 추진체가 뉴톤의 법칙을 우습게 만드는 진정한 반중력 기계라고 말한다.(천왕성은 웃음을 좋아한다.) 자이로스코프의 세계적인 전문가인 에릭 레이스와이트 교수는 샌드 키드를 '영리한 사람'이라고 부른다.

　키드의 원형 회전체는 중세에 로저 베이컨에 의해 예측된 '장치'와 동일한 높이에 달려 있다. 손가락 3개 정도의 폭 이하의 높이와 넓이를 갖는 크기의 장치는 십자팔의 양 끝에 45센티미터 높이의 바퀴를 갖고 있다. 1985년 초에 런던의 임페리얼 대학에서 최초로 있었던 공개 시연회에서 보여 준 키드의 바퀴는 베이컨이 7백 년 전에 보았던 것이었다. 그것은 상승과 하강을 위해 중력의 제한으로부터 자유롭게 해주는 것이다.

시연 뒤에 레이스와이트는 "여기에 있는 것은 우주 여행을 가능하게 해줄 것이다. 만약 그것이 발전되면, 한 숟가락의 우라늄만으로 우주로 나갈 수 있게 될 것"이라고 말했다.

만약 그의 가정이 사실이라면 우리는 스타트렉과 은하연합에 대해 텔레비전을 통해 볼 수 있었던 것처럼 3백 년 이전의 현실로 이동하는 것이 가능할 수도 있다. 키드는 이를 스코틀란드산 위스키처럼 두껍고 풍부한 하이랜드 엑센트가 섞인 자신의 건방진 오스트레일리아 말씨로 말했다. "과학자들은 단지 내가 옳고 기존의 물리학자들이 틀렸다는 것을 받아들여야 할 것이다. 그때에만 우리는 우주로 나갈 수 있고, 현재 런던과 시드니 사이를 날아가는 시간에 몇 시간 정도만 더 가게 되면 화성에 착륙할 수 있을 것이다."

어느 날 키드와 같은 과학계의 괴짜가 소신 있는 주장을 하게 된다면, 그는 19세기의 기술에 대한 예언자 앤드류 잭슨 데이비스의 전망을 실현할 것이다. 데이비스는 이 수송 혁명이 지구를 낙원으로 만들면서, 가족 관계에 있는 별 사이에 우주적인 우호관계에 이르게 만들 것이라고 믿었다. 제트 시대와 위성의 발명은 이미 분리되어 있는 장벽을 깼고, 노스트라다무스가 예측한 것처럼 지구를 작은 장소로 만들었다.

전지구적으로 인간이 생활하고 생각하려면, '야만과 적대' 상태가 지속되는 세계를 만드는 데에 인류의 반이 참여하고 있는 안타까운 현상을 극복할 수 있어야 하며, 서로를 고립시키는 많은 전통들과 결별해야 할 것이다. 보라! 규방의 여자들은 텔리비전을 보고 있다. 사람들은 다른 여성들이 어떻게 살고 있는지를 본다.

데이비드 굿맨 크롤리에 따르면 물고기자리의 도덕성(19세기의 빅

토리아 시대의 그것)은 진흙탕에 자신의 발을 깊이 들여 놓고 있었다. 이 견해는 1888년에 여성 해방 운동에 대한 넓은 안목을 지닌, 또 다른 빅토리아 시대 사람인 루이스 하몬(체이로) 백작의 그것과 일치했다. 그는 다음과 같이 말했다.

> 전세계 여성들은 점증하는 기회와 특권을 즐겨야 할 것이다. 이 새로운 자유에 따라 과거에 남자들에게만 용납되었던 성적인 행동에 대해 사회적으로 관용하는 분위기가 될 것이다. 이에 더하여 직업 선택의 가능성이 더 커졌기 때문에, 더 많은 여자들이 아이들을 갖지 않기를 선택할 것이다.
>
> 체이로, GLMPS

창조성에 의해 다리가 놓여진, 유토피아적인 고도의 생활 수준을 얻게 될 때 과거의 많은 전통들은 일반적으로 물고기자리의 여명 속으로 부드럽게 사라질 것이다. 1980년대 후반에 세계감시연구소는 적은 수의 자녀들만을 원하는 제3세계 어머니들의 수가 현저하게 증가하고 있다고 보고했다. 생태학적 스트레스를 저하시키고 세계의 생활수준을 향상시키는 발명들은 남반구와 같이 정치적, 생태학적으로 불안정한 지역에서 출산률이 점진적으로 감소하기에 충분한 시간을 벌어 줄지도 모른다.

예컨대 아시아에서 가장 가난한 사람들은 아들들이 돈벌이를 많이 해오고, 딸은 가정을 돌보기를 바라면서 자신들의 노년의 안녕을 위해 가능한 한 자식을 많이 낳을 필요를 느낀다. 반면 독일, 이탈리아,

그리고 그리스와 같이 높은 생활 수준에 있는 많은 나라들은 연간 출산율이 마이너스를 기록하고 있다.

십억의 임신 연령에 있는 여성들이 사용하고 있는 피임도구 호르몬 노플랜트 삽입구는 5년 동안 과잉 출산을 억제하고 있다. 1995년에는 출산률 조절을 하기 위해 호르몬보다 면역 체계를 사용하는 백신에 대하여 실험이 시작되었다. 만약 성공한다면 여성 한 명은 예방 접종에 의해 3년 동안 남성의 정자에 면역성을 가질 수 있다.

이 주제와 함께 호르몬의 유토피아적인 미래를 살펴보기로 하자. 발명이라는 연결 수단은 또한 유전적으로 마련될지도 모를 것이다. 기술적인 면에서 선진적인 유토피아로 향하는 건널목에 표시되어 있는 비유전적인 눈금은 DNA의 이중 나선으로 짜여질 수 있을 것이다. 우리는 우리 자신을 창조한 신이 될 문턱에 서 있다. 우리는 유전적으로 인간의 두뇌와 질병과 몸의 기형에서 오는 범죄적인 충동을 제거할 수 있을 것이다. 우리는 천재의 세계를 낳을 수 있을 것이다.

과거가 나는 "이단이다!"라고 외치는 소리를 듣게 될 것이다.

미래는 어깨를 으쓱하며 "그것은 피할 수 없다"고 말한다.

모든 새로운 발견은 악의 가능성을 내포하고 있다. 유전공학에 대한 가장 큰 저항은 신념 체계였으며, 자신들을 창조한 자보다 훨씬 더 가상적인 조상의 모습을 만들어 내는 자들로부터 오는 것이다. 극히 우연히 총명하게 태어났거나, 운 좋게 뽑혔다는 것은 신의 유전자 조작 경기를 증오하는 사람들이 질색하는 것이다. 교회나 성당, 모스크나 절에서부터 모든 신념을 유지하고 있는 종교적인 관료들은 "불순하다"고 외칠 것이다.

갈릴레오가 발견한 지구가 태양 주위를 돈다는 사실을 바티칸은 수

세기 동안 은폐하려고 했다. 물고기자리의 상호의존적인 종교들은 유전공학적으로 처리된 인간의 출현을 연기하려고 할지 모른다. 결국 인류가 자기 자신을 창조할 것이다. 그리고 아마 그들이 항상 이어왔던 것, 그들 자신의 신과 악마—신성 자체—의 창조자가 될 수 있을 뿐일 것이다.

모든 아이들을 건강하고 장수하는 천재로 만드는 기술이 유전적인 마인드 콘트롤의 더 어두운 가능성에 대항할 수 있는지는 우리가 오랫 동안 보류할 수 없는 사회적이고 도덕적인 문제이다. 이제 우리를 괴물로 만들거나 초인으로 만들 수 있는 새로운 유전적인 문제를 해결하기 위해 우리 자신을 도덕적으로 준비해야 할 때가 온 것이다.

물병자리 시대는 좋건 나쁘건 신비한 과학과 발명의 시대이다. 오쇼는 1988년에 선언했다.

> 사람이 과학을 위한 것이 아니라, 과학이 사람을 위한 것이다. 만약 과학이 파괴적인 무기를 만들고 있는 세계의 모든 과학자들을 제거한다면 엄청난 도움이 될 것이다. 그들은 제거되면 좋겠지만, 그러나 그럴 만한 여유가 더 이상 없다. 우리는 그러한 장소를 만들어야만 한다.

그는 인류의 미래가 과학자들의 국제 연합을 만드는 데에 달려 있다는 태도를 취했다. 이것은 세계적인 문제들을 발견하고, 종교적이고 정치적인 통제와 간섭 없이, 모든 분야에서 과학적인 연구를 조율하게 될 것이다. 그는 이 포럼을 창조적인 과학, 예술, 의식의 세계 학회라고 불렀다.

이것은 원대한 꿈이라고 해야겠다. 그러나 역사의 교훈들은 그가 올바를 수도 있다는 것을 보여 주고 있다. 1980년대 초에 레흐 바웬사의 솔리다리티 운동은 유토피아적이라고 평가되었다. 폴란드에서 공산주의는 무너지고, 폴란드의 자유선거를 통해 당선된 바웬사가 국가의 대표로서 여러 임기 동안 통치하였지만, 폴란드의 민주주의는 더 이상 유토피아적인 꿈이 아니다. 노동 운동이 공산당 독재를 무너뜨린 방식과 동일하게, 발견의 시대에 와있는 첨단에서 과학자들의 운동은 정치가들을 제거해 버릴 수도 있다. 영어가 보편적인 과학 언어이기 때문에 언어적인 장벽은 없다. 세계의 창조자들은 전세계의 동료들과 통신을 하기 위해서는 모뎀만 있으면 된다.

온실 가스가 두터워지고 문명의 초체계가 붕괴되기 시작하면서, 모든 과학자들이 현미경 아래에서 그들의 윤리학을 정립해야 할 때이고, 인류를 통제하고 파괴하려는 정치적인 생각을 품고 있는 사람들에 대항해 자기 아이들의 미래를 도와 줄 준비가 얼마나 되어 있는지를 알아야 할 때이다. 만약 과학자들이 그 행동을 연구하고, 군대나 다른 파괴적인 연구를 거절한다면 정치가들은 자신들의 두뇌 집단들과 단절될 것이다. 우리의 존경하는 지도자들이 어떻게 B-1 폭격기를 만들고 전자기파 병기를 만들었는지는 분명하다.

과학적인 사고의 변화는 정치가들과 기업인들을 다가오는 세계 시장에서도 지구에 파괴적인 제품으로부터 벗어나 인간에게 도움이 되는 발명과 기술 쪽으로 향하게 만들 것이다.

위의 시나리오는 참으로 유토피아적이다. 그럼에도 불구하고 예언적인 점성술은 다가오는 새로운 시대의 더 높은 잠재력이 1990년대 초에 전세계적으로 붕괴된 마르크시즘과 같이 풀뿌리 혁명을 통해 문제점을 풀 수 있게 해줄 것이라는 것을 보여 주고 있다.

다리 2: 엘리트에 의한 지배

공동의 시장과 공동 시장의 소문

유럽은 많은 나라가 더 이상 개별 국가가 아닌 단일한 나라가 될 것이다. 다른 사람들과 다른 생각들을 갖고 있겠지만, 그러나 국가는 아닐 것이다. 나는 하나의 흰 깃발을 본다. 유럽 가운데에는 탑이 있다. 유럽의 지도는 하얀색이고 더 이상 핏빛이 아니다.

실비아 부인(1948)

미국은 캐나다, 멕시코, 중미, 그리고 서인도 제도를 흡수할 것이다.

데이비드 굿맨 크롤리(1888), GLMPS

통신과 여행의 혁명은 최초의 국제적인 통합 의회를 낳게 될 것이다. (21세기 초에) 그리고 마치 본능적으로 각 지역이 지구를 감독할 세계 조직체의 대리자를 선택하도록 동일한 의회 정부를 가지려 할 것이다. 그래서 그것은 하나의 정부와 하나의 세계가 될 것이며, 도입되는 새로운 경향은 어디에서는 유용하게 될 것이다. 그때에는 새로운 통신이 수립되어 지구 전체를 우주선으로 여행하고 전자 에너지와 태양 에너지는 화석 연료를 대체할 것이다.

루스 몽고메리의 지도령들(1979), AMG

미국은 2026년까지 세계 국가로 해체된다.

모든 수준에서 미국 입법부를 단속하는 책임을 맡을 검열체가 만들어지게 될 것이다.

데이비드 굿맨 크롤리(1888), GLMP

2026년에 미국 헌법은 더 이상 존재하지 않을 것이다. 그 대신에 완전히 다른 문서가 있게 될 것이며, 완전히 다른 방식의 정부 규칙이 수립될 것이다. 나는 사람들이 신뢰 속에 살고 동료들을 사랑하게 될 것이라고 예측한다.

아이린 F. 휴즈(1974)

국경이 사라진다. 사람들의 관점은 물병자리적으로 되고 인류는 하늘에서 그 모습을 보게 된다.
신이 옛날에 했던 것처럼 '하늘의 종교'가 오늘날 '사람과 대화하는' 유일한 종교이다. 그러한 지식의 빛 속에서 모든 미스터리들은 평범하게 될 것이며, 하늘에 씌어진 신의 메시지는 결국 정확하게 해석될 것이다. 별, 행성, 그리고 태양의 언어는 '책'을 '사람들이 이해할 수 있는' 말로 번역할 것이다. 국가들은 자신들의 황도적(zodiacal) 인연을 깨닫게 되고 스스로를 함께 분류할 것이며, 현재의 비자연적인 국경들은 쓸려 나갈 것이다. 그러한 여러 조건 하에서 전쟁은 불가능할 것이며 '평화의 약속'은 결국 실현될 것이다.

체이로(1931), '이사야 서에 대한 주석', CWP

문화적/성적/인종적 한계들은 인류의 형제/자매의 사랑 속으로 사라진다. 중국과 일본과 같이 낡은 문명에서도 대단히 철석 같은 왕법과 종교법에도 불구하고 여성들은 모든 곳에서 족쇄를 벗어 버리고 있다.

체이로(1926), CWP

인간의 영혼이 무색이기 때문에 피부의 색조는 전혀 의미가 없게 되어 색에 대한 선호가 뿌리뽑힐 것이다. 정부는 한 가지 형태로 이루어질 것이며, 파견된 대리인 모두가 수시로 세계의 협상에 파견되고 인구는 증가할 것이다.〔대재난을 일으키는 지축의 이동 뒤에〕지역적인 문제를 다룰 소그룹들이 등장하게 될 것이지만, 사람들 사이에 이루어지고 있는 조화 때문에 이들은 거의 도움이 되지 않을 것이다. 모두의 선을 위해 각기 노력하기 때문에 국경은 존재하지 않을 것이다.

루스 몽고메리의 지도령들(1979), AMG

곧 현존의 질서가 종말을 고하고, 그대신에 새로운 것이 등장할 것이다.

바하올라(1863), AQD

저들 왕의 시대에 하늘의 왕은 결코 파괴되지 않고 또다른 사람들에게 넘겨 주지 않을 왕국을 수립할 것이다. 이것은 모든 왕국을 무너뜨리고 그들을 끝낼 것이지만, 그 자체는 영원히 계속될 것이다.

다니엘(서기전 6-4세기), DN 2:44

나는 사람의 눈이 닿을 수 있는 곳까지 미래를 보았으며, 세계의 모습을 보았고, 앞으로 있게 될 모든 경이를 보았다.

여러 하늘에서 교역이 이루어지고 마법을 부리는 대상선들이 항해를 하고

주홍색 여명의 조종사들이 값 비싼 화물들을 내리고 있었고,

외치는 소리로 하늘이 꽉 차 있고, 무시무시한 이슬이 내리고,
하늘 나라의 해군이 창공 중앙에서 날아다니고,

멀리서 따뜻하게 불어오는 남풍이 전세계적으로 속삭이고,
폭풍우를 통해 보통 사람들이 날아다니고,

이제 더 이상 전쟁을 알리는 북소리는 없으며, 전투의 깃발이 거두어
지고, 세계의 연합인 인간 의회 내로 모든 것이 없어진다.

거기에서 대부분 공통된 느낌이 공포에 기초한 분노를 조절할 것이
고, 상냥한 지구가 우주 법칙 속에서 졸음에 겨워 할 것이다.

알프레드 테니슨 경(1842), '록슬리 홀', LINES 120-130

정치적 유토피아로의 다리: 최초의 스케치

≪성스러운 문명의 비밀≫(1875년)에서 압둘-바하에 의해 제시된 유토피아로의 다리들;

국제연합과 예언된 세계국가연합(UNO: Union of nations of the world)
진정한 문명은 특정한 수의 저명하고 고귀한 주권-헌신과 결심이라는 뛰어난 모범은 모든 인류의 선과 행복을 위해 보편적인 사랑의 근원을 수립하기 위해 견고한 결심과 선명한 전망을 가지고 일어나야 할 것이다.

UNO

사람들은 평화의 원인을 일반적인 협상 대상으로 삼아야 하고, 세계 국가연합을 수립하기 위해 총력을 다하여 찾아내야만 한다. 그들은 구속력 있는 조약을 맺어야 하고, 계약을 수립해야 하며, 건전하고 불가침의 확정적인 준비를 확립해야 한다.

UNO 이후에 자라나는 세계 정부

사람들은 모든 세계에 대해 선언할 것이며, 모든 인류의 재가를 얻어야 한다. 이 극단적이고 고귀한 수행-평화의 진정한 자원과 모든 세계의 안녕-은 지구에 거주하는 모두에 의해 신성한 것으로 간주되어야 한다. 인류의 모든 힘들은 가장 위대한 계약의 안정성과 영원성을 보장하기 위해 동원되어야만 한다.

강대국의 고무인이 아닌 UNO

이 포괄적인 조약에서 각국의 국경과 변경은 분명하게 고정되어야 하고, 서로에게 향한 정부들의 관계를 명확하게 이루는 원리들이 세워지고, 모든 국제적인 동의와 의무들이 보장되어야 할 것이다. 이와 같이 모든 정부의 무장 규모가 확고하게 제한되어야만 하며, 국가간의 전쟁과 군사력 증강이 용인된다면, 그들은 다른 사람들의 의심을 일으키게 할 것이다. 이 엄숙한 조약을 이행하는 기본적인 원리는 어떤 정부도 사항 중의 하나를 깬다면, 지구상의 모든 정부는 이를 고립시키기 위해 노력해야 하며, 전인류는 그 정부를 무너뜨리기 위해 모든 권력을 해체해야만 한다는 것이다.

중용에 의한 세계 수립

가장 훌륭한 치료법이 병든 세계에 적용되어야만 할 것이며, 이 질병에서 확실하게 벗어나 영원히 안전하고 편안하게 될 것이다.

지난 20세기 동안 세계 정치는 물고기자리의 황금률에 의해 지배되어 왔다. "네가 다른 사람들에게 대접받고 싶은 대로 남에게 해 주어라."

짓밟히는 사람들은 이 법칙의 어두운 측면을 경험해 왔다. "사람들이 네게 하는 것처럼 다른 사람에게 행하라."

국제연합은 미국정책을 위한 고무인일 뿐이라고 믿는 사람들에게는 이 황금률의 더 어두운 측면에 관심을 보이고 있다. "금을 가지고 있는 사람이여, 지배하라."

향후 2000년은 물병자리 시대에 황금률을 강력하게 완성(또는 남용)할 것이다. "다른 사람들을 해치지 않는 한 당신이 좋아하는 것은 무엇이든 하라."

물병자리는 각자를 국가의 제한으로부터 통합된 인류 가족의 활짝 핀 가능성으로 전망을 확장시키려고 할 것이다. 국경은 현재 자신을 유지하기에 적합할 정도로 충분한 수출이나 경제적인 가능성이 없는 지역에 많은 사람들을 가두고 있다. 기근, 질병, 그리고 결국 전쟁은 그 결과이다. 세계적인 정치군사적 지원을 받는 전세계적 체제만이 자원, 식량, 농지, 그리고 지구의 시민들이 부를 조절하여 파국에 대처할 수 있다.

19세기의 페르시아의 예언자인 바하올라의 아들이고 바하이 신앙의 최초의 계승자이며 그들의 영적 지도자인 압둘-바하의 예언은 국제연맹이 결성되기 대략 44년 전, 국제연합이 창시되기 71년 전, 그리고 UN의 가장 거대한 실험이 있은지 115년 전에 걸프전에 대해 (1990~1991년)썼었다. 그의 예언은 아직도 진행 중인 사건들에 관한 것이다.

전직 미국 대통령과 소련 대통령인 조지 부시와 미하일 고르바초프는 이라크에 대항하여 모든 정치적 움직임(그리고 대부분의 모든 군사 이동)을 위해 비준을 한, UN의 합의를 유도하려는 최초의 강대국 지도자들이었다. 아마 부시가 걸프전에서 국제적인 중대 이익에 비굴하게 굴지 않았다면, 이라크 정부(사담 후세인의 바트당)를 파괴하려는 인류 전체의 결의를 모아 그들을 위협하였을 때, 바하이의 예언에 따라 수순을 밟았을 것이다.

UN 본회의가 몇 가지 결의를 내릴 수 있게 된 것은 변화를 알리는 참신한 신호였다. 과거에는 인도차이나, 그라나다, 아프가니스탄, 레바논, 그리고 웨스트 뱅크와 같은 장소에서 전쟁의 가해자들을 비난하는 국제적인 움직임이 있었다. 걸프만의 위기 1년 이전에 UN의 국제적인 안정에 대한 요청은 파나마(UN 회원국)가 인접국(또한 UN에 의하면, 인접국은 국제법에 의해 유지된다고 규정되어 있다)에 의한 공격시에는 무시되었을 뿐이었다.

어떤 경우에는 대사들의 외교 특권도 완전히 무시되었다. 침략군들은 파나마 시의 쿠바 공관을 통해서 밀려들어왔다. 그 도시에서 교황청 대사는 무장 군대에 의해 체포되었는데, 이들은 파나마 수상을 미국에서 재판을 하기 위해 압송하라고 성직자들을 압박했다. 침략자들은 라디오를 통해 나오는 헤비 메탈 음악의 심리적인 폭력을 이용하여 대사를 복종시켰다. UN 입법가들이 그러한 비인간적인 행동에 대해 비난했을 때, 미해병대원들은 침략군의 주요 지휘관 출신들이었다. 파나마 침략은 세계법이 암울한 상태에 있었던 시대에 일어났던 일이다. 일 년 뒤에 정치적인 조건이 그처럼 극적인 변화를 일으킬 수 있었다는 것은 얼마나 좋은 일인가.

쿠웨이트 시의 서방 대사관 주변에 있는 이라크의 군부대는 UN 안전보장이사회에 의해 철저히 보장된 재가를 이끌어낼 정도로 충분했다. 그런데 과연 UN은 무기명 투표를 한 뒤에 이빨을 드러낼 수 있을까?

전직 KGB의 요원이고 전 소련 수상인 유리 안드로포프의 부하였던 고르바초프와 전 CIA 국장 부시는 압둘-바하가 투시한 바로 그대로 자신들의 전망을 세웠다.

예언의 심판은 미국과 러시아의 새 대통령들에게 여전히 계속되고 있다. 아마 빌 클린턴과 보리스 옐친의 계승자들은 재건된 UNO를 보충할 것이며, 그 정책을 국가의 이익 위에 놓을 것이며, 결국 압둘바하의 전망에 영향을 받게 될 것이다.

정치적인 유토피아의 다리: 두 번째의 스케치

최면 상태에서 에드가 케이시에 의해 제시된 정치적 유토피아에 이르는 연결 다리는 이렇게 되어 있다.

'지구 아래' 하나의 국가의 필요성

세계 도처의 업무와 경험에서 보았을 때, 한 국가가 모든 나라에 대해 갖는 배려만큼이나 모든 나라의 한 나라에 관한 관심이 필요하다는 것이 밝혀졌다. 인류는 형제이기 때문이고, 또 당신은 형제들의 파수꾼이기 때문이다.

(1936년), NO. 3976-16

인류의 발전을 위해서는 현재의 여러 조건, 사회적인 삶, 인종적인 차이, 창조력이나 신과 인간이 맺고 있는 관계와 서로 맺고 있는 관계에 대한 예측을 포함하여, 이 모든 토양으로부터 모두가 동의할 만한 핵심을 배려하고, 모두가 동의할 만한 몇 가지 공통되는 기초 하에서 이루어져야 한다.

(1932년), NO. 3976-8

미국: 세계 단일체를 찬성하나 반대하나?
공산주의적 이념에서처럼 모두가 공통적으로 갖고 있지 않지만 균형을 유지하도록, 단일성을 유지하도록 이념, 행동 또는 경험을 통한 서로의 영향을 유지하기 위해 노력해야 한다. 이들은 자유가 무언지를 알려 주는 땅이 될 수 있는 조화 상태를 유지하고 있다. 거기서는 각 영혼이 표현, 노동, 또는 생산의 기회를 가지면서 자신의 행동을 이루어 나간다. 모든 개인들은 장소 또는 실제를 남에게 들어서 아는 것이 아니라, 자신의 능력, 다른 사람들 사이에서 이루어지는 자신의 행동을 통해 그것을 찾아야 한다.

(1938년), NO. 3976-19

아메리칸 드림 또는 미국적 '위선'?
…… 모든 그룹들은 자신들의 대표들이 있어야 하며, 그들도 기회를

갖기 위해 자신들의 대리를 가져야 한다. 만약 우리 내부와 우리 자신의 가족(미국) 내에서 시작하지 않는다면, 우리는 자신을 속이는 것이며 우리가 제시하려고 하는 이론에 위반하는 것이다. 다른 그룹들에 대비해 여러 층이나 집단을 설립한다면 이것은 동포애가 아니다.

(1943년), NO. 3976-28

권리, 정의, 자비, 인내 …… 는 새로운 세계 질서가 결국 평화가 수립되기 전에 정착되어야만 하는 기초이다. 그런 뒤 인간 관계의 모든 국면에서 협동적인 조치를 취하기 위해 정신적으로 분명하게 자신을 준비해야 한다.

NO. 416-17

이라크와 미국이 이끌었던 UN 동맹군 사이에 있었던 전쟁이 있기 전 날에 UN 사무총장 자비에르 페레스 드 쿠엘라는 이라크의 독재자 사담 후세인과 마지막 순간에 회담을 했다. 전쟁이 시작된 뒤 이라크 정부는 회담 내용을 언론에 누설했다. 사무총장은 팔레스타인의 이스라엘과의 논쟁에 대해, 세계적인 관심을 유도한 것에 대해 이라크의 독재자가 공이 있지만, 이제 후세인은 쿠웨이트에서 철수하여 전쟁을 방지해야 할 때라고 말했다. 그는 이전보다 훨씬 더 평화를 위한 좋은 기회가 왔다는 것을 후세인에게 알렸다(드 쿠엘라는 예언자는 아니다).

사담 후세인은 현재 '미국의 시대'에 살고 있으며 미국은 전쟁이 일어나기를 바란다고 대답했다. 그는 국제연합을 미국 외교 정책의 고무인이라고 비난했다. 미국인들인 UN의 건물주들이 알지 못할 것이라고 생각하며 UN의 관료는 이 지적에 동의했다.

미국의 가장 위대한 예언자 에드가 케이시는 종종 선조들은 예언에 어두운 문구들만 가득한 것으로 생각하지 말라고 동포들에게 경고했다. 미국인들은 (물병자리)무대에서 긍정적인 역할을 상실할 수도 있다. 미국은 살인에 비명을 지르고 자신들의 외교 정책을 지원하는 국제법이 깨진 경우—예를 들면, 이라크가 쿠웨이트를 침략한 경우 군대를 파병한다. 그러나 미국이 인도차이나, 그라나다, 그리고 파나마 침공에 대해 전세계가 경악하고 있는 때에 그들은 자신들을 정당화한다. 미국의 책에는 PLO는 테러리스트지만 콘트라 반군은 '자유의 전사'로 소개되고 있다.

미국은 "자유!"라고 외치고 민주주의의 승자로 자신을 생각하지만, CIA의 스파이로 파나마의 마약 거래자를 독재자로 고용한다. 1980년대에 미국은 이란에 반대하는 연대 세력으로서 사담 후세인을 내세웠다. 1990년대에는 그의 풍선을 터뜨려 그가 아랍의 히틀러가 되어버리게 만들었다. 그러나 미국이 전세계에 자유의 목소리가 울려 퍼지게 할 희망은 여전히 있다. 미국에는 새로운 아랍 독재자인 하페즈 아사드가 있다.……그리고 이러한 정책은 계속된다.

에드가 케이시는 미국인들이 자신들을 어떻게 규정하는가와 세계적인 사건에 자신들의 이상을 어떻게 적용시킬 것인가가 미래에 그들이 취하게 될 흐름에 결정적이라고 믿었다. 이러한 생각을 갖고 1993년에 새로운 천년기를 향한 마지막 7년이 카운트다운되자, 새로운 친UN적인 클린턴 대통령과 미국의 정치계는 극적인 변화를 이미 보이고 있다. 미국은 레이건과 부시의 냉전적 사고방식을 넘어 자신을 재

정립하고 있다.

정치적인 유토피아의 다리: 제3의 스케치

정치적인 유토피아를 향한 다리는 오쇼의 ≪가장 위대한 도전 : 황빛금 미래≫(1987)에서 제시되었다::

1단계: 민주주의 — '우민 정치' 는 '위선 정치' 이다.
마지막 전쟁—이것은 모든 사람과 모든 것의 죽음을 의미한다—이 일어나거나 인간 사회 구조의 전체적인 변화가 있을 것이다. 나는 그것을 '실력자의 지배' 라고 부르고 있다. 정부를 선택하는 것은 대단히 기술적이고 지적인 일이 되어야 할 것이다. 21세기가 되면 사람들은 아이들을 다시 낳게 될 것이다. 이는 기술도 필요 없고 교육도 필요 없다. 생물학은 사람들을 잘 준비시킬 것이다. 그러나 정부를 선택하는 것, 모든 사람들 위에 모든 권력을 갖게 될 사람을 선택하는 것, 그리고 그 나라와 세계의 운명을 결정하게 될 사람을 선택하는 것은 21세기가 되어도 충분히 해결되지 않는다.

2단계 세계의 인테리겐챠들이여, 단결하라!
나는 모든 대학들을 모든 대학 총장과 저명한 교수들의 집회, 그리고 대학의 일부가 아니라 할지라도 저명한 인텔리겐챠들의 모임이라고 부르고 싶다. 화가 예술가, 시인, 극작가, 소설가, 무용가, 배우, 음악가. 이것은 정치가들을 완전히 배제시키고 재능을 보이는 모든 종류의 사람들, 모든 차원의 인재들을 포함할 것이다.

모든 노벨상 수상자들이 초빙되어야 하지만 정치인들은 또다시 배제

되어야 한다. …… 그리고 각 지역으로부터의 대표들이 전국적인 집회를 위해 선출되어야 하고, 그것은 엘리트 정치가 어떻게 작동할 수 있는지 세부 사항으로 들어간다.

전국적인 후보들로부터 세계의 모든 대학과 인텔리겐챠의 국제적인 회합이 개최될 것이다. 이것은 세계의 모든 인텔리겐챠들이 결코 인류의 운명을 함께 결정하려고 오기 때문에 그러한 종류로서는 최초가 될 것이다.

사람들은 최초의 세계 헌법을 만들어야 할 것이다. 그것은 미국의 것도 아니며, 인도의 것도 아니고 중국의 것도 아닐 것이다. 그것은 모든 인류의 헌법을 단순화한 것이다.

…… 그리고 세계 헌법은 국가들이 더 이상 중요하지 않다는 것을 선언할 것이다. 그들은 기능 단위로 존재할 수도 있지만 더 이상 독립된 권력을 가지고 있지 않다. 그리고 모든 세계의 인테리겐챠들이 이 집회 뒤에 있다면, 정치인들로부터 벗어나기 위해 세계 시민들을 확신시키는 것이 어렵지는 않을 것이다.

그리고 정치인들은 어떤 권력을 가지고 있는가? 그들에게 모든 권력이 주어져 왔다. 우리는 그것을 되찾아야 한다. 세계 정부의 성원들은 세계 대통령을 선택할 것이다. 그러나 세계 대통령은 세계 정부의 성원들로부터 선출되는 것이 아니라 밖으로부터 선출된다. 하나는 분명하게 해야 한다. 즉 그는 정치가가 아니다. 그는 시인이며, 화가이며, 신비가, 무용수일 수는 있지만 정치가는 아니다.

3단계: 그리고 지금부터 권력을 준비하라

…… 수천 년 동안 사람들은 (권력)을 준비해 오지 않았다. 만약 누군

가가 권투선수가 될 것이라면, 당장 링으로 보내지 않고 "훈련 시작!"이라는 말부터 한다. ……

기타를 전에 한 번도 본 적이 없으면서 아마데우스나 라비 샹카를 기대하는 사람에게 기타를 건네주지는 말아야 한다. 현재 이것이 바로 인류의 오류이다.

그래서 나는 모든 대학에 두 개의 연구소를 세워야 한다고 제안한다. 하나는 세뇌 해제(deprogramming)를 위한 것이다. 졸업증명서를 가지고 있는 사람들은 처음에 기독교인, 인도인, 독일인, 미국인, 공산주의자, 이슬람교도, 유대인, 또는 당신이 가지고 있는 어떤 상표를 불문하고 세뇌가 해제되었다는 것을 보증하는 세뇌 해제 연구소의 보증서를 받아야 한다. 이것[연구소]은 그것[조절]이 우리의 고통이 되어 왔기 때문에 모든 쓰레기를 제거해야 한다는 것이다.

그래서 당신이 교육을 받고 있는 동안 당신은 대단히 조용하고 미묘한 방식으로 권력이 당신을 순수하게 만들 수 없다는 것과, 당신이 이를 사용할 수 없게 만드는 방식으로 준비되어야 한다.

나는 당신의 [학부, 학위, 그리고 박사학위] 연구에 드는 8년간의 준비에 상당하는 많은 것을 요구하고 있지 않다. 그리고 모든 정부는 명상적이고, 세뇌가 해제되고, 편견이 없으며(바로 그것을 그려 보라.) 그러면 관료주의는 사라지고, 위계 질서는 사라진다.

일단 우리가 권력을 군중으로부터 지성적인 사람들, 즉 자신의 분야에 대해 지식이 있는 사람들의 손으로 이동시키면 우리는 아름다운 것을 창조할 수 있다.

인도의 신비가 오쇼의 전망은 영적으로 보았을 때 펑크조이다. 그는 순수한 천왕성이다. 오쇼는 소크라테스적 용어로 표현된 통치의 황금률을 지지한다. "지자(知者)가 통치해야 한다." 인간의 불행은 주로 이를 감정적이고 영적으로 제한적인 사람들이 행사하여 권력을 양도한 사람들에게 해를 일으키고 있다는 점이다.

오쇼는 물병자리 태생의 작가 아인 랜드의 책 ≪황당한 아틀라스≫를 인용하면서 엘리트 통치의 혁명적인 종류를 창안하라고 인테리겐챠들에게 충고하고 있다. 그녀의 책에서 모든 재능 있는 발명가들, 예술가들, 그리고 기업인들은 일반인들에게서 퍼부어진 질투와 곤란을 겪어 왔다.

그들은 평범한 군중에게 이제까지의 문명을 포기하는 것을 결정하고 하나하나 혁명의 대가, 존 갈트의 이름을 딴 갈트협곡으로 알려진 공동체를 향하여 떠나가 버렸다. 군중들은 그 사이로 달리고 거의 문명을 파괴한다. 그 책은 고속도로로부터 사회로 되돌아오라는 요청을 기꺼이 받아들일 가치 있는 소수가 있다는 것을 알려 주면서 끝난다. 그러나 그들은 단지 한 가지 조건에서만 자신들의 샹그리라(이상향)에 출현할 것이다. 세계는 천재들의 장점으로만 경영되어야 한다.

오쇼의 ≪황당한 아틀라스≫ 판에 나오는 인텔리겐챠들은 정치로부터 자신의 영향력을 철회하고, 지구상의 모든 대학과 전문대학에 '갈트 협곡'의 지부를 건설한다. 권력은 무엇을 속일 수 있겠는가? 누가 연설을 할 것이며 누가 그들의 '단 퀘일주의'를 보호해 줄 것인가? 어떤 나라의 지도자들이 총명한 지식인과 과학자들의 도움 없이 미사일을 발사하고 사이비 조약을 맺을 수 있겠는가? 대통령의 역할을 자주하여 어리둥절하게 된 배우는 마치 프랭크 시내트라가 좋아하는 오케스트라의 소리로 전성기가 지난 목소리를 가리는 것처럼 두뇌 집단에 둘러싸여 있을 필요가 있다.
"누가 존 갈트가 될 것인가?"

다리 3: 러시아는 세계의 희망이다.

러시아의 피 흘림은—이들은 피를 보고 물처럼 쏟아질 것이다—새 하늘과 새 땅을 만들 것이다.

…… 신기한 물병자리 시대는 전세계에서 그 여명을 열었으며 이미 최초의 빛이 러시아를 바꾸어 놓았다.……

체이로(1926), CWP

공동체의 법은 대립하게 될 것이다. 낡은 질서들은 자취를 감추게 될 것이다. 그 뒤 공산주의의 〔낡은 질서〕가 훨씬 뒤에 나타날 것이다.

노스트라다무스(1555), C4 Q32

〔러시아에서〕 새로운 이해가 일어나 고통받는 민중들에게 전파될 것이다. …… 언론의 자유, 양심의 명에 따라 예배할 수 있는 권리가 생기게 될 때까지 여전히 혼란이 생길 것이다.

에드가 케이시(1938), NO.3976-19

그러나 물병자리 …… 그리고 천왕성의 황도의 지배자를 나타내는 러시아는 혁명 또는 재난으로부터 더 빨리 회복될 것이며, 멕시코나 인도보다 그 목적을 더 많이 성취하는 쪽으로 나아갈 것이다.

체이로(1931년), CWP

러시아에서 종교의 발전이 이루어지면 세계에는 더 큰 희망이 될 것이다. 그러면 외교관계가 긴밀한 국가 또는 집단〔러시아와의 관계, 즉 미국이나 유럽 연합일 수도 있다〕은 세계를 지배하기 위해 점진적으로 변화되고 최종적으로 여러 조건이 새로 정립될 것이다.

에드가 케이시(1932년), NO.3976-10

나는 고르바초프가 러시아에게 두 번째의 보다 큰 혁명을 가져오는 데에 성공할 것이라고 생각한다. 소련의 혁명은 모든 세계의 모든 것에 영향을 미칠 것이다.

오쇼(1987), REBL

정부의 새로운 착상은 〔러시아〕로부터 점차 퍼져 나갈 것인데 이것은 유럽, 아시아, 〔그리고〕 극동을 완전히 혁명화할 것이다. 그리고 러시아는 현대 문명사에서 가장 강력한 국가가 될 것이다.

체이로(1926년), CWP

엘리트 정치의 성공은 적어도 냉전 시대의 강대국 중 하나에게 그 국가이기주의를 희생할 것을 요구하고, 진정한 국제법의 탄생에 헌신할 것을 요구한다. 지금까지 구소련이나 미국은 그렇게 하지 않고 있다. 강대국으로서 미국은 자국의 정책과는 상반되는 국제연합의 대사들에게 여권을 내주지 않고 있다. 지난 20년 동안 UN 안전보장이사회의 거부권 사용국 중 2/3가량은 미국에 의한 것이다. 나머지 중 절반 이상은 영국에 의한 것이다. 프랑스가 세 번째이다. 그리고 소련은? 지난 20년 동안 소련의 거부권은 네 번째에 불과했다.

1944년에 냉전이 이루어지기도 전에 에드가 케이시는 미래의 미국이 주도권을 잡을 것이라고 예언했었다. 세계의 희망은 이들에게 달려 있는 것이다.

미국의 정신은 무엇인가? 대부분의 개인들은 거만한 태도로 자기들이 가지고 있는 '자유'를 자랑한다. 무엇의 자유? 다양한 방식으로 사람하는 마음을 차단하는 경우, 언론의 자유가 주어졌다고 말할 수 있을 것인가? 숭배의 자유? 욕망의 자유? 이들 기본적인 원리들이 적용된다면 …… 신이 사람을 놓아주기 때문에 ……
…… 그러면 국가들 중에는 어디일까? 러시아에서 세계의 희망이 오고 있는데 그 까닭은 공산주의적이거나 볼셰비키적 의미에서가 아니다. 바로 자유, 자유이다! "각자는 동료들을 위해서 살 것이다!"라는 이론이 태어날 것이다. 그것이 구체화되기에는 몇 년이 걸릴 것이지만, 러시아로부터 다시 세계의 희망이 나올 것이다.

(1944년), NO. 3976-29

처음 이 최면 상태의 리딩을 읽었을 때, 나는 에드가 케이시가 공산주의자일 것이라고 생각했다.

실제로 케이시는 자본주의와 마르크스주의적 권력 투쟁 모두에 충격을 줄 어떤 미래를 전망했다. 체이로와 노스트라다무스는 결국 러시아가 세계 평화와 우애를 위한 촉매가 될 것이라는 케이시의 주장을 지지한다. 그들은 공산주의자들이 결코 아니다. 체이로는 자본주의를 신봉하는 루이스 하몬 백작이었으며, 노스트라다무스는 신과 왕을 경외하는 왕당파에다가 부유한 외과의사였다.

이때가 내가 극단적으로 유토피아적인 예언과 직면하게 되었던 최초의 시기는 아니다. 미국에서 태어나 자랐기 때문에 나는 이 집단적인 예시를 받아들이기 쉽지 않았다. 그러나 너무 많은 예언들이 실현되어 내가 격분을 참아야만 하게 되었으며 이 진실을 확인해 왔다.

　노스트라다무스의 16세기 동시대인들은 이를 통해 해양 강국 포르투갈이 재빨리 쇠락하게 될 것이라고 한 예언 때문에 그를 얼간이라고 생각했다. 모욕을 당하면서도 그는 작고 중요한 역할을 하지 못 했던 영국이 3백 년 동안 강대국의 역할을 맡게 될 것이라고 예측했다.

　그가 옳았다.

　나는 반대 의견을 가지고 있었지만, 미·소의 우호관계가 1989년경에 시작된다는 노스트라다무스의 예언에 직면하여 전환점을 이루었다.

　이 해석은 지금도 옳은 것처럼 보인다.

　나는 잠깐 동안 민족주의적 정의감을 탈피하고, 만약 우리의 세계가 '미국형' 또는 '소련형' 또는 다른 민족의 이데올로기에 따라 운영된다고 믿는다면, 그것은 우리의 미래에 중대할 것이라고 이해했다. 역사는 이것을 목격한다. 팍스 로마나, 팍스 브리태니아, 그리고 지금도 팍스 소비에티카 모두 소멸하였다. 바라건대 UNO는 팍스 아메리카나를 위한 고무인이 되지는 않을 것이다.

　그러나 상자에서 튀어나오는 인형과 같이 천왕성의 요소는 언제라도 뛰쳐나올지 모르며, 냉전에 패배한 강대국에게 비로소 승리에 필요한 통찰을 하게 만들 수도 있다. 아마 제2차 세계대전에서 2천 7백만 명과 스탈린의 숙청에서 1천만 명을 잃은 것은 러시아인들에게 미국이 아직도 배워야만 하는 전쟁에 대한 교훈인 근신을 가르치고 있다.

미국인들이 제2차 세계대전에서 2천만 명을 살상했다면 이라크와의 전쟁에서는 람보를 열망하지는 않았을까? 역사는 미국이 아마겟돈에 앞서 핵무기를 사용했던 국가라는 것을 잊지 않는다.

케이시는 미국인들에 동정적인 비판주의의 시도와 처방을 제공하여 러시아의 운명에 대한 유명한 선언을 끝맺고 있다.

구체화되려면 여러 해가 걸릴 것이지만, 러시아로부터 세계의 희망이 온다. 무엇에 의해 인도되나? 현재의 통화 단위를 수립하고 있는 국가와의 우호관계, "우리는 신을 믿는다."(너(미국)는 너의 빚을 갚을 때 당신 자신의 마음 속에 있는 양심의 소리를 듣는가? 당신들이 다른 나라에 선교사들을 파견할 때 기도의 소리를 듣고 있는가? "내가 그것을 주니, 우리는 신을 믿기 때문이다" 다른 50년 동안도 역시 아니다!)

이들 원리들을 응용하면서, 지상의 국가들이 갖고 있고 자신들의 활동에서 그것을 재는 형태와 방식 상에서 미국은 자랑할지도 모른다. 그러나 오히려 그 경우에 원리를 잊고 있는 것이며, 바로 그것이 미국의 죄이다.

NO. 3976-29

케이시에게 분명히 러시아가 오늘날과 같이 세계의 큰 희망이라면, 미국은 그들의 변형에 영양분을 공급할 것이다. 미국의 기술과 러시아의 천연적인 자원 사이의 경제적인 결합은 대공황기인 1932년에 에드가 케이시에 의해 예언되었다. 이 예언자는 어떤 기업인에게 주의를 주었다.

많은 조건들이 고려되어야 하고 정확하게 답해야 한다. 당신은 예, 아니오라고 말할 수 있지만, 양측 모두가 옳다면 양측 사람들의 현재의 태도에 공감하고 있는 것이며, 양측 모두가 잘못이라면, 금융계와 경제계에서 권력에 대한 양 국가의 태도에 완전한 변화가 오고 있으며, 앞으로도 올 것이기 때문이다. 부존 자원에 있어서 러시아는 다른 모든 나라들을 능가한다. 개발 능력 면에 대해서는 미국이 러시아를 한참 앞서 있다. 그래서 이들 연합국들도 공정한 기초 위에 설 수 있게 될 것이다. 그러나 많은 간섭이 있다. 〔이들〕…… 은 수립되는 데에 여러 해가 걸릴 것이다.

이 예언은 나에게 1980년대 중반에 TV 프로그램 "60분"에서 에드 브래들리 기자가 보리스 옐친과 나눈 인터뷰를 생각나게 한다. 당시 지금의 러시아 대통령은 모스크바의 당수였다. 이 인터뷰 중에 브래들리는 옐친에게 물었다. "좋소, 우리가 당신들을 가르칠 수 있는 것은 무엇이고 당신들이 우리에게 가르칠 것은 무엇인가?" 옐친은 미국인들이 더 효과적인 기업 행위를 가르치고 기술적인 노하우를 공유하는 데에 도움을 줄 수 있을 것이라고 응답했다. 반대로 러시아인들은 미국인들에게 어떻게 무제한의 경쟁에서 노이로제와 스트레스를 덜 받고 생활할 수 있는가를 가르칠 수 있을 것이라고 말했다. 참으로 보리스 옐친이나 그의 후계자들은 미래의 미국과 러시아 관계에 대한 에드가 케이시의 예언을 실현시켰는지도 모른다.

만약 냉전 시에 미국이 지불할 업보를 가지고 있다면, 그들은 러시아인들이 소련의 마르크시즘이라고 부른 불명예에서 받은 것과 같은 동일한 강도로 꿈들이 깨지는 경험을 하지 않을 것이다. 참회가 더 깊어지면 지혜를 얻을 가능성이 더 클 것이다.

지금 내가 말하는 것을 기억하라, 러시아에서 시작하여 러시아에서 끝난다.

G. I. 구제프(1949년)

(20세기의 신비가가 죽기 수주 전에 제자들에게 이 예언을 전해 주었다. 러시아는 구제프가 인류의 '의식적인 진화'를 위한 영적인 운동을 개시한 곳이다. 이 놀라움은 구소련에서 그의 기본적인 동양적 가르침을 부흥시킨 자신의 위대한 작업의 끝을 보여 주는 것이다.)

다리 4: 지구 공동체

형제의 보호자. 패자들의 통곡

새로운 여러 조건들의 질서가 일어나며 높고 낮은 장소에서 정화가 있을 것이라는 사실이 소수의 사람들은 알고 있다. 그리고 각 영혼이 자신의 형제를 보호하는 자가 되도록 개인들의 큰 배려가 있어야만 한다. 그러면 환경들이 정치, 경제, 그리고 평등이 이루어지거나 그에 대해 더 큰 필요가 생길 것이다.

에드가 케이시(1938), NO.3976-18

세계 공동체?

가족이 사라지며, 가족이 국가의 단위이기 때문에 국가들이 사라질 것이다. …… 실제적인 기준에서 작은 공동체로 구성된 하나의 인류가 될 것이다. 어떤 광신도 어떤 인종주의도, 어떤 민족주의도 없이, 비로소 우리는 전쟁에 대한 생각을 없앨 수 있다. 우리는 정직, 가치 있는 삶, 가치있는 즐거움—명랑하고, 명상적이고, 창조적인—을 갖는 생활을 할 수 있고 모든 남자와 여자에게 성장과 자신의 잠재력을 꽃 피울 수 있는 동등한 기회를 줄 수 있을 것이다.

오쇼(1987), CRCH

세계적인 우정

더 이상 금과 은이 없을 것이며
세속적인 부나 힘든 강제노동도 없을 것이지만,
그러나 우정과 동등한 생활이
사람들을 즐겁게 해줄 것이며, 그리고 모든 것이
공통적일 것이며 함께 빛나는 생활이 될 것이다.

여 예언자의 신탁(서기전 2세기)

영적인 공산주의

…… 변화가 가까워 오기 때문에, 종교 사상과 이념의 진화, 또는 혁명은 확실하게 이루어질 것이다. 그에 대한 세계적인 기초는 결국 러시아로부터 올 것이다. 공산주의가 아니다, 전혀 아니다! 그러나 그리스도가 가르친 기초, 그의 방식의 공산주의!

에드가 케이시(서기 1930년), NO. 452-6

물고기자리의 도덕적 짐이 우리의 상상력을 억눌러 왔지만, 새로운 물병자리의 미래 사회는 기독교적일 것이다. 또는 다른 말로 하면, 미래는 공산주의적이다.

뭐!? 그것은 틀림없이 그럴 것이기 때문에 그렇게 말해야만 한다. 물병자리의 사고들은 공동체적인 사회 형태 속에서 표현될 것이다. 민족주의와 같은 마르크시즘은 물고기자리와 물병자리에서 혼합적으로 영향을 첨예하게 받은 이종 교배적 사회 현상이다. '물고기자리에서 물병자리로' ≪거대한 곰의 출현: 환영 행성 지구≫ (1989년)라는 글에서 점성가 댄 올덴버그는 "마르크시즘이 미국과 독일에 처음으로 적용될 것"이라고 예상되었던 것이었음을 상기시킨다.

"마르크스의 견해로는 러시아와 중국은 아직 조건이 성숙하지 않았었다. 우리는 지금 그것의 실재성을 보고 있다!"고 올덴버그는 보고 있다.

공산주의 블록은 미숙아로 태어났기 때문에 붕괴해 버린 것이었다. 그것은 본질적인 차원, 즉 영혼이 부족했다.

"마르크스, 엥겔스, 그리고 레닌은 더 높은 의식을 이해하지 못했다.……"라고 올덴버그는 쓰고 있다. "마음을 넘어선 깊고 신비적인 경험들에 대해서는 그들의 이론에 수용될 여지가 없었다. 개인의 순수한 영적인 추구는 진정으로 삶에 포괄적인 접근의 기초가 되어야 하기 때문에 공산주의적인 문제이다."

점성학의 원형적 언어를 장기간 연구한 뒤에 올덴버그는 새로운 공산주의적 실험들이 다가오는 시대에서 회피할 수 없는 것이라고 믿는다. 인류는 새로운 형태의 문명을 실험해야 한다는 것을 느낄 것이다.

에드가 케이시에 대한 연구가 리틀 로빈슨도 미국의 영적인 공산주의화에 대한 전망을 약간 힘들게 발견했다. ≪인간의 기원과 운명에 대한 에드가 케이시의 이야기≫라는 자신의 책에서 로빈슨은 오늘날 미국은 아직 '어떤 형태의' 공산주의적 의미에서 영적 준비가 되어 있지 않다고 결론맺는다.

그러나 로빈슨은 너무 통찰력 있는 케이시 분석가이기 때문에 거기에서 벗어날 수가 없는 것처럼 보인다. 올덴버그처럼 그는 케이시의 공산주의에 대한 전망이 한 집단에 있어서 더 밀접한 개인적인 연결성을 동기화하는 영혼의 친목회를 의미한다고 해석한다. 그는 인류가 서로간의 경쟁보다는 기본적으로 '협동적인 충동'을 갖는다고 믿는다. "경쟁은 적절할 수도 있지만, 생존을 위해서는 잔인하고 허약하게 만들며 적당하지 않다." 라고 로빈슨은 덧붙인다.

케이시가 그리스도를 공산주의자로 보는 것은 정확한가?

이것을 들어 보자.

"믿는 사람이 다 함께 있어 모든 물건을 서로 통용하고 믿는 무리가 한 마음과 한 뜻이 되어 모든 물건을 서로 통용하고 제 재물을 조금이라도 제 것이라 하는 이가 하나도 없더라"(사도행전 2: 44; 4:32)

본질적인 기독교 공동체는 코뮨적(communestic)이다. 그리스도의 공산주의는 마르크스주의적 형태와 대단히 밀접하다. 참으로 어떤 해석자들은 부를 균등하게 나누는 공산주의적 훈시—즉 프롤레타리아 독재—는 기원 후 30년에 시작어 2000년 간 지속된 기독교 선교 운동의 종말을 고하는 것이다.

≪신약 성서≫에서 ≪자본론(Das Kapital)≫으로 가는 가난한 자는 행복하다.

처음에 미래 연구를 하면서 나는 물병자리의 가장 좋은 생존 기회일 사회의 예언적인 모델을 발견하려고 했다. 그래서 나는 코뮨적 환경을 연구했고 때때로 거기에서 살기로 결정했다.

사람은 오늘날 어떤 시기에 살 수 있다. 애미쉬 교도들의 도시로 걸어들어가 현재의 시기에 살고 있는 19세기를 보라. 반면에 어떤 사회들은 우리에 앞선 자신들의 현재에 살고 있다.

물병자리는 11번째의 집을 지배한다. 이것은 토성과 천왕성의 에너지의 작동이 대중적이고 비개인적인 수준에서 작동을 통해 물리적인 세계에서 표현된다. 작은 가정은 그 전망을 확장하고 큰 가정이 된다.

물고기자리의 낭만적인 사랑 때문에 우리가 '비개인적'이라는 단어에서 갖는 의미가 건조하고 멀고 보류를 느낀다. 그러나 그렇든 아니든, 물병자리는 기존의 관계에 대한 많은 우리의 꿈과 기대를 파괴하게 될 것이다. 그것은 우리의 생각 속에 있는 것이 아니라 사랑 그 자체를 경험하게 해 주는 사랑의 과학일 것이다.

이러한 대파국적인 사랑의 원리를 인식한 뒤에, 몇 가지 경제적이고 사회적인 공동체들을 연구하면서, 나는 대부분의 진보적이고 물병자리적인 모델이 인도의 신비가 오쇼(라즈니쉬)의 그것과 같다는 결론에 이르렀다.

나는 1980년대에 그의 영적이고 사회적인 실험에 대한 예언적인 연구를 시작했다. 나는 라즈니쉬 공동체 성원으로 참여하여 4년 가까이를 보냈고, 대안적 생활에 대한 이 세기의 가장 거대하고 가장 논쟁적인 건설에 대한 실험, 즉 란코 라즈니쉬 또는 라즈니쉬푸람이라고 하는 이스트 오레곤 사막에 있던 오쇼의 공동체 도시에 참여하기도 하였다.

나는 오쇼와 그의 추종자들에 대한 연구에 관하여 많은 부분을 할애하려고 한다. 그러나 여기서 신화적으로 논쟁을 풀거나 판단을 내릴 여유나 시간은 없다. 나는 단지 오쇼가 이 책에서 일정한 위치를 차지하고 있다고 말하고 싶을 뿐이다. 왜냐하면 그가 한 예언은 정확성에 대한 나의 기준에 적당하기 때문이고, 고려할 만한 가능성을 제공하기 때문이다. 이렇게 지적하여 두고, 나는 핵가족을 넘어 미래 사회의 원형으로서 제시될 수도 있는 공동체적 생활 형태에 대한 간단한 설명을 독자들과 함께하고 싶다.

라즈니쉬푸람의 실험

1981년과 1985년 사이에 그곳의 시민들에 의해 '란취' 라고 불리었던 곳은 몇 십 명의 선구자들로부터 시작하여 5천 명의 거주민을 확보, 성장했고 여름철에는 2만 명으로 증가했다. 란취에 법인화된 도시는 세계로 향한 소우주였다. 오쇼의 추종자들(산야신이라고 함)은 세계 도처에서 그곳으로 왔다. 인구통계학과 심리학적 연구팀들이 칼 A. 라트킨 교수, 리차드 A. 하간, 리차드 A. 리트만, 그리고 오레곤대학의 심리학부의 노만 D. 선드버그 등에 의해 1983년에 라즈니쉬푸람의 시민들로 구성되었다. 그들의 연구에 참여한 산야신의 대부분은 대학 졸업자였으며, 정신 연령과 박사들의 비율이 평균 이상의 사람들이었다. 그들은 대부분이 교육수준으로나 재정적으로 성공한 상류층들이었다.

새로운 선구자들은 곤궁함을 기꺼이 감내하고 정복하기 위한 각오를 갖고 실험에 임했다. 그들은 이미 자신들의 성공에서 가장 큰 장애 중 하나가 각 개인의 무의식적인 민족적이고 종교적인 편견일 것이라는 것을 알았고, 이를 경계하고 있었다. 간단히 말해 그들의 유토피아적인 공동체는 과거의 조건에 의해 거부될 수 있었다. 실험의 성공 여

부는 모든 민족적 편견을 가진 사람들이 서로 단합하여 자신들의 습관을 넘어설 수 있느냐에 달려 있을 것이다. 그들은 변화에 긍정적이며, 영적 생태적인 조화 속에서 도시를 번성시키려고 했다. 그들은 조화 속에서 사는 지구촌 시민의 유토피아를 실천했다.

이러한 풍요 속의 공산주의 실험은 자금에 있어 어떤 문제도 생기지 않았다. 30만 명의 재정적인 도움으로 다른 산야신과 산야신이 운영하는 사업들에서 전세계적으로 약 8천 5백만 달러가 라즈니쉬푸람의 개발에 투자되었다.

그들은 재정과 지성적인 풍요로움을 결합하여 매우 짧은 시간 안에 많은 것을 할 수 있었다. 처음 연도에 천 명 이하의 소수인 산야신은 1천 4백 에이커의 밭을 경작했고, 재배를 위해 7백 에이커를 추가 개척했으며, 새로운 홀스타인 소 떼를 위해 A급 마굿간을 세웠으며, 배 크기만한 54개의 이동식 집을 만들었고, 가정용 식수를 위해 24개의 우물을 팠고, 직선 거리 2만 피트 이상의 배수로를 만들었다. 그들은 12마일에 3단계의 고강도 전선을 세웠으며, 6.5마일의 길을 냈고, 25마일의 국도와 민간 도로를 개선했다. 그들은 6개의 작은 온실을 설립했고, 뒤에 이를 2만 5천 명의 수용 능력이 있는 회합 장소로 바꾸었다. 공회당은 국제적인 여름 축제 동안 사용되었다.

일 년 사이에 이웃들을 도우면서 선구자적인 윤리 의식으로 1만 평방 피트의 간이식당과 빵집을 세우고, 자신들의 집과 4천 평방 피트의 차고, 1만 평방 피트의 중앙 관리실, 그리고 도로, 다공질의 밭, 배수로, 표면, 그리고 콘크리트를 만들기 위해 7만 5천 야드 정도의 자갈을 분쇄한 바위 분쇄 시설을 세웠다. 1982년 말에 특이한 붉은 옷을 입은 이들 즐거운 사람들은 8인치와 10인치 굵기의 배관이 4.5마일이나 되는 상수도 체계와 3백 9십만 갤론의 저수지를 만들었다. 그것은 사막을 육군 공병 부대의 장교들이 입고 있는 위장복같이 녹색으로 변하게 만들었다.

공동체 도시의 위치는 사회적인 모델의 생태학적인 생존 가능성을 실험할 정도로 완벽했다. 산야신들은 백인들의 장기적인 토지 남용으로 많은 풀들이 뜯기고 황폐화된 지역이 되어 버린, 장기 유산을 갖는 동부 오레곤 지역에 농장을 가지고 있었다.

자신들의 모든 쓰레기 재생품들은 많은 환경주의자들의 칭찬을 받았다. 산야신들은 석호로 유출시키는 승강장을 가지고 있는 12만 5천 갈론의 하수처리용 저수지를 만들었다. 취급되는 배출물들은 그들의 80두의 젖소 무리를 위한 초지에 물을 대기 위해 계곡으로 파이프를 연결했다.

공동체의 간이식당은 에너지를 보존하고 음식을 재생시키는 녹색의 천국이었다. 접시 모양의 태양열 집광기는 물을 데웠다. 음식 쓰레기는 양계장으로 보내졌고, 대부분의 유기물들은 특별한 혼합비료 지역으로 보내졌으며, 천연적인 비료가 되어, 밭으로 되돌아왔다. 수년 동안 이 개방 비료공장은 계곡의 바닥과 언덕을 녹색의 오아시스로 만들기 위해 충분한 유기물을 제공했다. 거의 모든 해충은 유기적이고 무공해 방식으로 이루어졌다. 농부들은 자연의 곤충 포식자들을 이용했다.

코뮨 구성원들은 자신들의 도시를 어떤 경작지도 낭비되지 않도록 구획했다. 주거 및 산업 지역은 대부분 계곡 쪽에 짓고, 계곡 바닥은 농사를 위해 자유롭게 놔둔다. 건물은 간소하고 아름다운 사막의 언덕과 가시적인 조화를 이루기 위해 땅색으로 칠해졌다.

강들은 지나치게 초지를 뜯어 먹어 생긴 표피층의 손실 때문에 상당히 침식되어 있었다. 결과적으로 순간적인 범람이 메마른 바닥 아래로 강을 깎아 버렸다. 댐과 초석을 세우는 프로그램은 수십 마일이나 침식된 강둑을 복구했다. 호수를 따라 이것은 표피층을 유지하는 데에 도움이 되었고, 수위를 높였다. 3년 이내에 강의 모습은 현저하게 회복되었다. 새와 동물들의 종이 이전 세기 수준으로 되돌아 왔다.

  라즈니쉬푸람은 마르크스주의적 코뮨은 아니었다. 빈곤보다는 풍요를 공유하였다. 이들은 단순하다고 할지라도 높은 생활 기준을 갖고 있었다. 내가 라즈니쉬푸람에서 보낸 생활을 기억하는 경우 제일 먼저 기억나는 것은 풍부한 웃음과 놀기 좋아하는 사람들에 대한 것이다. 교수들, 회사 간부, 예술가, 박사, 그리고 법률가들이었던 거주자들은 자신들의 손이 지저분해져도 땅을 파고, 심고, 자신들의 오아시스를 행복하게 가꾸었다. 코뮨의 작업 개념은 일이 삭막하지만 생존을 위해 마지못해 생필품 때문에 해야 하는 모든 수십억의 사람들로부터 분명히 구분되는 것이었다.

  시민들 사이에는 스트레스와 범죄가 없었다. 당신은 메인 스트리트의 벤치에 앉아서 보석들이 가득찬 배낭을 잊어 버렸다고 해도, 다음 날 아침 그것을 발견할 수 있을 것이다(나도 몇 번 그랬었다). 아무도 집이나 차문을 잠그지 않았다. 만약 범죄나 도둑이 생겼다면 그것은 대개 코뮨을 지나가는 바깥쪽 세상에서 온 사람들에 의해 저질러졌다.

  그들은 공통의 전망을 갖고 있어서 에너지를 분열적이고 경쟁적인 곳에 낭비하지 않기 때문에, 나는 라즈니쉬가 마르지 않는 에너지의 원천을 가지고 있다고 말하고 싶다. 만약 적당하게 관리되고 동기화

되었다면 이것은 코뮨적인 체계의 가장 강력한 이득 중 하나였다. 이것은 라즈니쉬푸람이 생태계를 치유할 수 있게 했던 이유 중 하나였다.

그 도시는 1980년대의 가장 큰 대가족 가정이었다. 5천 명에서 5만 명의 사람들이 허드렛일을 같이 하고, 생존의 문제에 함께 대처하는 당신의 가족이라고 생각해 보자. 일상 작업을 한 뒤 나는 내 방을 깨끗하게 청소를 하고 내 옷을 빨고 다림질하고 휴식을 취한다. 나는 코뮨의 간이식당으로 가서 기다리고 있는 맛있는 저녁을 먹는다. 업무를 마치면 요리사의 생활을 하고 더 쉬운 청소부 일을 한다. 라즈니쉬푸람에서 일한 것이 무엇이든 모두는 그것에 의해 이득을 얻었다. 비용과 과세를 추적하는 부담은 제거된다.

만약 여러 가지 일이 진행된다면, 모두가 참여하여 재빨리 문제를 해결한다. 책임의 정도는 일반적으로 외부 세계에서 내가 관찰해 왔던 공동체의 참여 수준을 훨씬 더 넘는 것이었다.

현대의 심리학자들은 대부분 조건화와 그에 상응하는 노이로제들은 우리의 형성기 동안에 제한된 부친의 역할에 의존해 왔다고 동의한다. 딸들은 자신의 아빠와 비슷한 남자들과 결혼하고, 대부분의 남성들도 새로 결혼하면 무의식적으로 한 여성을 '엄마'로 바꾸려고 한다.

코뮨에 살고 있는 성인들은 이 노이로제를 알고 있었고, 이 형태를 깨어버리려고 했다. 모든 아이들은 작고 격리된 핵가족보다는 전체 공동체에 소속되었다. 핵가족에서는 아이들은 사랑과 물질적인 생존의 본질적인 배급을 위해서 엄마, 아빠에게만 의존한다. 사랑해 주지 않겠다는 유언, 무언의 협박을 사용하여 성인들은 어린이들이 '좋은 소년, 소녀', 즉 세대에서 세대로 내려온 이념에 적합하게 될 것을 강요하는 힘을 가지고 있다. 이것은 인간에게 역사를 반복하게 만들고, 그래서 예언자의 미래에 대한 예언 능력을 유지시킨다.

이 형태는 코뮨의 확장된 가정에서 쉽게 깨진다. 성인들의 생존과 사랑의 자원이 두 양친에서 수천 명의 '아주머니'와 '아저씨'로 확장되기 때문에, 어린이의 발전은 하나나 두 성인의 무조건적인 노이로제에 의해 제한되지 않았다. 자기 가족들에 아둔하게 복종하고, 거짓으로 가족들을 기쁘게 만들기보다는 아이들의 선천적인 지성과 창조성의 성장에 도움이 되는 다른 성인들의 반응과 지원이 항상 존재한다.

반대로 자신의 아이들에게 유일한 지원과 역할이라는 짐으로부터 해방된 부모들은 란취에 오기 전에 얻기 힘들었던 다정한 느낌을 진전시킬 수 있었다. 아이들은 공동 숙소에서 잤지만, 자신들의 양친들을 방문할 수 있거나 그들이 선택한 곳이면 어디든 다른 성인들과 같이 산다. 어린 시절의 자유는 책임감을 자연스럽게 강화했다. 함께 같이 살면서 아이들은 밖에서 일하는 것을 빨리 배웠고, 집단의 행복을 증진시킬 창조성을 쌓아가는 것을 배웠다. 아이들은 종종 란취에서 생활을 개선하는 방법에 대해 어른들에게 제안했다. 제안이 좋으면 그들은 새로운 생활 방식의 공동 창조자로 참여했다. 이 형태는 바로 인류가 소원해지고, 전통적인 가정 내에서 (특히 미국에서 분명히) 벌어지는 개인 학대의 대안으로 필요한 것이다.

처음에 나는 만약 여러 가지 역할이 란취의 어린이들을 혼란에 빠뜨리지 않을까 의심했지만 그렇지 않았다. 1983년에 라즈니쉬푸람에 살고 있는 80명의 아이들에 대한 라트킨/리트만의 심리학적 연구는

17세 나이의 어린이들이 어른들의 환경에서 경험과 책임감을 실제로 배웠다고 보고했다. 50명은 학교를 다녔다. 그리고 남은 13명 정도는 영아였다. 학생들은 나이에 어울리는 형태의 하터 인지 능력(Hatter perceived competence)과 사회적 수용 능력을 지니고 있었다. 연구는 코뮨의 가정에서 자라난 산야신 어린이의 모든 가치는 수용적인 핵가족에서 키워지는 어린이의 전국 표준 이상이었다.

아이들 수는 상당히 작았는데, 그 이유는 이 실험이 있던 때가 임신 유예 기간이었기 때문이었다. 내가 그것을 이해한 것처럼 산야신들은 행성에 과잉 인구를 더하게 된다면, 이상적인 미래 사회의 진정한 모델로서 기능할 수 없다고 느꼈다. 일단 코뮨이 자급자족적으로 되자, 그 유예 기간을 없앨 계획이었다. 코뮨이 자녀 양육의 미래에 대한 실험을 한 세대 또는 두 세대를 거쳐 보여 줄 수 있기 전에 해체되었던 것은 불행이다.

나는 종종 그 세계를 돌아다니는 중에 어린이들에게 달려간다. 코뮨에서 자라는 많은 아이들은 자신감 있고 지적이며, 핵가족에서 살고 있는 어린이들 대부분이 가지고 있는 노이로제가 없었고, 육체적으로 매력이 있는 젊은 성인들로 성숙했다는 것을 관찰할 수 있다. 그들은 건강한 차원의 반항성을 상실하지 않고 있다. 그들은 믿기 전에 의심하고 실험한다. 그들은 자신들의 양친의 잘못 때문에 비난을 받기보다는 세계에 대한 책임감을 갖게 될 성인들로 가고 있다.

그 공동체에서의 사람 사이의 관계에 대한 불문율이 있었다. 남자와 여자는 사랑하는 상태에서만 서로 함께 할 자유가 있었다. 그것이 밤이냐 낮이냐는 오직 사랑에 달려 있었고, 결혼 계약이나 약혼에 의한 것이 아니었다.

목사들과 언론은 라즈니쉬를 프리섹스를 권장하는 코뮨으로 매도하기를 좋아했다. 언론과 달리 나는 코뮨에서의 실재적인 인간 관계를 보았기 때문에, 어떤 당국과도 이 '프리섹스' 문제에 대해 자신 있게 이야기할 수 있다는 것을 느낀다. 나는 여러 번 사랑을 받았으며 사랑을 돌려 주었다. 나는 물고기자리의 수줍음으로 쾌활하게 나를 불러 주었던 수행하는 연인들에게 감사드린다. 점차 나는 우리의 과거 지향적 사회에서 사랑이 증오로 바뀐 뒤에 한 배우자에게 '충실'해야 한다는 의무감 때문에 우리가 많은 긴장감을 느끼게 된다는 산야신들의 견해에 동의했다. 그들은 진정한 행동은 형식적으로 함께 맺은 계약을 유지하는 것이 아니라고 나에게 가르쳐 주었다. 그것은 사랑으로 표현된 한 사람의 진실한 감정대로 행하는 능력이다. 이 사람들은 다가오는 물병자리 시대에 필요한 삶의 양식을 성공적으로 살았다. 매 순간 다른 사람의 마음을 긁는 것이 아니라 바로 이 순간에 기쁨과 충만감을 느꼈다.

  더 자유로운 성적인 생활양식이 확고하게 작용하기 위해서는 코뮨의 대가족들이 그것을 수용할 수 있는 하부구조가 필요하다. 노인들은 아이들을 돌보고 교육을 하여 아이들을 양육하는 짐과 즐거움을 공유하는 공동 사회. 가족의 책임성을 공유한 성인들은 많은 다른 것을 경험할 수 있고 사랑에 대해 풍부한 경험을 얻을 수 있다. 3년 동안, 나는 전통 사회에서 이전에 경험한 30년 간의 인간관계에서보다 여인들과 나 자신에 대해 더 많은 것을 경험했다. 만약 이 사랑들의 생각이 미래적인 것이라면, 일부일처제라는 신념이 주는 한계를 다가오는 시대가 극복하기 어렵다는 것을 발견하게 될 것이다.

  라트킨/리트만의 연구는 인식된 스트레스, 사회적인 지원, 억압, 그리고 자부심의 정도를 알아 보기 위해 라즈니쉬푸람에서 시민들에 대한 조사 활동을 벌였다. 인지된 스트레스 수치에 대한 라즈니쉬푸람의 지수는 매우 낮은 15.22였다. 미국의 핵가족 성원들이 갖는 평균적인 지수는 23.34였다. 표준 개인간 지원 평가 리스트(ISEL)의 최대 점수는 40이다. 사회적인 지원에 대한 지수는 37.91이었다. 유전병적 압박감 연구(CES-D) 본부에서 조사한 압박감의 크기는 5.86이었다. 래드로프에 의한 연구(1977년)는 정상 억압 지수가 당시 평균적인 백인계 미국인들에 대해서는 7.94에서 9.25 사이에 위치하는 것으로 보고하고 있다. 그리고 마지막으로 로젠버그 자부심 지수에 기초한 코뮨구성원들의 일반적인 자부심도는 매우 높은 35.71이었는데 이것은 정상 평균이 약 30포인트와 대조적인 것이었다.

현대 사회가 극복하기 어려운 대개의 성적인 역할에 대한 선입견은 란취에는 존재하지 않았다. 처음에 나는 대단히 아름답고 우아하게 보이는 여성들이 백호스(backhoes)와 D-8s과 같은 육중한 이동식 불도저 장치를 운전하는 것을 보고 놀랐다. 이와는 반대로 매일 재봉틀에 앉아서 즐겁게 일하는 남자들이 있었다. 그것은 코뮨에 머무르고 있는 동안에 거주자들은 많은 작업을 가져야 하므로 예외가 아니라 규칙이었다. 이것은 모든 사람들에게 그곳이 운영되는 방식과 코뮨의 기술적인 면이 확장되는 방법을 더 잘 이해하게 해 주었다. 내가 란치에 있는 동안 나는 해충을 잡고, 호텔의 데스크를 지키는 직원이었으며, 방범대원이었고, 소방대원, 요리사, 목수(대단히 잘 하지는 못 했다), 도랑치기, 중장비 정비공, 목동과 젖 짜는 사람, 그리고 매우 능숙한 목장 관리인이었다. 내 친구 중 하나는 다른 시간에 버스 운전사, 웨이트리스, 간판 제작자, 라즈니쉬 비행사의 호스티스, 그리고 공구 가게 주인이었다. 우리는 이전에 이들 물건들을 다루는 방법에 대해서 결코 알지 못 했다. 모든 이들은 교사이자 학생이었고 결국 뒤에 이 세상에 적응할 수 있게 기술에 대한 숙련도를 높여 주었다.

라즈니쉬푸람에서는 무지에 대한 두려움을 느낄 시간이 없었다. 그리고 그것을 두려워할 필요도 없었다.

사람들은 삶을 발전시킬 수 있도록 서로 협동하였기 때문에, 심리학적인 스트레스가 별로 없었을 뿐만 아니라, 또한 생태학적으로도 긴장감이 매우 적었다. 공동체적으로 사는 사람들은 핵가족보다는 에너지나 소비품목들이 별로 많이 필요하지 않았다. 중앙에서 생산된 음식은 쓰레기와 공해를 별로 많이 만들지 않는다. 다른 것과 마찬가지로 쓰레기들은 일거리가 된다. 정부에 고용된 이방인들은 이 공동체의 원칙에 따르려고 하지 않고 쓰레기를 수거해 간다.

주민촌에서 발견될 수 있는 자동차와 그 배기 가스는 라즈니쉬푸람에서 별로 존재하지 않았다. 시는 학교 버스를 재생하여 사용하였으며, 그 주에서 두 번째로 빠른 대형 운송 시설을 주민들에게 제공했다. 코뮨 택시들이 자유롭게 돌아다닐 수 있어서 개인들에 의한 차의 사용은 최소화되었다.

누가 이 모든 것을 원활하게 만들었을까?

이론적으로 전체 공동체가 대가족이라면 위계 질서와 부분들로 사람들을 나누어야 할 필요는 더 적게 된다. 코뮨 체계는 공동체 성원들에게 만날 기회를 주고, 전 공동체에게 필요한 것이 무엇인지를 결정한다. 이것은 항상 중간에 걸러지지 않는다. 사실 공동체 내에는 위계 질서가 있었지만, 그 권력을 남용하여 코뮨의 시민들을 억압했다. 1986년에 그들은 산야신들의 종교적, 정신적 대가들을 체포하고 추방하였고, 코뮨의 재산들을 동결하여 시민들을 내쫓는 등 정치 권력을 갖고 있는 반 라즈니쉬 지지자들에게 제공하였다. 이 공동체 실험을 파괴한 정치적인 논쟁에 앞서 라즈니쉬푸람의 사람들은 세심하게 독특한 유토피아적인 코뮤니즘의 다리를 만드는 과정에 있었다. 처음에 오레곤에 있는 코뮨과 세계 사이에는 기생적인 관계가 있었다. 이 의존성은 경쟁과 탐욕에 근거하는 것이었다기보다는 생존을 보장하는 경제 체계를 만들려는 라즈니쉬의 욕망에 반하는 것이었다.

  이 점을 알고서 그들은 이것을 개정하려고 했다. 최초의 단계는 기술적이고 유동적인 노동력을 수립하는 것이었다. 목장 주민들은 세계의 더 작은 코뮨에서 일 년에 6개월을 지내기 위해 지원했다. 거기서 그들은 창조성과 다른 사람들의 기술을 공유했으며, 이는 양 집단을 풍부하게 했다. 세계를 돌아다니면서, 코뮨 사람들은 여러 국가의 분위기와 문화, 비지니스 개념과 예술적 차원들, 코뮨 가족을 좀더 개선하고 확대하는 경험을 했다.

  라즈니쉬의 코뮨 가족들은 30만 가량이 오레곤에 살고 있었고, 전 세계에 있는 코뮨보다 더 많은 사람들에게 확장되었을 것이다. 그들은 자기 지역의 더 작은 곳들을 수립하는 데에 도움이 될 수 있게 각 국 내에 작은 코뮨을 수립하기 시작하였다. 이것은 결국 핵가족에 기초한 사회에 진정한 대안으로 세워질 코뮨의 네트워크로 눈덩이처럼 불어날 것이다. 그들은 결국 관찰자들이 유토피아로의 다리를 건너기 위해 자신들의 공식이 전통적인 사회의 모델보다 더 잘 작동하는 것을 깨닫게 될 것이다.

  만약 정치적이고 종교적인 편견들이 이를 파괴하지 않았다면, 수세기가 지나 이 모델이 발전과 성숙함에 따라 인류가 굳게 주먹을 쥐고

제3부 축복의 미래 361

자신이 얻을 수 있는 것을 움켜쥐고 놓지 않는 사회로부터 진정으로 공동적으로 공유하는 사회로 이동하는 것을 보게 될지도 모르는 모든 가능성이 될 수도 있었을 것이다.

아마 라즈니쉬푸람은 여전히 물고기자리 사회를 물병자리로 탈프로그램화하고 변형하기 위한 즉 핵가족 사회로부터 지구 행성의 대가족으로 가는 가능한 청사진의 하나로서 제시될 수도 있다.

다리 5: 인간—산업 복합체

무기 경쟁으로부터 구호품 경쟁으로

열린 사회가 된 소련은 미국이 그들을 대항하기 위해 세계 도처에 만들어낸 공포 때문에 쌓여 있는 모든 병기를 제거할 것이다. 만약 그 두려움이 없어지면, 미국의 힘은 그와 함께 사라질 것이다. …… 러시아 국민들에게 자유가 왔기 때문에 그들은 미국의 가면— 즉 이른바 사이비 민주주의를 벗길 것이다. …… 이 새로운 종류의 전쟁을 위해 …… (구호품 경주가 문제될 것이다) …… 누가 더 자유로운가? 누가 더 독립적인가? 누가 개인을 더 존중하는가? 누가 개인의 차이를 존중하고 표현의 자유, 창조의 자유를 더 존중하는가? 이제 이것은 실제적인 전쟁이 될 것이다.

…… 비로소 완전히 새로운 종류의 전쟁이 발발했다.

오쇼(1987년), GFURT

NATO의 해산

목표 없는 군대는 유럽에서 출발할 것이며, 잠수한 섬 가까이에서 합류할 것이다. Arton(NATO의 철자바꾸기)의 함대는 그 표준을 거둘 것이다. 세계의 배꼽은 더 큰 목소리로 대처되었다.

노스트라다무스(1555), C2 Q22

평화와 페레스트로이카에 기회가 오는가?
나는 급히 세계의 지도자들에게 세계 평화를 위해 최선을 다하고, 고르바초프의 선한 의지와 덕을 믿고, 그를 지원하고, 진심으로 그를 포용하고, 지구에 최선을 다하기를 권한다. "평화는 전쟁 이상의 승리를 갖는다"는 것이 1990년대의 표어가 되어야 한다.

베잔 다루왈라(1989년)

이들 …… 터무니없는 전쟁들은 사라질 것이며 '가장 위대한 평화'가 올 것이다.

바하올라(1890년), GPB

전쟁이 사라진다.
그가 열방 사이에 판단하시며 많은 백성을 판결하시리니 무리가 그 칼을 쳐서 쟁기를 만들고 그 창을 쳐서 낫을 만들 것이며 이 나라와 저 나라가 다시는 칼을 들고 서로 치지 아니하며 다시는 전쟁을 연습지 아니하리라

제1 이사야(서기전 783-687년), IS 2:4

미래에 있을 마지막 전쟁을 준비하라.
여러 국가의 군대는 자기 위치로 이동 중이다. 제트기는 비행장 위로 날아 다니면서 이륙할 준비를 하고 있다. 5천만 명의 군인들은 전

장과 강, 삼림과 산맥으로 나가고 있다. 전 지구의 동맹국들은 1분당 150만 달러를 소비할 준비가 되어 있으며, 모두의 승리를 확보하기 위해 본국에서 곤궁을 겪게 될 것이다.

그러나 이 전쟁은 핵전이 아님에 틀림없다. 30분 내에 문명이 사라지는 것을 보게 되지는 않을 것이다. 사실 이 전쟁은 수세기 동안 진행될 수도 있는 것이다.

우리는 이를 녹색(Green) 세계 대전이라고 부를 수 있다. 모든 전쟁을 종식시킬 전쟁. 이 전쟁은 우리의 병참 능력과 정교한 '병기'로 행성을 파괴하는 원인에 대항하여, 군대에 흠집을 낼 것이다. 피흘린 자들을 위해 비축되어 온 광대한 천재와 부는 마지막에 지구를 치료하고 풍요롭게 하는 데에 사용되고 있다.

우리의 적들을 굶어 죽이고 폭력을 사용하는 것보다 우리 모두는 가난한 국가들에게 음식과 옷을 지속적으로 공급하기 위해 자원들을 이용할 수 있기를 갈망하고 있다. 군대는 깊은 참호보다는 밀 경작을 위해 밭고랑을 파 올린다. 탱크는 트랙터가 된다. 댐의 마지노선은 목마른 땅에서 물을 퍼 올려 관개용 고랑으로 물을 흘려 보낸다. 군인들은 폭발물 없이 땅의 광산—미개발의 우물이라는 값진 발견물—을 찾고, 제3세계에 존재하는 벌레 군단에게 유기성 구충제를 떨어트린다. 수백의 마을들은 교육의 요새를 갖추어 무지의 공격으로부터 방어된다.

우리는 아직도 우리에게 내재해 있는 선한 것을 터뜨려 정화시켜야 한다. 마지막 카타르시스, 제2차 세계대전을 고려해 보라. 무시무시한 양의 에너지와 창조성이 5천만의 동료 인간을 죽이는 데에 사용되었고, 수억 이상의 사람들을 불구로 만들고, 이산가족을 만들었다. 만약 행성을 치유하는 데에 초점을 맞췄더라면, 상응하는 6년간 무엇을 쏟아 부어야 할 것인가?

영국과 독일인들이 도시와 산업 시설을 밤낮 폭격하는 동안, 전쟁에서 승리하기 위해 얼마나 노력했는지 생각해 보라. 독일의 철도는 폭격을 당해 하루 동안 달표면의 분화구 모습이 되었고, 다음날 다시 세워졌다. 러시아 전선에서 히틀러와 장군들이 기적을 만들기 위해 사람들을 위협하여 구덩이에 밀어 넣는 것을 창조성의 폭발이라고는 생각할 수 없다. 적당한 음식이나 집 없는 사람들은 밤새워 시베리아의 공장으로 이동했고, 수개월 동안의 평화 시기보다 십여 배의 사람들을 재무장하기 위해 모병했다. 제2차 세계대전 동안 진주만의 조선소 노동자들은 비행기를 실은 항공모함 요크타운 호를 수선하는 데에 72시간이 걸렸으며, 그것을 바다로 되돌려보냈다. 요크타운 호는 폭탄 몇 발을 맞고 구멍이 뚫렸고, 알래스카 암초에 걸렸던 엑손 발데즈 호보다 더 심각한 손해를 입었다. 그러나 평화시에 조선소 노동자들이 탱크의 구멍을 수선하는 데에는 일 년이 걸린다.

제2차 세계대전이 진행된 4년 미만 동안, 미국 노동자들은 296,429대의 비행기, 102,351대의 탱크와 자주포, 372,431문의 대포, 4천 7백 톤의 대포알, 87,620척의 전함, 440억 발의 소형무기의 탄약 등은 1조 8천 3백억 달러의 가치에 해당한다. 미국은 침략군이 가지고 있는 것보다 많은 탱크, 비행기 그리고 무기를 나치가 침략한 처음 6개월 동안 러시아로 보냈다! 만약 미국인들이 1941년에 히틀러의 소련 침략을 저지하기 위한 원조를 할 수 있었다면, 지금 즉시 사하라 사막의 침략을 중단하기 위해 그들은 무엇을 할 수 있을까?

긴급성에 대한 천부적인 감각은 여전히 우리 내부에 남아 있다. 필요한 모든 것은 나치의 가스실처럼 지구의 온실효과에 대해서도 세계의 모든 사람들이 각각의 생태학적 문제들과 위험을 인식하는 것이다.

핵무기 건설에 참여한 흥분한 연구 요원들은 지구 온난화의 원인을 종식시키기 위해 다시 새로운 맨하탄 프로젝트에 참여할 수 있다. 세계 도처의 에너지 문제를 해결하기 위한 지구 친화적인 새로운 동력을 발견하기 위해서는 일반적으로 방사능 낙진의 위협보다 더 높은 삶의 표준을 제시할 수 있어야 한다.

진정한 적을 감당하기 위한 '무력'을 가지려면, 전쟁의 파괴로부터 인간 삶의 개선 쪽으로 자원을 재분배할 수 있는 전세계적 군산 복합체 네트워크가 필요할 것이다.

우리는 냉전에 승리했다. 천 년 간의 평화를 승리하자!

유혈 사태로부터 지복으로 전환시키기 위한 금융 거래는 1989년에 레스터 E. 브라운의 ≪세계 상태 1989≫에서 발표된, 세계감시연구소의 마이클 레너의 글 "전세계 안보의 개선"에서 선택되었다.

제해권 II 잠수함과 F-18 제트 전투기 프로그램	1조$	미국에서 1만개의 가장 위험한 쓰레기를 처리하는 데에 드는 비용
스텔스 폭격기 프로그램	6800억 $	2000년까지 미국 세척수 목표 평가액의 2/3에 해당

SDI 기금 요구액, 회계연도 1988-92	3800억 $	미국의 고위 방사성 쓰레기 처리 비용
2주간의 세계 군사비 지출	3000억 $	UN의 물 및 공중위생 계획에서 책정된 연간 비용
군사 조달과 연구개발을 위한 독일의 경비, 회계연도 1985년	107.5억 $	북해의 독일 지역을 청소하는 데에 드는 평가 비용
3일간의 전세계 군사 소비 지출	65억 $	산성비를 방지하기 위한 8-1200만의 유황 방출을 삭감하기 위한 미국의 연간 비용.
2일간의 전세계 군사 지출	4800만 $	20년 이상 제3세계 사막화를 중단하기 위한 UN의 행동 계획에 입안된 연간 비용
미국의 6개월간의 핵탄두에 지출되는 비용, 회	40억 $	미국 정부가 에너지 효율 제고에 지출하는 비용, 회계연도 1980-87
SDI 연구, 회계연도 1987년	37억 $	주민 200,000인 도시의 태양력 시스템을 세우는 데에 드는 자금

10일간의 유럽 경제 공동체의 군사 지출	20억 $	10개의 ECC 국가들에서 2000년까지 위험한 쓰레기를 청소하는 데 드는 연간 비용
제해 잠수함 1대	14억 $	일년에 1백만의 죽음을 방지하기 위해 6개의 죽음의 질병에 대항한 전세계 5살 어린이의 면역 프로그램
B-1B 폭격기 3대	6800만 $	에티오피아를 위한 UN의 반 사막화 계획에 제안된 연간 비용
에티오피아 군대의 2달간 군사비 지출	5000만 $	UN에 제출된 에티오피아의 사막화 방지 계획 1년 예산
핵무기 실험 1회	1200만 $	안전한 물에 접근하기 위해 제 3세계 마을로 8만 개의 수동식 펌프를 시설하는 비용
B-1B 폭격기의 1시간 작동 비용	12,000$	산모의 죽음을 감소시키기 위해 10년 동안 10개의 아프리카 마을에서 필요한 산모 보호 시설

경고! 물병자리의 어두운 면이 있다.

후쿠야마가 (그의 "역사의 종말" 이론에서) 주장하고 있는 것은 절대로 근거가 없는 것이다. 역사는 파동 속에서 움직인다. 파시즘과 같은 것이 다시 세계에 출현하게 될 것이다. 삶에서 어떤 의미도 발견할 수 없기 때문에, 사람들은 미래의 유토피아적인 삶의 희생물이 되고, 미래를 없애 버리기 위해 사람들은 로봇으로 만들어지고 있다. …… 후쿠야마가 말하고 있는 것은 스탈린이나 무솔리니, 또는 히틀러가 (말하는 것보다) 인류에게 더 위험하다!

오쇼(1980년)

잘못 마음 먹은 소수의 사람들이 대중을 통제할 가능성은 세계사에서 과거에는 전혀 없었다. 중요한 작업과 정부의 경제를 방해하기 위해서나 또는 보편적인 사고와 행동을 통제하기 위해 소수의 사악한 사람들이 지위(권력의)로 들어가는 것은 진정한 위험이 된다.

루스 몽고메리의 지도령들(1985년), ALNS

기계는 사람을 자신의 의지에 반해 폭력적으로 천여 번을 밀려나갈 수 있게 하고, 동일한 방식으로 다른 물건들을 끌어당길 수도 있게 만들어질 수 있다.

로저 베이컨(1268년), EPSC

비지니스의 세계에서는 많은 국가의 부를 몇몇 거대 기업이 통제할 수 있게 될 것이다.

데이비드 굿맨 크롤리(1888년), GLMPS

텔레비전은 새로운 방식의 원시성을 도입하고 있다. …… 지금 당신은 이 사실을 기억한다. 곧 그것을 잊게 된다. 모든 사람들은 자신의 컴퓨터를 다루게 될 것이다. …… 주머니에 넣고 다니면서, 그리고 그들은 세계의 도서관에 담겨져 있는 모든 지식을 접할 수 있게 될 것인데, 당신은 바로 그것이 작동하는 방식을 알아야만 할 것이다. 그러나 사람은 지성과 기억에 관한 한 무섭게 추락하게 될 것이다. 존재하게 될 모든 것은 당신이 그들을 보지 못하도록 조용하게 변화를 가져 오고 있다.

오쇼(1987년), OMPH

물병자리의 좀더 어두운 가능성에 대해 뉴 에이지 쪽에서는 거의 다루지 않고 있다. 나는 물고기자리와 물병자리의 부정성의 혼합 속에서 이 태만함을 경험한다. 물고기자리는 현실을 직면하기보다는 꿈에 빠진다. 이 경우 마음 속의 잠재의식이 동원된다. 물병자리는 어쨌든 미래에 대해 맹목적인 이상주의적 낙관론을 가지고 있다. 입심좋은 뉴 에이지의 지지자들은 다른 사람들의 이 오도된 관념론에 용기를 준다. "부정적인 것에 어떤 에너지도 보내지 않으면, 그것은 일어나지 않아요."

'파국'에 대한 그들의 정의감은 흐느낌이고, 때로는 무서운 현실성에 직면하여 발산되는 달콤한 꿈에 대한 두려움처럼 어둡다.

아돌프 히틀러, 요시프 스탈린, 테러리즘, 그리고 마인드 콘트롤과 같은 현상은 물고기자리와 함께 사라지지 않을 것이다. 이들은 인류가 다음 2천 년 동안 운신해야 할, 동터 오는 물병자리 시대에도 더욱

불길한 측면들로 존재한다. 물고기자리의 가부장적 상들은 틀림없이 다가오는 세기에 사멸할 것이지만, 다가오는 시대에 인간 행동이 가지고 있는 모든 잠재성을 인식하지 못하면, 우리는 히틀러와 스탈린이 덜 저속하고 더 유쾌한 형태로 다시 나타나는 것을 미처 깨닫지 못하게 될 것이다.

물병자리는 비개인적인 욕망을 지배한다. 이것은 사소한 것을 인식하도록 인류에게 참을성을 줄 것이다. 그러나 무의식적인 잠재성을 고려하지 않으면, 컴퓨터에 의한 독재로 자기 영혼을 상실하게 되는 사람들을 볼 수 있을 것이다. 물고기자리의 독재자들은 인간의 집단적인 희망을 조종하고, 희생을 요구하며 성스러운 미신을 숭배하게 만든다. 미래의 거인들은 음흉한 위협을 하거나 빵에 대한 약속으로 신자들을 모으려고 하지 않을 것이다. 그들은 분위기와 무드라는 물병자리적인 요소를 이용하여 심리 무기를 만들려고 할 것이다. 그리고 당신은 억압되는 느낌도 느끼지 않을 것이다.

사실 사람들은 행복하고 조화로운 뉴 에이지 시대에 살고 있는 시민처럼 느낄 것이다. 당신은 그것을 믿도록 유혹을 당할 것이다. 사실 미래의 어두운 영역에 대해서 많은 사람들은 전혀 생각하지 않도록 프로그램화될 것이다. 사람들은 이미 텔레커뮤니케이션(TCI) 방송사로부터 1990년대 초에 케이블 TV 광고의 무지한 말들에서 물병자리의 더 어두운 징조를 볼 수 있다. 그것은 다음과 같은 말로 끝난다. "…… 우리가 미래로 가면 갈수록, 미래는 비밀에 대한 해답을 알려 줄 뿐만 아니라, 다른 사람들이 무슨 일을 하고 있는지도 알려 줄 것이다."

빅 브라더(독재자)는 알고 있다.

1984년부터 청교도적인 공산주의는 냉전이 지나감에 따라 해체되어 가고 있으며, 조지 오웰의 책에 나오는 부정적인 유토피아가 더 이상 가능한 것이 아니라고 희망을 가질 수도 있다. 빅 브라더, 스탈린주의자들은 컴퓨터가 만든 TV 주인공인 맥스 헤드룸에 의해 대체되었다. 그는 재미있고 재치가 있지만, 영혼을 가지고 있지는 않다. 그도 그것을 인정하며 당신도 영혼을 갖지 않기를 권하고 있다. 어떤 영혼도 갖지 않는다는 것은 상쾌한 일이다. 오웰의 문학성은 헐리우드에서 만들어진 컴퓨터 조작 광고를 통하여 오래 전에 더 밝고 더 재미있는 '메디슨가'라고 하는 선동적인 장치에 의해 대체되어 왔다.

권력은 우울한 새 시대에 침투하여 스탈린주의자들이 공룡의 길로 가기 전에 귀중한 교훈을 얻지 못하게 기만하고 있다고 가르쳤다: 즉 개성과는 멀리 떨어진 사고를 하라. 사람들이 원하는 방향으로 생각하고 행동하도록 프로그램화하라. 이것은 바로 물병자리의 보다 어두운 면으로 이해되는 것이다.

1990년대에 소비자 운동가 랄프 네이더는 현재 나타나고 있는 위험성을 빨리 알려야 한다고 우트니 리더 환경 회의에 경고한 바 있다.. "회사는 부모들보다 자라나는 아이들을 더 중시하고 있다."

"아동들이 소비할 수 있는 가장 좋은 음식, 비싼 대체품─유아용 이유식부터 점검하라"라고 네이더는 말했다. "전쟁용 장난감을 보자. 그리고 활동적인 아이들을 조용하게 만들려고 과잉 약물 치료를 한다. 7세에서 8세의 어린이들이 성장하면서 적당히 객체와 주체가 되는 것을 배울 수 있고 화장품 산업을 잘 이해한다면서 화장술을 배우게 만든다. 그러나 좋아한다고 할지라도 소음 공해를 일으키지 않도록, 워크맨을 가지고 거리를 걷는 태도를 없애는 계획을 세웠다. ……

누가 아이들을 키우는가? 아이들의 소품들이 그들을 키우고 있다. 맥도널드 제품이 그들을 키우고 HBO와 디즈니랜드가 그들을 즐겁게 해준다. 그들은 성인들보다 이들 회사 제품과 서비스를 즐기고 중독 증상을 더 많이 보이고 있다. 이제 그것이 효과를 미치고 있다. 그것은 그들의 가치를 왜곡시켰고, 그들의 역사적인 감각을 파멸시켰다."

뉴 에이지는 이미 우리를 제품의 로보트로 만들고 있다.

지난 1만 년 동안의 많은 예언자들은 단일한 세계 정부에 대해 예언했다. 뉴 에이지 운동의 투사는 천 년 '이후에도 행복하게' 살 것이다. 그러나 권력을 갈망하는 사람들은 뉴 에이지 책방에서 사온 플라스틱 주술 지팡이의 파동이 바로 사라지지 않기를 바란다. 마야의 달력에 나오는 경사스러운 날을 고래고래 노래부르면서 어떤 주말을 보냈다고 할지라도, 다가오는 다음의 세기들 동안 계속 권력에의 의지를 노래하지는 않을 것이다.

에너지와 같이 미래는 중립적이다. 우리가 최선을 다하거나 최악의 사태를 저지르는 것이지, 그들이 우리를 만드는 것은 아니다.

모든 사람의 독자성을 존중하는 개화된 세계 사회는 가능하다. 결국 전쟁과 생태학적인 재난들은 세계에 똑같이 일어나게 될 것이다. 생존하는 사람들은 새 시대에 자신의 삶을 건설할 것이다. 그러나 어떤 예언자도 새로운 세계 질서 내에서 자신들의 지배를 수립하기 위해 권력 투쟁이 존재하게 될 것이라고 예언하는 사람은 없다.

만약 제3차 세계대전을 회피하고 온실 효과를 극복한다면, 세계 도처에 웃음을 짓는 경찰 국가가 수립될 것이다. ≪1894년≫에 예언된 조지 오웰의 금욕적이고 잔인한 유토피아는 과학의 시대와 광통신으로 점점 더 불가능해지고 있다. 그러나 지구상의 낙원은 여전히 실락

원이 될 수 있다.

걱정하지 말라. 부정적인 유토피아는 붕괴된 국제 스탈린주의적 제3세계가 되지는 않을 것이다. 미래의 정부는 깨끗하고 협동적이며 사람들은 행복할 것이다. 당신은 특정한 유전자들을 가지고 태어났기 때문에 이것을 도울 수는 없다. 그리고 좋지않은 분위기나 반사회적인 행동으로 유전자 결합에 의해 변화될 수 없었던 것을 수정에 의해 변경을 하거나 약물에 둔감하게 만들 수도 있다. 내일의 부정적인 유토피아는 올더스 헉슬리의 ≪멋진 신세계≫와 레이 브래드베리의 ≪화씨 451도≫의 신여피족 경찰 국가처럼 될 것이다.

헉슬러가 제시한 사회적인 악몽에 등장하는 최초의 단계에 우리는 이미 도달해 있다. 정보의 속도와 그에 대한 폭넓은 접근 가능성은 지식을 부담스럽게 생각하고 오락적인 자극만을 추구하게 만들고 있으며, 인류를 계몽시키지 못하고 있다. 결국 우리는 소설 ≪다른 행성들로 편안한 여행≫의 저자 테드 무니가 말한 '신경쇠약증'이라는 일종의 정보 질병을 겪게 될 위험에 놓여 있다.

잠시 기다려라. 말을 멈춰라!
생각해 보라. 당신은 어린 시절을 잊었는가?
무지와 단순성의 지혜가 생각나는가?
진실이건 허구이건 매일 텔리비전에서 보게 되는
3, 40여 명의 살인자들을 당신은 자동차 광고보다 덜 보는가?
만약 위의 질문에 대한 대답이 모두 긍정이면 당신은
신경쇠약증에 걸린 것이 틀림 없다.

마마 맥스 헤드룸이라는 텔리비전 프로그램에서 볼 수 있듯이, '미래의 충격'을 받은, 미래 사회에서 아무 생각이 없이 살고 있는 개인들이 사회의 양심임을 자처하게 될 것이다. 이 사이버 펑크 TV쇼는 오락 지향적인 미래 인류가 급속히 희망 없는 삶을 살게 될 것이라는 사실을 보여 주고 있다. 1990년대의 텔레비전은 여전히 올더스 헉슬리가 그려낸 것처럼 꿈꾸는 물고기자리의 경향을 지니고 있다. 맥스 헤드룸의 종합적인 위트나 '이중적 사고'라고 오웰이 명명한 횡설수설하는 도덕성은 물병자리의 어두움 속으로 인류가 추락한다는 것을 의미할 것이다. 추락은 현재 우리의 두뇌를 마비시키고 있는 바이러스인 '무선을 타고 유포되는 사고'로부터 올 것이다.

"상업성이 더 깊어지면 깊어질수록 발산은 더 잘 된다. 우리는 이들 물건들의 의미를 바꿔서 생각하는 버릇이 생겼다"고 무니는 설명했다. "이 까닭은 사람들의 눈, 귀, 뇌, 그리고 신경계들이 피곤해졌기 때문이다. 이들을 너무 혹사했기 때문이다."

1990년대 상황에서 2090년대를 미루어 짐작해 보면, 레이 브래드베리가 그려낸 '부정적인 유토피아'에 대한 악몽을 만들어내는 물병자리의 에너지 남용을 보게 된다. 즉, 소방대원들은 화재와 싸우지 않을 것이며, 오히려 불을 놓을 것이다. 책은 금지되고 불태워진다. 기술적으로 선진적인 사회는 신 여피족들에게 모든 창조물들이 원하는 모든 것을 줄 수 있을 것이다. 전복 조개처럼 생긴 라디오들과 사방에서 볼 수 있는 3D 텔레비전들은 모든 '사람들'에게 사람은 욕망으로 프로그램화된 동물이라는 것을 알게 해줄 것이다. 그리고 반항적인 것은 일종의 변덕이 되어 버렸다. 반란, 그리고 반사회적인 행동도 근처의 놀이동산에서 발산해 버릴 수 있다. 창문을 깨서 사격하고 사람들을

제3부 축복의 미래 375

잡기도 하며, 발로 차기도 할 수 있다. 브래드베리가 그린 미래에서 자신이 선택한 닌자 거북이 장난감과 함께 행동할 수도 있다.

전형적인 물병자리의 활동가는 타고난 반항자이다. 자라는 동안 타고난 활동성이 억압되었다면, 점성학은 우리에게 요란한 넥타이를 매고 보수적인 비지니스 정장을 입은 사람이 앞으로 소수인종적 제스추어를 취할 것이라고 말한다. 만약 억압이 더 깊어지면, 넥타이 끈이 달린 반항자들은 팜 스프링스, 캘리포니아, 그리고 구조를 바꿀 수 있는 고급 승용차 안에서 빨간 불빛 아래 대기하고 있는 젊은 스트립걸을 수시로 갈아 치우는 술취한 졸업생들과 같이 어리석고 무기력한 행동에 빠질 것이다.

또는, 반항성을 지닌 물병자리의 자연적인 경향성은 공허하며 별볼일없는 모습으로 변질될 수도 있다. 자기 부모의 위선에 대해 진정한 반란을 감행하기보다는 어떤 아이들은 머리카락을 교묘하게 손질을 하고, 미래를 상실한 것을 애도하는 것처럼 검은색 옷을 입고 다닌다.

미래로의 이동에 대한 시각은 오웰의 냉정한 공포부터 헉슬리와 브래드베리의 축복스러울만한 '무관심한 공포'에까지 여러 가지일 것이다. 사상의 자유는 전집화되어 홈 비디오 가게에서 간편하게 제공될 수 있다. 미래 사회에서 반란성을 거세하는 것은 홀로그램 장치로 걸어들어가 아놀드 슈왈츠제네거가 '될' 것이다.

≪죽음 즐기기≫에서 닐 포스트맨은 우리에게 헉슬리와 같은 선교사들은 인류가 "교육과 재난 사이의 경주에" 놓여 있다고 믿었다는 것을 다시 한번 상기시켜 준다. 우리는 '정치와 매체의 인식론'에 의해 연기되는 중추적인 역할을 경계해야만 한다.

"결국 [헉슬리]는 우리에게 ≪멋진 신세계≫에서 '사람들을 괴롭혔던 것은 생각 없이 웃음을 즐긴다는 것이 아니라, 웃기만 할 뿐이고 생각을 전혀 하지 않는다' 것을 말하려고 하였다."

그러나 우리가 자신을 사랑하기보다 배우들이 사랑하는 것을 보기를 더 좋아하는 관객들의 경주(즉 호모 레쿰베레 래딕스)에 속해 있다면 보다 어두운 물병자리의 원리를 통해 우리를 다스리려는 신세대 권력 숭배자가 나타날 것이다. 히틀러나 스탈린과 같은 사람이 아니라, 미래의 컴퓨터 바이트로 연결된 '데이비드 레터맨'인 미스터 헤드룸과 같이 재치 있지만 비인간적인 어떤 자가 사이버펑크의 선언으로 사람들에게 충격을 줄 것이다.

모든 사람들은 정신적, 육체적, 그리고 유전적으로 세계 국가에 봉사하도록 프로그램화되어 있다. 그것은 개인적인 감정과 마음을 통제하기 위해 존재하며, 그 또는 그녀의 완전한 잠재성을 인공적으로 성취하도록 해준다.

만약 우리가 스스로 생각하고 느끼기에 충분할 정도로 경계하고 있다면, 물병자리의 미래 모습은 우리를 이 원리에 따라 살게 만들 것이다. 모두는 똑같이 독특하며 세계 국가는 개인의 완전한 잠재력을 향한 독특성을 성숙시키기 위해 존재한다.

아무것도 더 이상 신성하지 않을 것이다. 모든 것은 혼란스럽게 될 것이다. 커다란 일소(一掃)가 시작될 것이다. 모든 국가들이 다시 서로 경쟁할 것이다. 자유로운 생활과 사고는 개인화될 것이고 추방될 것이다. 완고한 정복자들이 자신의 가르침대로 지배할 것이고, 모든 것을 취하려고 할 것이다. 무서운 때가 될 것이다.

스톰버거(18세기)

인간의 마음과 영혼의 변화 경향들은 이들이 야기하게 될지도 모르는 것이다. 종종 이들 통로를 통해 알려지는 것처럼, 인간을 지배하는 것은 세계, 지구, 환경도 아니며 행성적인 영향력들, 또는 그 관련성이나 활동들도 아니다. 오히려 사람들은 성스러운 법에 순종하며 혼란으로부터 질서를 가져 온다. 또는 성스러운 영향력의 법칙과 그 관련성을 무시함에 의해 혼란과 파괴적인 힘을 경험하게 만든다.

에드가 케이시(1935년), NO. 416-7

악한 자들은 사람들이 그렇게 되기를 원하기 때문에 그렇게 되지 않으려고 한다. 그들은 거기에 견고하게 참호를 파놓고 권력을 잡으려고 한다.

루스 몽고메리의 지도령들(1986년), HRD

인류 역사상 과거에는 소수의 잘못된 마음을 먹은 사람들이 대중을 통제할 가능성이 없었다. 그러나 옳은 생각, 평화 애호인들이 학교, 사무실, 그리고 가정에서 수백만의 사람들이 기계를 날마다 '읽어야' 한다면, 선을 실현할 수 있는 그런 풍부한 잠재성이 이전에는 결코 있지 않았다. 삶은 저장될 것이고, 시간은 보존되고 사람들이 자신들의 정보 해독을 컴퓨터에서 얻음으로써 새로운 생활 양식이 출현했다.

루스 몽고메리의 지도령들(1985년), ALNS

과거의 죽음

너희는 행위를 보고 그들을 알게 될 것이다. …… 좋은 나무가 나쁜 열매를 맺을 수 없고, 나쁜 나무가 좋은 열매를 맺을 수 없다. 좋은 열매를 맺지 못하는 나무는 모두 찍혀 불에 던져지는 것이다. 그러므로 너희는 그 행위를 보아 그들이 어떤 사람인지 알게 된다."

예수(서기 30-33), MT 7:16-20

더 나아가 사람들의 이기적이고 정치적인 목적을 위해 점차 왜곡되어 가는 이 무엄한 존재들이 성스러운 교사의 가르침을 받지 않을 뿐만 아니라 그 기억을 파괴하기 시작했다.

G. I. 구제프(1924-1927), BEELZB

만약 전세계가 사라진다고 할지라도 [국가와 조직된 종교들의] 지도자들은 그를 받아들일 준비를 하여야만 하고, 자신들의 모든 무기를 포기하지 않으려면 세계 조직에 자기의 모든 군대를 맡길 것이다.

오쇼(1987년), GRCH

…… 종교적, 인종적, 민족적, 그리고 정치적 편견들. 이들 모든 편견들이 인간의 삶의 뿌리를 뽑아 버릴 것이다. 하나같이 그들은 피흘릴 것이며 세계가 황폐화될 것이다. 이들 편견들이 남아 있는 한 지속적이고 무서운 전쟁이 있을 것이다.

압둘-바하(서기 1920년), SLC

그때가 오면 무서운 재난을 겪을 터인데이런 재난은 세상 처음부터
지금까지 없었고 앞으로도 다시는 없을 것이다. 하느님께서그 고생의
기간을 줄여 주시지 않는다면 살아 남을 사람은 하나도 없다. 그러나
뽑힌 사람들을 위하여 그 기간을 줄여 주실 것이다.

예수(서기 30-33), MT 24:21-22

만약 우리가 미래의 여러 문제들을 풀려고 한다면, 우리는 과거에서
그 뿌리를 보아야만 할 것이다.
…… 우리는 양적인 비약을 해야만 하고 새로운 세대에게 우리가 이
제껏 살아온 방식으로 살지 말라는 것을 가르쳐야만 한다. 그때에만
미래는 변화될 수 있다.

오쇼(1987년), GRC

서설

　세기말 레스토랑에서 웨이터는 카르마가 적혀 있는 메뉴를 가지고
다가온다. 손님이 후식을 주문하기 전에 이미 메뉴에 적혀 있는 것을
본 예언자들의 말에 주의하는 것이 현명할 것이다. 그들은 모두 웨이
터의 암송 내용에 너무나 익숙해 있다.
　"오늘밤, 아담 시대의 11시가 끝나는 시점에, 과잉 인구 전채 요리,
그리고 주메뉴로서 독성 소스가 뿌려진 지구 재난이나 AIDS 팬케익을
선택하시죠. 그리고는 만약 여유가 있다면, '사막화' 메뉴를 고려하
시기를……."
　"흑백 러시아 간의 인종 전쟁이나 생화학 폭탄 브랜디와 같은 아마
겟돈 칵테일이 정찬 뒤에 나오게 됩니다. 그리고 차고 상쾌한 플루토

늪이라는 겨울 박하향 나는 음료가 최상일 거구요. 음식을 맛있게 드시기를. 손님 여러분이 고통에 만족하기를 위해 최선을 다할 것입니다."

식욕이 돌까? 우리는 오늘 밤 후식을 먹을 만한 여유가 있을까? 또는 아마도 우리의 식생활 습관들을 극적으로 변화시켜야할 때이다.

중국 속담이 하나 있다. "방향을 바꾸지 않으면, 우리는 가던 길에서 멈추게 될 것이다."

새로운 과학적 발명만이 유토피아로 가게 해줄 수 있을 것이라고 생각하는 사람들은 전통적인 사고로는 그 길을 개척하지 못할 것이라고 생각한다. 1960년에 미국의 석유 독점 기업들은 크라이슬러의 가스 터빈 차 개발을 반대했다. 만약 그들이 이를 반대하지 않았더라면, 1990년대의 세계는 무수한 스모그와 소음 공해에서 벗어나게 되었을지도 모른다. 그러나 그 차의 성공은 석유 귀족들과 디트로이트 가스 독식가들의 권력에 굴복했다. 연료 효율이 높은 엔진으로 달리는 차들은 이윤이 많이 생기거나 생태학적으로 방지할 수 없을 정도로 공해가 심하게 될 때에만, 디트로이트에 새로운 모습으로 등장할 것이다.

변화는 대개 긴박한 필요에서 나오며, 누군가가 그로부터 금전적으로 이득을 보기 때문에 생긴다. 그것이 진정한 이해로부터 나오는 경우는 드물다.

"과거의 죽음"에서 한 예언자는 사회적으로 프로그래밍화된 거대한 상징을 보게 되는데, 이것이 유토피아로 연결되는 다리를 세우도록 만든다. 우리의 지난 전통들은 단단한 건물과 같이 작용한다. 우리가 그들을 넘지 못하면, 예언된 황금빛 미래로 넘어갈 새로운 사회종교적 구조물을 형성하지 못 할 것이다.

예정된 '종말기의 교차로'에 있는 여러 세기 동안 계속되었던 아담 시대의 주기는 현 인류의 생존시에 그 심판의 날에 이르게 될 것이다. 그리고 물고기자리의 무력이 상징적으로 완성을 제시하기 때문에, 현 세기와 다음 수 세기 내에 과거와 현재의 관련성은 심각한 상태가 될 것이다. 1990년대 초에 지나가 버린 역사는 이미 우리를 숨 돌릴 사이가 없게 만들고 있다. 과거는 미래에 대한 파악을 상실해 버렸다. 그리고 현재와 친근한 가치와 전통의 눈을 통해 보면, 미래는 혼란스럽게 보인다. 펑크족과 스킨헤드족에게는 미래가 전혀 없어 보인다. 도덕성이라는 우리의 고정관념은 그 안에 살고 있는 모두를 위험에 빠지게 하는 허상과 구조적인 결점을 여전히 가지고 있다.

어떤 의미에서 우리는 이미 심판의 날에 와 있다. 즉, 사람이 성스러운 아버지를 믿건 믿지 않건, '낙타 등은 깨져버리기 전에만 많은 사람들의 짐을 질 수 있다'는 유명한 속담과 같다. 즉 그것은 하나의 기적 또는 자연법칙이라 불릴 수도 있지만, 물은 단지 기온이 화씨 212도에 오를 때까지만 외양에 변화가 없다. 그리고 종이는 화씨 451도에서 지옥불에 탈 때까지 그 실재성이 유지될 뿐이다. 속 빈 5개의 상징들도 가연성이 있다. 그들은 신, 핵가족, 과당 경쟁, 민족주의, 그리고 원초적인 상징─자아와 분리된 인간의 전통적인 증상에 대한 것이다.

오늘날 인류의 필요 중 가장 중요한 것은 과거가 기만적이라는 것을 깨닫는 것이다. 그것은 과거를 지속시키는 것에 핵심이 있는 것이 아니라─그것은 자멸하는 것이다─새로운 인류가 절대적이고 긴급하게 필요하다는 것이다.

오쇼(1987년), GRCH

우리 모두가 상황을 깨닫고 인류의 목적을 깨달을 때까지 지속적인 평화나 질서를 만들지 못 할 것이며, 매일 전쟁과 야만성의 혼돈에 빠진 세계를 만들어 갈 것이다. 그러나 진정한 영적 스승의 지혜를 인간 세계에서 "듣게 된다"면 진정한 혁명이 시작될 수 있고, 우리 앞에 지금 놓여 있는 모든 무서운 운명은 신의 가슴 속에서 풀릴 수 있다.

아디 다 산토샤(1979년), SCIEN

카발라에 이르길, 20세기에는 결국 트럼펫이 20번 진동한다고 하는데, 이것은 심판의 날을 의미한다고 말하고 있다.

베잔 다루왈라(1989년)

'낡은' 것은 '새로운' 것을 잉태하려고 한다. 모든 땅에서 모든 사람 속에서 '산고'가 점점 더 강하게 되어가고 있다. 지난 전쟁(제1차 세계대전)은 자연의 '자궁으로의 회귀'일 뿐이다. 진정한 탄생은 아직 오지 않았다. 아, 슬프구나. '낡은' 것에 과거의 전통에, 자신의 선행자의 습관에 매달려야 하는 자여. 그들의 날은 이미 영원히 지나갔다. 시간의 시계는 '자정'을 쳤다. 가장 검은 어둠이 가장 위대한 새벽에 앞서서 온다. "오 주여, 얼마나 오래-얼마나 오래?"라는 울음이 새로운 문명의 빛이 밤의 어둠 뒤에서 나타나기 전에 깊은 탄식 소리가 나올 것이다.

체이로(1926년), CWP

신에게로?

오 이집트, 이집트여 너의 종교 가운데 미래의 너희 아이들도 믿지 않을 정도로 공허한 이야기만을 제외하고 모든 것이 사라지게 될 것이다. 묘비명만을 남기고 아무것도 남지 않을 것이며 돌들만이 너의 경건함을 말할 것이다.

헤르메스 트리스메기스투스(서기 150-270년), ASC III

그리고 많은 사람이 떨어져 나가 서로 배반하고 서로 미워할 것이며 거짓 예언자가 여기 저지 나타나서 많은 사람들을 속일 것이다. 또 세상은 무법 천지가 되어 사람들의 마음 속에서 따뜻한 사랑을 찾아 볼 수 없게 될 것이다. 그러나 끝까지 참는 사람은 구원을 받을 것이다. 이 하늘 나라의 복음이 온 세상에 전파되어 모든 백성에게 밝히 알려질 것이다. 그리고 나서야 끝이 올 것이다.

예수(서기 30-33년), MT24:10-14

나는 이미 내 마음속에 있는 눈에서 여러 해가 지나기 전에 성스러운 예수의 몸을 묻었던 지점, 즉 동시대의 존재들을 미치게 만드는 데에 필요한 여러 기계들을 위한 주차장이 있을 것이라는 것을 본다.

G. I. 구제프(1924-1927년), BEELZB

교회의 목사들과 종들은 불행하게 될 것이고 젊은이들은 무신론에 의해 이끌릴 것이며 공화국들은 전세계에 수립될 것이다. 그리고 모든 것은 전쟁에 의해 파괴될 것이다.

바르톨로메오 신부(1642년)

종교가 적개심과 증오의 원인이 된다면 종교의 철폐가 보급되는 것이 더 좋을 것이다. 왜냐하면 만약 치료가 질병을 낳는 것이라면, 이를 폐지하는 것이 확실히 타당하다.

압둘-바하(1912년), PRM

헌신적인 기독교인인 나의 척추 교정 요법사는 더 좋은 자세로 교정해 주려고 자신의 환자들에게 척추 교정에 대해 교육했었다. 이 신실한 사람은 우리의 '육체'를 어떻게 돌봐야 하는가를 가르치기 위해 청중들을 도우려고 했다(나는 목이 아팠다). 인간의 육체의 기적은 그에게는 신이 이를 만들었다는 충분한 증거였다. 확실히 하늘과 지구는 기적 같은 미스터리로 가득차 있으며, 인간이 기쁨을 느낄 수 있는 기관을 배설 기관 가깝게 놓은 것은 신의 수수께끼 중 하나다.

또다른 종교적인 미스터리는 성서에 있는 신의 무오류성이다. 경전들은 노아가 지구상에 알려진 1만 2천 종의 모든 파충류, 양서류, 그리고 포유류, 그리고 알려진 광범위한 9천 4십 종의 새들을 길이 450피트, 넓이 75피트, 그리고 45피트 높이의 방주에 집어넣을 수 있었다고 주장한다면, 우리는 이것이 가능하다고 믿어야만 할 것이다.

창세기와 신은 특정한 동식물들을 수용하기 위해 필요한 노아의 방주에 대해 언급하고 있지는 않다. 그 때문에 나는 세속적이고 과학적인 세계감시연구소의 '경전'을 참고해야 했다. 나는 에드워드 C. 울프의 글 "대량 멸종으로부터의 회피"(≪1988년 세계의 상태≫, 세계감시연구소)로부터 그 통계들을 수집했다. 대략 6천년 전에는 보다 많은 종들이 있었음에 틀림없기 때문에, 홍수 동안 쌓였던 적란층의

제3부 축복의 미래 385

그늘에서 짝을 이루는 피조물 수는 현재의 2만 1천종으로 알려진 땅을 기고, 담수에 사는 어종에 2배 가량 높다고 확인할 수 있다. 실제로 성경의 불쌍한 노아는 신이 순수하다고 생각한 종으로부터 일곱 쌍을 선택해야만 했다.

다른 쌍까지 더하면 최소한 5만에서 6만의 육지 동물의 관리인을 두었다. 바다의 생선들은 본래 바닷물을 좋아했기 때문에, 노아는 수천의 민물 고기를 위해 배 밑에 있는 탱크에 민물을 담아 두고 있었을까? 창세기 제6장과 7장에 의하면 우리의 성스러운 창조자는 바닷물이 민물 고기들에게는 해롭다는 것을 잊었다. 그리고 대략 3만의 10배나 되는 곤충들은 어떠했을까?

문제가 되고 있지 않다. 또한 어떻게 40일 동안 수족관에서 동식물들을 먹였고, 어떻게 그 안을 청소했는지를 전문가에게 물을 필요는 없다.—우리가 신경쓰랴? 신은 450피트의 보트가 가라앉든 말든 음식을 제공하고 동물들을 안락하게 하라는 명령을 내렸다.

태양을 돌고 있는 둥근 지구에 대한 설명도 신의 성경에는 나오지 않는다. 그 반대의 증거를 제시하는 갈릴레오를 괴롭혔다고 할지라도 지구에는 '네 개의 구석'(즉 효모 없는 빵처럼 평평한)이 있을 뿐이다. 그러나 내가 기독교인들에 대해 너무 까다롭게 판단하지 않았다면, 이러한 믿음을 다른 물고기자리 시대의 신정 통치자들은 자신들의 추종자들에게 요구한다. 삼손과 같이 시크교도들은 머리카락의 힘을 믿었기 때문에 한 올기라도 훼손하면, 자신들의 신념에 도전하는 것이라고 생각한다. 반면에 많은 정통 불교, 자이나교, 그리고 힌두교의 많은 승려들은 대머리가 신성한 것으로 믿는다. 머리카락을 자르는 자는 악을 범하는 자라고 언급되어 있는 경전은 하나도 없다. 자이나 경전은 승려들에게 모든 기계와 면도기를 철저히 금지시키고 있다. 매년 자이나 교도들은 승려들이 벌거벗고 머리에서 발끝까지 하나하나 모든 털을 잡아뜯는 모습을 보러 모여든다. 힌두교의 아바타인 크리쉬나의 부인들이라고 생각되는 고피들에게 요구되는 삶은 좀 더 쉽다. 나는 아직도 그가 건강에 대해 '조심스럽게 신경쓰며' 살았는지 의심하고 있다. 1만 2천 명의 아내들이 사랑하는 사람을 창백하게 만드는 것은 분명 상상하기 어려운 것이다.

마이클 베이젠트의 ≪메시아의 유산≫과 같은 책에서 보고된, 예수에 대한 가장 최신의 역사적 지식에 따르면, 사람들은 신에 대해 더 잘 신중하게 연구하여야 할 것이다. 나자렛은 결코 초기 기독교 시대에는 존재하지 않았다. 그것은 서기 3세기경에 존재했다. 또한 두 번째로 생각할 것은 신은 새로운 영화 편집자를 얻었다는 것이다. 가난한 목수의 아들로 나자렛을 돌아다닌 예수에 대한 장면이 성서 영화들에서 모두 사라질 것이다! 베이젠트와 다른 학자들의 새로운 발견을 고려해 보았을 때, 21세기의 잡지들에는 다음과 같은 내용이 등장할 수도 있다.

예수와 가룟 유다는 형제간이었다.
유다는 그의 형제들의 간청을 받고 구약성서의 예언을 임의로 조작하여 그리스도의 명령들을 배반했다.

성 바울은 이교(異敎)의 선생이었다!
새로 발견된 사실들에 따르면, 성 요한이 십자가형을 받은 자신의 쌍둥이 형제를 위해 그를 메시아적인 제사장(priest-king)으로 채색하였으며 십자가형 이후 이데올로기 투쟁에서 노골적으로 바울을 비판했다. 교회 지도자들인 로마의 대리인들은 그리스도의 원 계획으로부터 기독교 사상의 핵심을 능숙하게 변경했다.

콘스탄티누스와 충돌한 그리스도!

서기 312년과 337년 사이에 지배했던 로마 황제는 오늘날 세계에서 가장 강력한 신앙이 된 기독교의 발전에 큰 영향을 미쳤다. 그는 이 교파를 합법화하고 제도화했으며 이를 전 로마 세계로 전파했다.

콘스탄티누스는 서기 325년의 니케아 종교회의를 소집했고 주제했으며, 이 회의를 통해 널리 퍼져있지만 혼란스러움을 보이고 있는 기독교 신앙에 원리를 삼았고 사제 제도를 세워 정통이라는 형태로 이를 정비했다. 그의 영향력을 통해 역사적 예수에 대해 알려진 많은 것이 걸러졌다. 갈릴리인의 신성함은 투표에 의해 결정되었다.

콘스탄티누스는 기독교와 다른 이교도 의식과 전례 사이에 존재하는 차이를 모호하게 만들었다. 그는 대중성을 얻는 데에 성공한 뒤에 미래의 세대들이 동지절에 즈음하여 축일로 기념했던 이교적인 유레타이드(크리스마스)날에 예수 탄생을 기념하도록 제도화했다. 콘스탄티누스는 성경의 예언을 완수하는 예수보다 자신이 더 성공했다고 보았다. 그는 생전에 교회가 예수를 무시하게 만들고, 콘스탄티누스 자신을 그의 재림한 것으로 모시도록 했다.

그것은 교리를 왜곡시키기에 충분했다!

물고기자리, 그대 이름은 현실 도피, 그대의 은신처는 먼 언덕 위나 마음속에 갇혀 있는 수도원이다. 그리고 수십 년이 흐르는 동안 해왕성의 지배자인 물고기자리라는 노인은 무덤에 누워 있으면서 아직 지구에 오지 않은 왕국을 세울 준비를 했다.

누군가가 생명유지선을 잡아 당기고 있다. 그것은 천왕성이다. 그는 지금 3세기 이상 동안 잡아당기고 있었으며, 성상 파괴로 신념을 전파하는 자들을 괴롭혀 왔다.

실제로 그는 그다지 비천하지 않았다. 천왕성은 단지 도그마에 기초한 생명유지 시스템을 잘라내려는 것뿐이다. 네 번째의 방울로 정맥 주사된 원리주의는 믿음이 신경질적으로 붕괴되는 것을 멈추게 하는 마지막 정비를 위한 노력이며 이것은 낡아빠진 도덕성이 심장마비를 일으킬 것이라는 것을 보여 주는 것이다. 연결관을 최종적으로 제거하는 데에 성공한다는 것은 무서운 것일지도 모르지만, 천왕성은 우리에게 무제한적이고 기적적인 우주를 경험할 기회를 그 대가로 주고 있다. 모든 종교의 사제 제도 앞에는 어려운 시기가 놓여 있다. 성스러운 것들은 사라져 가고 있다. 텔레비전, 컴퓨터—그리고 머리 속에서 바느질되는 변형들은 직접 외국의 도서관들이나 전통 문화로부터 안전하게 숨겨져 왔던 사실들을 즉시 드러나게 될 것이다.

예를 들면 그리스도의 가계 문제와 마찬 가지로, 이 책에서 인용되고 있는 미국 원주민 예언자들 중 하나인 케살코아틀도 처녀 출산을 주장하는 많은 메시아들 가운데 한 예라는 것이 드러나게 된다. 그리고 그리스도보다 5백 년 앞서 붓다가 "네가 남에게 대접받으려는 것처럼 너도 남에게 대접하라"라고 말씀했던 것을 기독교인들이 알고 있을까? 두 가지 길이 있다. 정보 혁명은 동양적 믿음의 울타리에도 구멍을 뚫어 놓았다. 예를 들면, 아시아 도처의 수백만 개의 상들이 모방하고 있는 고타마 붓다의 상은 불교의 창시자를 닮지 않았다. 궁극적인 정관(靜觀)의 모습을 담았다고 해도, 이들은 명상적이지도 않고 평화를 사랑하지도 않은 알렉산더 대왕 이후에 수정된 디자인에 기초한 것이다. 물병자리 시대는 수십억의 불교도들에게 이 사실을 강력하게 제시하게 될 것이다.

가장 큰 인류에 대한 범죄는 여러 종교들에 의해 저질러졌다. 그들은 인류를 정신분열적으로 만들었다. 그들은 모든 사람들에게 분열된 개성을 주었다. 그것은 매우 영리하고 기만적인 방식으로 이루어졌다.
먼저 사람들에게 "너는 몸이 아니다"라고 말하면서 둘째는 "몸은 너의 적이다."라고 말해 왔다. 그리고 이것이 논리적인 결론이었다. 즉 사람은 세상의 부분이 아니고 세상은 단지 인간에 대한 징벌에 불과하다. 너는 여기에서 처벌받고 있는 것이다. 네 생명은 기쁨이 아니며 그럴 수 없다. 그것은 단지 애통함이며 비극이다. 고통은 지구 상에서 너의 운명이 될 것이다.

오쇼(1987년), WOMN

붓다는 2천 5백 년 전에 깨달음을 얻었으며, 지구는 사태가 과거처럼 진행되면 지옥이 될 것이라고 경고했다. 지옥은 피안에 있는 것이 아니라 결코 꺼질 수 없는 불이 있는 곳이면 어디에나 지옥일 수도 있다.
사람들은 죽어서 지옥에 가는 것이 아니다. 지옥의 계획하고 건설한 자들은 바로 인류이다. 계획과 건물들은 거의 완성되었다. 지옥에 많은 것을 더하기는 어려워지고 있다. 아마 태울 만한 물질들이 지구에 별로 남지 않았기 때문일까?

타모-산(1989년), TRSHR

인류가 완전히 종교의 이름을 앞세운 착취자들과 더불어 끝나는 때에는 지구는 완전히 천국이 될 수 있다. 죽음을 기다릴 필요는 없다. 천국과 관련된 죽음은 무엇인가? 천국은 당신이 사는 방법이다. 천국은 죽음과 관련된 어떤 것이 아니라 삶과 관련된 것이다.

오쇼(1985년), FTOT

전세계를 통해 형제들에게 편지를 보내라. 그들에게 습관과 사람 자체의 개혁에 대해 적어 보낼 필요가 있다. 만약 그것이 얻어지지 않으면, 성스러운 말씀의 빵은 사람들 사이에 결코 나눠지지 않을 것이다.

성 요한 보스코(1874년)

'교회' 조차도 그 내부에서 혁명을 맞이할 것이다. 이상한 신조들이 모든 강단에서 설교될 것이다. 잠시 동안 종교가 주교의 '평화' 원활한 전례들, 그리고 군주들과의 동맹을 폐지하면 대파국으로부터 보호될 것이다. 국가와 교회는 분리될 것이며, 서로 의존하는 것이 중단될 것이다. 인류의 종교는 빈곤과 핍박이라는 요람에 기어들어 갈 것이며, 다음 백 년 동안 현재 제안되고 있는 '진정한 십자가'가 여러 부분으로 나누어져 있는 것처럼 세계의 많은 종교 교파가 될 것이다.

체이로(1926년), CWP

그래서 사람들이 건설해 놓았으며 외적인 도움을 원하고 안락을 위해 행복을 위해 힘을 위해 다른 사람들에게 의지하고 있는 모든 구조가 얼마나 어리석은가를 보게 될 것이다. 이들은 단지 자기 내부에서 발견될 수 있을 뿐이다.

J. 크리쉬나무르티(1929년)

교회는 이 상황과 밀접하게 관련되어 왔으며(보다 좋은 영혼의 삶을 위해 자신들의 육체를 떠나는 것을 아쉬워하는 영혼) 지옥불과 저주라는 무서운 교훈들을 가지고 있으며, 그래서 심판의 날까지 냉정한 지구에서 잠자고 있는 노부인들이나 이른바 밤에 방황하는 환영과 싸우는 이야기가 존재하고 있다.

루스 몽고메리의 지도령들(1979년), ANG

종교성이 전세계로 퍼져 나간다면, 그 종교들은 사라져갈 것이다. 인간은 그냥 인간이고, 기독교인도 아니며, 이슬람교도도 아니고, 힌두교도도 아닐 때, 인류에게 엄청난 축복이 될 것이다. …… 이때에만 모든 오해를 극복하는 평화가 올 것이다.

오쇼(1987년), GRCH

도그마의 묘지

100년 안에 오늘날의 많은 종교들이 사라질 것이다. 어떤 예언자들은 이미 죽은 종교들의 묘비석 위에 비명을 다음과 같이 적어놓았을지도 모른다.

여기에
유대교가 잠들다

서기전 8000-서기 2000

재난에 이어 재난이 올 것이며 소문에 소문이 이어질 것이다. 사람들은 예언자들로부터 전망을 얻으려고 할 것이다. 장로들의 조언을 구하는 것처럼 성직자들에 의한 가르침이 사라질 것이다.

에제키엘(서기전 593-571년),

오랜 동안 존재하고 여전히 그 추종자들에 의해 정열적으로 유지되고 있다고 할지라도 자신들의 종교를 추종하는 존재들에게 다른 공동체에 소속된 존재들에 대한 조직적인 증오 때문에 성 모세의 가르침에 기초한 종교는 틀림없이 또한 조만간 '붕괴할' 것인데, 이는 '정책'이라는 '해로운' 생각 때문이다.

G. I. 구제프(1924-1927년), BEELZB

호의적인 마지막 약속

그들만이 '선택된 사람'이고 그들의 믿음만이 대재난에서 생존할 것이다. 예루살렘은 세계의 종교적인 수도가 될 것이다.

여기에
이슬람교가 잠들다

서기전 622-1969?

이슬람교는 사람이 밤의 등잔(달) 위를 걷게 될 때 무너질 것이다.

모하메드로 추정됨

사람들은 점차 자신의 영혼을 무시할 것이다. 가장 큰 타락이 지구를 다스릴 것이다. 사람들은 피에 목마른 동물과 같이 되어 자신 형제들의 피를 목말라 할 것이다. 초승달(이슬람)은 어두워질 것이며 그 추종자들은 거짓과 영원한 전쟁으로 들어갈 것이다.

아갈타의 예언

물론, 이 '탁발주의'(수피교도)가 터키에서 파괴되었기 때문에 마지막 꺼져가는 불꽃들도 소멸하게 될 것이다. 재 안에 남아 있는 핵심적인 가능성은 성 모하메드가 헤아리고 원했던 것을 다시 타오르게 될 것이다.

G. I. 구제프(1924-1927년), BEELZB

호의적인 마지막 약속

12번째 이슬람교의 교사(Imam), 또는 마디(Mahdi), 즉 메시아가 올 것이며, 모든 자는 검 위에 다른 믿음이 놓여 있는 것을 보게 될 것이다. 다만 이슬람교만이 생존할 것이다. 예루살렘은 신자들에게 되돌아 갈 것이며 메카는 지구의 수도가 될 것이다.

여기에
힌두교가 잠들다

서기전 8000–서기 2000

이교도의 [수가] 증가하는 것을 목격하는 곳에서는 어디서나, 칼리(가장 어둡고 대파국이 일어나는 시대)가 활동하게 될 것이라고 현자들은 말했다. 사람들은 베다의 말씀을 존중하지 않고 이교로 기울어질 때, 칼리 시대의 영향이 미쳐질 것이다.

힌두 푸라나스(서기 500년), Vis-P VI 1:44-47

호의적인 마지막 약속

크리쉬나가 되돌아 올 때, 너무 늦지 않게 을 것이다.

여기에 불교가 잠들다

서기전 483?-서기 2000

신념의 소유자들, 영광스러운 환생은 정지하게 될 것이며, 이름 하나 남지 않을 것이다. 사원과 승려들의 땅과 재산들은 파괴될 것이다.

티벳의 13대 달라이 라마(1931년), 마지막 선언

나는 마지막(달라이 라마)이 될 것이다. 잘못된 것은 아무것도 없다. 더 이상 어떤 이득이 없을 때 자연적으로 달라이 라마는 사라진다.

티벳의 14대 달라이 라마(1980년)

호의적인 약속

마이트레야(미륵불)라는 새로운 불교의 메시아가 태어나 (불교적) 진실의 길인 다르마로 세상의 모든 사람들을 되돌아 오게 만들 것이다.

여기에 시크교가 잠들다

서기 1521-2000

영적인 사람(시크교도)와 구루들은 매우 시달림을 당할 것이며, 재난들이 올 것이다.

구루 나낙(서기 1521)

호의적인 마지막 약속

시크들만이 대재난에서 생존할 것이다. 나는 예루살렘이 편잡 주의 암리차르로 옮겨질 것이라고 생각한다.

여기에 샤머니즘과 애니미즘이 잠들다

서기전 8000?–서기 2000

성스러운 금속들이 이사 산에서 떨어지면 종말이 가깝다.

고대 오스트레일리아 원주민의 예언

(백색의 오스트레일리아인들이 현재 퀸즈랜드의 이사 산에서 우라늄을 채취하고 있다.)

열대 우림들은 하늘을 지탱하고 있는데 나무들을 베어 내면 재난이 따를 것이다.

남미 아마존 인디안

호의적인 마지막 약속

비원주민인 사람들은 행성을 파괴하기 전에 깨어날 수 있다. 그러나 사람들이 지구와 다시 연결되지 않으면 사람들은 망할 것이며, 원주민들만이 새로운 세계를 만들기 위해 생존할 것이다.

여기에
로마 카톨릭 교회가 잠들다

서기 400-2000

교회는 큰 질병으로 고통을 겪을 것이다. 악의가 억수같이 갈라진 틈을 낼 것이지만, 최초의 공격이 교회의 재산에 미칠 것이며, 그들의 부(바티칸 은행 스캔들?)에 미칠 것이다.

라비그난(1847년), 예수회 신부

AIDS 관련 비지니스에서 최대의 이득을 얻는 직업은 신부들과 수녀들일 것이다. …… 왜냐하면 그들은 다른 누구보다도 더 오랫동안 변태적인 성행위를 해오고 있기 때문이다.

오쇼(1985년), RAJBIV

나는 무서운 광경을 보았다. 그것이 나에 관한 것인가 아니면 나의 후계자에 관한 것이었을까? 나는 교황이 로마를 떠나 바티칸에서 나올 때, 신부들의 시체를 밟아야만 하는 광경을 보았다.

교황 비오 10세((1909)

호의적인 마지막 약속

대재난 뒤에 세계는 교황적인 새 예루살렘에서 교황인 그리스도 아래에서 교황 천국이 지구에 실현된 것을 볼 것이다.

여기에
여러 기독교 교파들이 잠들다

1517- 2000

기독교는 교회의 지배를 위한 '점잖은 그리스도'의 가르침을 찾았다. 그것은 권력을 위해 왕과 황제들과 결탁했다. 그들의 타락으로 모든 종교의 '교회'도 몰락해야만 할 것이다.

체이로(1931년), CWP

호의적인 마지막 약속

대파국 이후, 세계는 비교황적인 새로운 예루살렘 안에서 그리스도의 지배 아래에 이 땅에 실현된 비교황적인 천국에서 살게 될 것이다.

누가 누구에게 적그리스도라고 부르는가?

시크교이건 제7일 안식일 예수 재림교이건, 예언의 성스러운 자원들이 모하메드이건, 프리메이슨이건 또는 감리교이건 오늘날 신이나 여신들의 지배를 받는 각 교파들은, 자신의 메시아와 신념을 믿는 자들만이 아마겟돈의 유일한 승자(또는 기절한 생존자들)라고 예언에 동참하는 형제들에게 주입하고 있다.

또 한편으로 종교적인 편견이라는 주화를 던진다. 성스러운 얼굴이 그려진 앞면이 나와라! 악마의 꼬리를 잡을 확률은 50 대 50이다. 집단적인 악의 의인화는 기독교가 지배해 온 지난 2천 년 동안의 물고기자리에서 '적그리스도'라는 이름으로 불려왔다.

〈마태복음〉 7:22에서처럼 예수가 미래의 성직자들을 '거짓 집회'라고 지적한 것은 모든 종교를 염두에 두고 있었을 것이라고 생각된다. 그는 말했다.

> 그 날에 많은 사람이 나를 보고 "주님, 주님! 우리가 주님의 이름으로 예언을 하고 주님으 이름으로 마귀를 쫓아 내고 또 주님의 이름으로 많은 기적을 행하지 않았습니까?"하고 말할 것이다.

"우리는 당신의 이름으로 예언을 하지 않았습니까"라며 항변할 사람들에게 예수는 "예수 그리스도! 그것은 내 이름이 아니었다!"라고 말하며 분개할지도 모른다. 예수는 유대인이었고 결코 '지저스(Jesus)', '기독교인(크리스찬)' 또는 '그리스도'라는 말을 생전에 들어보지 못했다. 사실, "적그리스도"라는 말과 같은 그리스—로마 문법에 일치하지 않는 말도 그에게는 '흉악무도한 자'의 횡설수설로 보였을지도 모른다.

다른 종교들에서도 '적그리스도'에 해당하는 용어는 사람들이 어떤 신을 경배하는지에 달려 있다. 만약 기독교의 영향 하에 있는 대부분의 예언자들처럼 모든 아랍인들을 적그리스도의 종으로 보도록 교육을 받았다면, 그것은 사담 후세인과 비슷한 사람이어야 한다. 확실히 비기독교도는 살아 있는 신들에게 충직할 수 없지 않겠는가? 그러나 만약 다른 현실에서 자라나 살았다면, 신이 '알라'이고 '모하메드'가 기억할 가치가 있는 유일한 메시아라고 생각했다면, 적그리스도의 선지자는 대통령 조지 부시였을는지도 모른다. 그리고 당신이 이라크 사람이라면, 다국적 군과 사막의 폭풍 작전에서 UN 깃발 아래에 있었을 것이다. 그러면 그곳에 모호한 끈끈이풀에 매달려 있는 미래의 투영물을 보고 있는 노스트라다무스가 있을 것이다. ≪백시선≫9의 4행시 70번은 정확하게 사담 후세인의 등장을 설명하고 있다고 볼 수도 있으며, 사막의 폭풍 작전에서 미국과 함께 한 몇몇 아랍 동맹국에 대해 언급하고 있을지도 모른다.

그는 사악하고 불쾌하며 악명 높은 인물로 등장하여 메소포타미아 (이라크)에서 군림하여 폭정을 실시한다. 모든 우방들이 간음한 여인 때문에 모여든다. 땅은 모두 벌벌 떨고 어두워진다.

노스트라다무스는 여러 ≪백시선≫에서 상징을 사용했다. 기독교적으로 프로그램이 되어 있는 해석자들은, 이 간음한 여인을 현대의 바빌론인 바그다드로 이해할지도 모른다. 노스트라다무스의 어떤 이라크인 해석자는 간음한 여인을 미국의 위선적인 '자유의 여신상'을 나타낸다고 생각할지도 모른다. 이 이슬람 해석자는 아마 노스트라다무스가 '거대한 사탄' 미국을 현대의 바빌론으로 가리킨다고 말할 것이다. 게다가 친미국 아랍계 지도자들은 사악한 친구들이다. 만약 그들이 팔레스타인(죄송하지만) 난민촌에서 어린 시절을 보냈다면, 사악하고 불쾌하며, 악명 높은, 메소포타미아에 들어온 동료를 억압했던 사람이 누구라는 것이 분명하다. 미국의 연합군들은 1991년 1월 17일 이후 이라크 영토와 영공을 공격해 들어 왔기 때문에, 그 예언은 또한 과거나 미래의 미국 대통령을 말하는 것일 수도 있다. 예언은 서구인을 좋은 친구라고 언급하지는 않고 있다.

(이슬람교의 적그리스도가 부시라는 지적이 사막의 폭풍 작전 4개월 전인 1990년 10월에 있었다.)

〔1970년 이후〕 적그리스도의 선지자는 자신의 깃발〔이슬람 혹은 기독교?〕 아래 다국적 군으로 모였다. 그는 살아 있는 하느님에게 충직한 자들에 대항하는 혈전을 벌이게 만들었다.

라 살레트의 예언(1846년)

시간의 끝은 멀지 않았으며 적그리스도는 그의 재림을 연기하지 않을 것이다. 우리는 그를 보지 못하며 수녀들도 그를 따르지 않을 것이지만, 뒤에 올 자는 그의 지배 아래로 떨어질 것이다. 그가 오면, 아무 것도 바뀌지 않을 것이다. 수녀원에서 모든 사람들은 평상복을 입게 될 것이다. 자매들은 적그리스도가 임무를 담당하고 있다는 것을 깨닫게 될 때 종교적인 의례와 봉사는 일상적으로 진행될 것이다.

베르틴느 부키용(1850년)

그리스도의 왕국이 이 지구상에 건설되자마자, 또는 그 중간에 이 세계의 왕자들이 자신의 왕국을 발견하자마자, 이들은 그리스도의 분열되지 않은 왕국의 껍데기에 불과한 것이 될 뿐이다. 교회의 많은 성원들은 그 차이를 알지 못할 것이다. 왜냐하면 그들도 일시적인 것을 찾기 때문이고 이 세계(적그리스도)의 왕자들에 의해 기만당하게 될 것이다.

에멜다 스코치(1933년)

그리스도라는 허울을 쓸 자가 이미 (미국)에서 태어났다. …… 그는 현재 워싱톤 D. C.의 메릴랜드의 교외에서 살고 있다. 지금 그는 학생으로 잘 생기고, 사교적이며, 그리고 친구들에게 인기도 좋다. 그의 부모는 매력적이고 교육을 잘 받은 사람들이고 그의 아버지는 법률가이다.

루스 몽고메리의 지도령들(1979년), ANG

(음 …… 나는 그의 이름이 데미안이 아닐까? 의심한다. 이것은 대단한 공포 영화를 만들어 낼 수도 있다!)

핵가족, 핵전쟁

〈가족의 생계를 조리하는 법〉
1단계   가족의 행복을 위해 비품을 준비한다.
2단계   수십 년 동안 희망이라는 오븐 속에 넣는다.
3단계   엄청난 카르마를 양념으로 조미한다.

경고! 또 다른 희망과 설탕을 뿌리지 말라. 양념이 너무 많이 들어가면 맛을 버릴지도 모른다.

〈가족의 행복을 위한 미래의 조리법〉
1단계
1컵의 성경 예언자 미가를 넣는다.

이 나라에선 하느님의 은덕을 보답하는 사람 만날 수 없고 정직한 사람 하나 찾아 볼 수 없구나 모두가 피에 목말라 숨어서 남을 노리고 저마다 제 겨레를 잡으려고 그물을 친다. 몹쓸 일에만 손을 대고 관리들은 값나가는 것 아니면 받지도 않으며, 재판관들은 뇌물을 주어야 재판을 하고 집권자는 멋대로 억울한 선고를 내리는구나. 조금 낫다는 것들이 가시덤불 꼴이요, 조금 바르다는 것들이 가시나무 울타리보다 더 하구나. 아, 북녘에서 형벌이 떨어져 이제 당장 혼란이 일어나리라. 이웃을 믿지 말라. 벗이라고 기대지 말라. 네 품에 안겨 자는 아내라고 말을 함부로 하지 말라. 아들이 아비를 우습게 보고 딸이 어미에게 거역하며 며느리가 시어미와 맞서는 세상, 식구끼리 모두 원수가 되었다. 그러나 나만은 야훼를 우러르고 하느님께서 구해 주시기를 기다리리라. 나의 하느님께서 내 소원을 들어 주시기 바라면서.

(서기전 721년), MK 7:2-7

2단계
신뢰하는 한 여성—어떤 여인이든 취하라. 그녀와 결혼하고 그녀를 정력적으로 쓰다듬어 주어라. 그런 뒤 한 온스의 남아시아 예언의 양념을 더

하라.

부는 단지 헌신의 원천일 뿐일 것이다. 정열은 이성간의 유일한 결합이 될 것이다. 오류는 단지 소송에서 성공의 여러 수단일 뿐일 것이다. 그리고 여성들은 단지 성적인 만족의 대상이 될 것이다.
힌두 푸라나스(서기 900년), Vis-P IV

3단계
생각의 방식들과 호박 소스와 함께 섞어 보이지 않게 하라. 20분 간 굽고 상을 차려라. 그러나 인도의 양념을 지나치게 많이 넣지 말라. 그렇지 않으면 요리가 너무 맵게 될 것이다.

펑크족과 스킨헤드는 실패했다는 것만을 기억하게 해주는 사람들이다. 서양 문명은 그 종말을 향해 가고 있다. 다가오고 있는 것에 가장 민감한 사람들은 항상 젊은이들이다. …… 모든 서양 과학자들, 서양 정치가들, 서양 교회들은 전인류를 위해 거대한 무덤을 준비하고 있다. 저들 사람들(펑크족)은 기이한 현상이 아니다. 당신(양친들)들이 이상한 현상이다.
……그들은 단지 기성 세대들에게 반항하는 것이고, 당신들은 그들의 말을 듣는 것이 좋을 것이다. …… 나는 그들 모두에게 공감을 하고 있다. 나는 그들과 만나고 싶다. 나는 즉시 그들과 직접 교신을 할 것인데, 왜냐하면 나는 그들의 불행, 그들의 고뇌를 이해할 수 있기 때문이다. 그들은 당신들의 구세주로 밝혀질지도 모른다. 그들을 보고 웃지 말고 자신을 보고 웃어라. 그들은 당신의 아이들이고 당신이

그들을 낳았다. 당신은 책임을 져야 한다. …… 나무는 그 열매를 보고 안다. …… 당신은 나무이고-그리고 미친 것처럼 보이는 젊은 사람들은 열매이다. 어딘가에 당신은 책임이 있다. 그들은 당신의 의문부호이다. 그들을 동정적으로 생각하라. …… 만약 서양이 새로운 생활 방식을 긴급하게 필요하다는 것을 이해하지 않으면, 점점 더 반항이 난폭해질 것이며 당신은 그에 대해 책임을 져야 할 것이다.

오쇼(1986년), SOC

경고
예언이 소화불량을 일으키는 경우에는 씁스름한 구제프의 약초를 복용하라.

〔미국의 붕괴와 제정 러시아의 그것 사이의〕 차이는 단지 붕괴 과정 자체에 있을 뿐이다. 큰 공동체인 '제정 러시아'의 붕괴 과정은 비정상성, 즉 집권세력이 취한 행동의 합리적인 귀결이었다. 반면 미국이라는 공동체의 붕괴 과정은 유기적인 비정상성으로 진행될 것이다. 다른 말로 하면, 이 공동체의 첫 번째 '사망'은 사람들이 말하는 것처럼 '마음'에서 올 것이며, 반면에 공동체의 두 번째 사망은 이들의 '위장과 성(性)'으로부터 올 것이다.

G. I. 구제프(1924-1927년), Beelzb

오키나와 근방의 섬인 이케마 만에는 입석 두 개가 있다. 그들은 '미오타지', 또는 '부부' 돌이라고 말한다. 수세기 동안 이 서태평양의 거주자들은 이들 돌들 때문에 세계의 결혼 제도가 얼마나 유지될 것인지를 측정했다. 전설에 따르면, 그들이 떨어져있는 동안 결혼제도는 유지될 것이지만, 부부 돌이 접하게 될 때에는 친구, 가족, 그리고 친척 등 모든 사람들이 싸우게 되는, 거대한 불화가 생길 것이라는 것이다. 1980년대 초에 바다에서 간척 사업을 하던 중에 중장비가 두 개의 돌을 부주의하게 다루어 이들이 붙게 되었다. 오키나와 사람들은 이것이 기술의 남용때문에 아내로부터 남편을, 부모로부터 아이들을, 그리고 결국 모든 인간 존재로부터 주변 세계를 분리시키는 악의 대리자라는 사실을 알리는 신호라고 믿게 되었다.

가족은 문명의 성스러운 소(牛)를 상징한다. 처음에 결혼 제도를 폐지하려고 했던 볼셰비키 혁명 초기의 우상파괴적 공산주의자들조차도 자신들의 노선을 빨리 수정해야만 했다. 그들은 동지적인 '어머니'와 '아버지' 그리고 아이들로 이루어진 가족이라는 소대가 없어지면, 전체 인민을 통제하기가 어렵다는 것을 알게 되었다. 결혼 반지와 가족의 독재가 없이 프롤레타리아 독재나 조국이나 모국은 있을 수 없다.

과거의 지배 사회는 일련의 도덕적인 명령에 의해 유지되고 있다. 사람들은 아버지 하느님과 함께 시작한다. 그런 뒤에 조국이라는 개념이 나오는데, 이는 대개 가부장적인 국가의 우두머리에 의해 지도된다. 다음으로 내각, 상원, 권력의 사다리를 타고 아래로 내려가는 가부장 같은 인물들이 있고, 군대에서는 가부장적인 사령관, 회사에서는 최고경영자에 의해 통치되고 있다. 가장 아래에는 각 가정의 '왕'들이 가정의 신민들을 지배해야만 한다. 가장 낮은 수준에서 도덕적인 명령 고리가 깨지면, 전체 권력 여행은 육상 선수가 진흙밭에 빠진 꼴이 된다.

　예언자들은 공통적으로 현 문명에서 권력의 기초(가정)가 흔들릴 것이라고 말한다. 이 말이 나쁘지 않게 들릴지도 모른다. 사람들은 이미 알고 있는 세계가 무너질 때, 또 다른 이득을 얻을 수 있다. 아마 19세기 미국 남부에서 농장 소유자들은 노예들이 해방되자, 자신들의 세계가 끝나는 것으로 믿었다. 그러나 흑인을 노예화하기 위한 백인의 투쟁이라는 사회적인 상징의 종말은 위대한 또 다른 문화를 개시했다. 손전등과 소총을 들고 천년기의 마지막에서 미국 가족의 꿈을 알아 보기기 위해 어두운 작은 방으로 들어간다.

　나는 어머니의 신혼 여행 가방에 손전등을 비춰 무언가가 숨겨져 있는 것을 발견한다. 내가 본 것은 그녀의 좀먹은 웨딩드레스와 아버지의 먼지 앉은 턱시도 뒤에 숨겨져 있는 것으로, 그들도 한때 영원한 사랑의 편지를 나누었을까?

　편지의 모서리는 시간의 흐름과 함께 부스러졌고 빛 바랜 잉크는 전성기가 지났다는 것을 보여 주고 있었지만, 글이 적혀 있는 것을 확인할 수 있었다. 여기에는 답을 찾지 못한, 억압된 미국의 모든 엄마 아빠의 문제점들이 적혀 있었으며, 완고하고 놀라운 필치로 씌어져 있었다.

　여보,
　…… 우리의 종교가 "사랑하고 아껴 주며, 존경하고 복종하라"고 가르친다면, 왜 남편과 남자 친구들에게 매년 2백만에서 4백만의 여자들이 얻어맞겠소? 왜 매년 미국 여성 중 8명에 한 명꼴로 강간당해야 하겠소?

제3부 축복의 미래　409

만약 우리가 엄마 아빠를 존경해야 한다는 이상을 가지고 있다면, 왜 점점 더 많은 아이들이 부모를 때리거나 살해하겠소?

그리고 가정의 거룩함에 대해 국가의 모든 설교자들이 설교한다면, 왜 모든 살인의 70퍼센트가 가족 사이에서 발생하겠소?

만약 우리가 자식들에게 도덕적이고 정직한 모범에 대해 가르친다면, 왜 4명의 소녀들 중 하나와 6명의 소년들 중 하나가 18세 이전에 가족 성원이나 친구들과 간음을 하게 되는가?

부모가 세상에 태어난 아이들을 사랑하고 아낀다면, 왜 3천 8백만 성인들이 어린이로서 학대를 받아야만 하는가?

남자와 여자는 결혼 생활에서 진정한 행복을 발견할 수 있는가? 그러면 왜 모든 결혼의 반 가량이 이혼으로 끝나는가?

우리 아이들에게는 냉전을 넘어 위대한 미래를 누릴 자격이 있소. 미국의 1990년대는 세 가정 중 한 가정이 깨져 버린 경험을 갖고 있는 사람들과 함께 시작되었고, 400명의 젊은 성인들 중 54명이 가족 생활의 행복한 전망 대신에 만성적인 알콜 중독에 직면하고 있소. 그리고 왜 200명의 미국인들 중 하나는 마약을 복용하는 것일까? 그들은 어떤 감각을 상실하고 있는 것일까? 그들은 부권과 모권을 기대하는 것은 아닐까?

당신의 사랑하는 남편감,
아무개

행복한 결혼으로 향한 복도를 사뿐사뿐 내려가는 때에 가장 인기 있는 곡명은 바그너의 "로엔그린"의 제3악장에 나오는 "결혼 행진곡"이다. (내가 이것을 신성한 행진곡이라고 부르는 데에는 묵시적인 의

미가 있다.) 신부는 전쟁으로 행진하고 있는 것인가? 그리고 결혼 반지를 끼기 위해 땀에 젖은 손가락을 뻗는 순간, 얼마나 행복할 것인가? 그래, "신랑, 입장……" 하고 외치는 순간에 흘러나오는 음악은 매우 아름답다. 아마 바그너는 자신이 결혼에 실패했다는 사실을 음악에 담으려고 했을 것이다. 그러나 나는 "결혼 행진곡"이라는 오페라 다음 부분이 어떻게 이어지게 될지를 수천만의 신혼부부에게 물어보고 싶다. '로엔그린'은 불가능한 것을 기대하고 신부 '엘사'는 그녀의 모든 맹세를 깬다. 신랑이 신혼여행을 위한 옷을 입은 채로 살해당하는 경우도 있고, 결혼 행진을 한 뒤 20분 안에 이혼하는 경우도 있다. 더 이상 어떤 아리아와도 비교할 수 없을 정도로 완성도가 높을 것이다. 다른 말로 하면, 그들의 결혼은 뜨거운 공기와 조명을 받았지만, 너무나 간단히 끝나 버렸다.

그들은 오늘날 일어나고 있는 전형적인 결혼의 모습일 수도 있다.

과당 경쟁(Rat Race): 호모 "햄스터" 사피엔스의 사회

모든 것에 대한 인간의 해답은 권력이라는 것이었다—돈의 권력, 지위의 권력, 부의 권력, 다른 사람에 대한 이것저것의 권력, 이것은 결코 신의 방법이 아니며, 의지는 신의 길이 아닐 것이다.

에드가 케이시(1932년), NO. 3976-8

세상이 완전히 타락될 때까지 부와 경건은 날마다 감소할 것이다. 그런 다음 재산만이 등급을 매기게 될 것이다. 부만이 유일한 헌신의 지표가 될 것이다.

힌두 푸라나스(서기 900년), VIS-P IV:24

그리고 그렇게 신들이 인류로부터 떠날 것이며-아 슬프다!—나쁜 천사들만이 남을 것이다. 그들은 사람들 사이에 섞일 것이며, 주력 부대로 불쌍한 자들을 무모한 범죄로, 전쟁으로, 그리고 강도로, 기만으로, 그리고 영혼의 본성과 적대적인 모든 일들로 몰고 갈 것이다. …… 빛보다는 어둠이 더 선호되고, 죽음이 삶보다 더 득이 된다고 생각되고 …… 경건한 사람들은 미친 자라고 평가될 것이며, 불경건한 사람들은 현명하다고 볼 것이다. 미친 사람들은 용감한 사람들로 생각될 것이며 사악한 사람들이 선하다고 평가될 것이다.

헤르메스 트리스메기스투스(서기 150-270), ASC III

물론 그러한 '기록'은 단지 이것에 이를 뿐일 것이며, 이미 충분히 자신들의 허약한 행성의 협소한 부분만으로는 만족하지 못하게 될 것이다. …… 이러한 기계(차)로 빠른 속력을 얻을 수 있다고 할지라도, 그것은 대기보다는 별로 중요하지 않을 것이다.

G. I. 구제프(1924-1927SUS), BEELZB

그 날이 오면 사람들은 저희가 섬기기 위하여 제 손으로 만든 은우상과 금우상을 두더지와 박쥐에 던져 주게 되리라.

이사야(서기전 783-687), IS 2:20

곧 지구는 흔들릴 것이며, 무너질 것이며, 사람들은 "오 나의 하느님! 오 나의 하느님!"이라고 말할 것이다. 그러나 위대한 영혼들은 말한다. 그들은 나에게 기도하지 않고, "모든 나의 돈이여! 모든 나의 돈이여!"라고 말한다. 이것이 바로 그들의 존재 방식이다.

윌레스 블랙 엘크(1985년), 라코타 수족

혼란을 일으키지 않는 사람들, 즉 단순한 관객 , 좋은 사람이나 나쁜 사람, 현명한 사람이나 바보, 부유한 사람이나 가난한 사람이나, 노인이나 젊은이나 모두 중독된 물의 흐름 속에서 팔딱거리는 고기이다.

타모-산(1960년), LOOK

우리의 성 처녀 어머니, 경쟁의 음탕한 여신은 오늘날의 가장 경배되는 우상들 중 하나이다.

우리 시대의 가치는 얼마나 많은 돈을 벌고, 얼마나 많은 권력을 다른 사람들에게 미치는가에 따라 결정되고 있다. 우리는 아이들을 잘 조절하고, 수용적인 사회 또는 종교적인 행동 쪽으로 인도하는 사람들을 성공적인 부모로 생각한다. 그리고 스트레스가 표정 또는 생각에 나타난다. 성공은 패자들의 마음을 긁어 놓는다.

만약 사람이 적극적으로 성공을 위해 노력한다면 진실되다고 칭찬을 받는다. 천사들조차도 겸허해지려면 많은 과정을 거쳐야 한다. 꼭대기에 오르는 것은 일종의 실패를 위한 경쟁이라고 할 수 있을 것이다. 자신의 무릎으로 성스러운 산을 오르는 기독교인들이 잇다. 그들은 즉시 경쟁자라든가 특별하다고 생각하지 않는다. 이들은 가장 겸손한 신을 믿는 사람이라고 알려져 있다. 누가 가장 오래도록 철야 기도를 드리는지, 징벌을 엄격하게 하고, 금욕적인 수도승이 선술집에서 얼마나 빨리 나올 수 있는지, 이러한 묘기들은 종교성의 계기를 이

룬다!

　만약 당신이 최선을 다할 수 없다면 가장 불쌍한 사람이 되어 버려라. 가난한 사람들은 '하느님의 자식들'이고 온유한 자는 '땅을 기업으로 받을 것'이라고 말한 것은 콘스탄티누스의 그리스도가 아닐까? 만약 우리가 이 미덕에 대해 마지막 결론을 원한다면, 핵전쟁과 핵겨울에서 생존할 수 있는 자는 가장 가난한 자들일 것이고 그래서 하느님에 가장 가까운 존재가 될 것이다.

　꼭대기에 걸린 이 모든 것에 지불된 비용은 스트레스이고 분열이며 전쟁이다. 성공을 지원하는 것은 실망, 시기, 그리고 탐욕이다.

　우리가 하나의 인류로서 가장 위대한 속성을 고려하는 일들—경쟁성, 지역적인 충돌과 투쟁을 하고 싶은 의욕, 혈통주의에 스며 들어 있는 능력—은 동물적인 과거로 퇴화하게 만드는 것이다. 네 바퀴 달린 가장 비싼 물건을 갖는 여피족들은 고대로부터 내려온 '남성적인 뿔'의 상징에 대한 최상의 해답으로 제시되고 있다. 가장 위대한 남자들만의 모임 뒤에 사람들은 숨어 있다. 집단의 지도자와 최고경영자는 비슷한 스트레스를 갖고 있다. 유일한 어려움은 어떤 사람은 모임을 휘두르고 다른 자는 휴대전화를 휘드른다는 것이다. 집행 위원회나 대통령 집무실이나 바티칸 교황청의 비밀스러운 방들의 모습은 인간적이라기보다는 동물적이다. 나는 성공의 여신을 찬양하는 광경을 보면서, 반대로 '창녀'에 대한 경험을 한 것이다.

　나의 선생들, 안내자들, 그리고 다른 동료들은 내가 오페라에서 촉망받을 수 있을 것이라고 말했다. 나는 뉴욕 시 오페라단에서 뛰어난 바리톤의 대표 주자였고, 유럽 오페라 하우스단에서 경력을 쌓고 있었다. 그들 중 몇몇은 아직 성숙기가 아니라고 생각하는 것 같았다.

나는 깨어진 남성의 상태에서 상업과 돈벌이 수단으로 노래할 수는 없었다.

　세계는 인간의 진심을 억눌러 왔다. 최후의 심판을 향해 역사가 반복되는 까닭은 경쟁과 투쟁이 진실을 가리고 있기 때문이다.

　경쟁은 삶의 모든 차원들로 퍼진다. 애정이나 영적인 달성, 또는 지식의 힘으로 다른 사람들을 조종하기 위해 경쟁한다. 칼리 유가에 의하면 모든 인간의 덕성은 단지 동물적인 욕망을 실현하기 위한 수단이 된다.

　암흑기의 기본 지령에 대해 심리학자 R. D. 랭은 "우리는 위험한 종(種)이고, 자신의 생존이 직접적인 위험에 있다는 것을 아는 유일한 종이다"라고 말한 바 있다.

민족주의: 전지구적인 감화 체계

　…… 그래, 확실히 미국은 자랑할 수도 있지만, 오히려 (자유의) 원리가 잊혀지고 있다. …… 그것이 미국의 죄악이다.

　이 생각-이상이 아니라-이 기원하는 영국은 다른 동료들보다 약간 더 좋은 생각을 가지고 있다. 사람들은 알 가치가 있고 수용해야 할 가치가 있는 것을 키워야 한다. 그것이 영국의 죄악이었고, 지금도 그러하다.

　프랑스에서는 이 원리(다른 것보다 우수한)가 처음으로 주장되었고, 그래서 몸의 욕망을 충족시켰었는데 이것이 프랑스의 죄악이다.

　과거에 로마가 …… 몰락을 야기했던 원인은 무엇일까? 바벨탑과 동일한 것이다. 이들을 이러저러한 면에서 예속을 강제할 분열, 소수에 의한 통치, 더 수준 높은 권력가들의 일치를 주장했을 것이다. 이것이 당대의 사람들에게는 바른 것처럼 보였다. 그것이 이탈리아의 죄이다.

캐나다의 죄는? 지속적인 평온과 완만한 성장이 이루어지고 있다. 어느 정도의 성장이 있기는 했고, 그 안에 자기만족적인 시대의 풍조가 그곳에 있었다. 내면에만 적용되고 그 밖에는 적용되지 않은 지식의 요람, 인도의 죄는 무엇인가? 이기적인(Selfish)에서 '적인'(-ish)을 빼면 자기(Self)만 남는다.

에드가 케이시(1944), NO. 3976-29

지금 당신이 닫혀 있다고 생각하는 나라들은 곧 열릴 것이다. 그리고 당신이 가장 열려있다고 생각한 나라들은 곧 닫힐 것이다.

시간이 시작한 때로부터 있어 온 의심―이어져 온 천년기에서 오는 두려움은 소유물과 재산을 상실할 것에 대한 두려움과 섞여 있다―은 탐욕적이고, 불관용적이며 자멸적인 인간 존재를 만들어 왔다. 진보는 물질적으로 부유한 나라건 가난한 나라건 동전과 상품에 의해 측정되고, 자신들의 목표를 소유하게 만들며, 자신들의 소유물을 보호하고 있다.

군대는 국경과 장벽을 순찰하고 있다. 감시팀과 세관원들은 국경을 침범하는 사건이 일어나지 않는지를 확인한다. 여권과 비자는 사람들에게 일시적으로 입국을 허락해 주며, 모든 사람들에게 속해 있는 세계의 다른 부분으로 여행하는 것을 허가한다.

이 모든 것이 얼마나 어리석은지 알고 있는가? 삶의 부정적인 방식을 만들어낸 원인과 법칙에 대해 사람들은 대응하지 않는가?

당신들 주변에 무엇이 일어나고 있는지 의문을 갖기 시작하고, 자신의 내면 깊숙이 들어가 변화하고 싶은 것이 무엇인지 물어 보라.

암브레스(1987년), AMB

인간의 형제애, 하느님의 부성(父性)보다 민주주의나 어떤 다른 이름을 높이지 말라!

에드가 케이시(1939년), NO. 3976-24

당신은 지금 준비되어 있다. 당신은 방아쇠를 당길 수 있다[지구적인 살인]…… 당신의 돈과 땅의 무서운 축적을 낭비하지 않도록 또는 당신이 지원해 왔으며 감탄했고, 또한 대단히 고마워했던 이 모든 준비의 위대한 생산자들을 배신하지 않도록. 당신은 정부의 지도자들과 삶의 다른 모든 처세 수단을 선출하고, 당신이 생각했던 저 사람들, 모든 국가들의 자원들을 이용하기 위해 지속적인 효과와 용기를 갖고 이들 준비를 만들어 가장 확고히 해왔다. 그들은 결코 비난받지 않는다. 그들은 당신의 무의식적인 의지의 결판을 성취하기 위해 당신에 의해 선택된 사람들이었다. 그들은 그러므로 당신의 신의 아이들이다.

타모-산(1957년), MOOR

이들은 퇴폐적인 사회의 징조들, 살인에 이르른 사회 즉, 생존할 어떤 이유도 갖지 못 하는 한 사회의 징조들이다. 왜 어떤 다른 사람들이 생존할 어떤 이유를 가져야만 할까? 미국은 제3차 세계대전으로 급히 가고 있기 때문에 전체 사태가 미국에 달려 있다. …… 위험은 워싱톤의 백악관으로부터 나온다. 그곳은 오늘날 지구에서 가장 위험한 곳이다. …… 대파국이 발생하는 것을 막기 위해 미국인들에게는 아직 시간이 있다. 미국 사람들이 어떤 것도 할 수 없다면, 이들 정치인들은 이 지구에 살고 있는 모든 생명을 무덤으로 끌고 가게 될 것이다.

오쇼(1986년), TRNS

정치가들은 모든 인류에게 엄청난 도전을 일으켜 왔다. 어떤 점에서 우리는 이 바보들을 고맙게 생각해야 한다.

오쇼(1987년)

사람은 자아와 분리되어 있다.

매 80초마다 한 사람이 자살을 하고 있다. 천 명 이상의 사람들이 매일 죽고 3만 명이 매년 자살을 한다. 사람들은 콜롬비아의 마약 카르텔들이 고통을 줄여 줄 것이라는 꿈을 갖고 있다. 자아(내적인 존재)와 분리된 사람은 매 순간 축복과 완성이 현실적인 목표가 아니라는 믿음을 갖고 있다. 그는 깨어 있는 시간과 꿈꾸는 시간의 대부분을 자신의 생존에 대한 두려움에 시달리고 있지만, 사태가 그렇다는 것을 부정한다. 자아로부터 분리되지 않은 사람은 그것이 불가피하다는 것을 두려워하면서 받아들이지만, 공포에 사로잡혀 있는 죄수는 아니다. 분리되지 않은 사람은 선과 악에 대한 사회적인 정의에서 과녁을 상실하고 있다는 것을 알고 있다. 나는 그런 사람들을 만나왔으며, 그들의 말과 행동이 도덕성에 대한 나의 생각에 도전한다. 그들로부터 나는 이것을 배웠다. 인류가 스스로 진실을 식별할 기회를 갖기 전에 우리의 지각과 모두의 삶에 대한 행동을 왜곡시킨 도덕 체계가 주입되었다. 이 조건화된 마음이 적그리스도이다.

인간의 불행과 전쟁에서 물려받은 유산은 이들 가치가 인류로 하여

금 두려움에서 분리되지 않은채 인류에 좋은 영향을 제공하기보다는 인간의 가치를 저해한다는 사실을 충분히 증명하고 있다.

성업 중인 신?

신성한 상징: 종교

"하느님은 나에게 그것을 하게 하셨다."

전세계적인 몰락은 모든 문화, 모든 철학, 모든 종교의 궁극적인 결과이다. 그들 모두는 기괴한 방법으로 그러한 결과를 야기했다. 왜냐하면 아무도 전체(의 필요)의 필요를 전혀 생각하지 않기 때문이다. 지옥은 당신의 두려움이 투사된 것이다. 하늘은 당신의 욕망을 투사한 것이다.

오쇼(1986년)

사람은 신에 대한 믿음 때문에 자아에서 분리되어 있다. 여러 약물들은 지성을 무디고 비참하게 만들 수도 있다. 인류의 가장 오래된 집착은 신—습성일 것이다. 사람들은 정의가 이곳에 있는 것이 아니라, 항상 진리는 자신들은 '거기' 동화에 나오는 천국과 지옥에 있으며, 특별한 신의 선민이라고 확신한다면 부정과 빈곤을 극복하기 위해 반란을 일으키지 않을 것이다. 여러 곳에 편재해 있고, 성스러운 아편이라고 부를 수 있는 두려움을 갖게 되는 '하느님의 사랑'을 받으면서, 불신자들이라는 희생물을 '하느님으로부터 받은 임무로' 살인, 고문, 강간, 약탈한다. 그것은 성스러운 십자군에 대한 것으로 사막의 폭풍 작전에 대해서도 마찬가지이다. 믿음의 아편은 어떤 다른 '도덕적' 개념보다 더 많은 전쟁과 범죄에 책임이 있어 왔다.

핵가족, 핵전쟁
소부족의 상징 : 가족
"우리는 아이들을 위해 그것을 한다."

결혼은 더 이상 종교적인 의례를 통하지 않아도 될 것이다. 약혼한 쌍들은 상호 분리될 것에 동의하는, 언제나 배우자들의 변경을 허락하는 시민 계약이 될 것이다.

데이비드 굿맨 크롤리(1888년), GLMPS

나는 모든 가족들이 사라질 것이라고 말하지는 않는다. 단지 영적인 가족들은 남을 것이다. 비(非)영적인 가족들은 사라질 것이다. 삶은 더 유동적이 될 것이며 사람들을 믿게 될 것이다. 생활의 미스터리에 대한 믿음이 법의 명확성— 재판, 경찰, 교회의 목사들에 대한 믿음보다 더 클 것이다.

오쇼(1977년)

일부일처제를 고수하는 문화를 보고 행동주의자들과 심리학자들이 남자와 여자가 일부일처적인 동물이라고 주장하는 연구 사실들은 인간 자신의 존재와 분리되어 있는 모습이라고 볼 수 있다. 나에게는 물리치료요법가인 친구들이 몇 명 있다. 그들은 고객의 90퍼센트 가량이 신체 접촉을 하지 못해서 오는 괴로움 때문에 결혼하게 된 불행한 남자들이라고 나에게 말한다. '아니'라고 말하는 경우에도 어느정도 는 그렇다고 인정한다. 때때로 나도 놀라게 된다. 아마 매춘업을 끝장내는 가장 좋은 방법은 결혼일 것이다. 적어도 또 다른 인간을 '사랑, 존경, 그리고 아낄 것'이라고 약속하게 만들 수도 있다. 계약으로만 제한하여 진정한 관계를 맺게 만들 수 있을까? 사람의 마음을 고려하지 않은 논문들은 미묘한 폭력을 행사하고 있는지도 모른다. 물병자리 시대의 연인들은 더 이상 자신들의 연인들로부터 그런 일들을 강요하지 않을 것이다. 그러한 속박은 사랑이 할 일이 아닌 것으로 볼 것이다.

과당경쟁

황금률의 상징 : 경쟁

"금을 가진 자가 지배한다."

형제들은 형제들을 죽이고 아이들은 서로의 피를 흘린다. 모든 사람들이 거대한 부를 훔치고 축적하며 호색의 죄가 만연된다. 세계의 종말이 가까웠지만 아직 인간들은 완고하고 잔인하고 다가오고 있는 운명에 귀기울이지 않는다. …… 아무도 이웃의 울부짖음에 주의를 기울이지 않거나 도움의 손을 뻗지 않는다.

고대 노르웨이의 예언인 라그나록으로부터

사람은 상당히 많은 의미에서 자아와 분리되어 있지만, 가짜 역할 모델이 우리의 얼굴을 일그러뜨린다. 경쟁은 소수에게 성공을 가져오고 다른 모두에게 외로움을 가져 온다.

진실의 시대에 사는 사람들은 더 이상 스트레스를 참지 않는다. 그들은 독특한 자기의 기적을 인식하고 있다. 그들은 다른 사람들로부터 인정받기를 원하든가, 또는 다른 사람들이 자신들에게 동의하기를 요청할 수 있는 권력의 지위를 지키기 위해 싸우는 데에 자신들의 삶을 낭비하지 않는다. 사람들은 세계의 영양분을 받기 위해 자신들의 에너지를 높이려고 노력한다.

민족주의: 전세계적인 감화체계

대부족주의의 상징: 민족주의

"옳거나 잘못된 나의 나라."

모든 측면에서 우리가 보는 혁명과 격동들은 당분간 제국의 몰락, 왕관의 파괴, '낡은 것'의 죽음과 '새로운 것'의 탄생을 가져올 것이다.

체이로(1926년)

곧 현대의 질서가 굴러가게 될 것이며 새로운 사람들이 퍼져갈 것이다.

바하울라(1863년), AQD

모든 사람의 내적인 인간성을 부정하는 시기가 도래하면, 사람은 자아와 분리된다. 태어날 때 사람은 단지 인간일 뿐이다. 그 뒤 사람은 이라크나 기독교나 이슬람이라는 것을 배운다. 민족적 인종주의는 사막의 폭풍 작전에 참전한 '미국인'이라는 국적을 갖는 아이들과 만나게 되고, 공개적으로 몇몇 미국인 사상자에 대해 눈물을 흘리지만, 그러나 수천 명의 이라크인들이 살해되는 것에 대해서는 농담을 한다.

도덕적인 발포라고 주장하기도 한다. 나치의 잔인함들은 냉정하게 비난받고, 그 가해자들은 벌을 받는다. 그러나 연합군의 전쟁 범죄는 어떤가? 누가 토쿄, 드레스덴, 그리고 히로시마에 정의의 폭탄을 발사했는가? 도덕이 적자생존에 일치하는 한 '인류애'라는 말은 단지 좋은 생각으로 남을 뿐이다.

인간 사회는 조화롭지 못하다. 왜냐하면 각 개인들이 내적으로 분열되어 있으며, 그의 분리는 사회에 투사되어 있기 때문이다.

오쇼(1986년)

마지막 기회의 책

우리가 우주에 설치한 모든 제한은 결국 깨진다. 우리는 인간이 결코 견고한 장애를 깨거나 우주에서 살지 못할 것이라고 말하지만, 오래지 않아 장벽은 무너지고 무중력 상태에서 우주인들이 춤을 춘다. 우리는 또한 아무도 수용된 도덕성의 장벽을 넘어 올라갈 수 없다는 말을 듣는다. 만약 인류가 살기 위해 남은 미래의 순간들이 충분히 있다면, 이것 또한 시간이 지나 극복될 것이다.

신념의 장벽은 우리와 우리의 모든 미래를 깨기 위해 존재한다.

사람들이 파국에 빠지기 전에 낡은 생각과 철지난 도덕적인 관점을 극복하고, 시대를 통해 주입된 예언적인 압박감에서 벗어나야 할 작은 교차로에 우리는 서 있다.

빠르게 흐르는 물결 위에 떠 있는 뗏목을 탄 수십억의 개미가 사람이라고 생각할 수도 있다. 개미들은 분명히 자신들의 뗏목이 큰 폭포에 접근하고 있다는 것을 분명히 모르고 있다. 그들은 뗏목 위에 있다는 사실을 모르는 것처럼 보인다. 그들이 안다면, 어떻게 그들이 서로를 증오할 수 있으며, 서로에 대해 음모를 꾸밀 수 있으며, 탐욕과 적대에 사로잡힐 수 있겠는가? 그들의 뗏목이 큰 폭포에서 떨어지는 순간, 서로가 친구이건 적이건 어떤 의미가 있겠는가?
이 동정적인 모습은 오늘날 인류의 개략적인 모습일 뿐이다.

타모-산(1957년), MOOR

만약 사람이 자신의 마음을 바꾸고 진실로 영적이고자 한다면, 무기와 싸움에 대한 필요를 느끼지 못 하게 될 것이다. 모든 것은 진실을 말함으로써 안정될 수 있다. 그러나 지금 사람들은 당신이 말한다고 해도 진실을 알지 못할 것이다. 단지 그것은 그들을 혼란스럽게 하고 있다. 그것은 그들의 자아에 상처를 입힌다. 그러면 당신은 그들의 적이 된다.

세무 후아르테 할아버지(1983년), 추마쉬족

성스러운 테(Sacred Hoop)와 예언들에 따르면, 이 고대의 지식을 공유해야 할 시간이 되었다. …… 대정화의 시기이다. 우리는 돌아가지 못 할 한 지점에 있다. 두 발 달린 것들은 지구상의 생명을 파괴시키려고 한다. 그것은 전에 일어났던 것이며, 다시 일어나려고 한다. 성스러운 테는 어떻게 모든 사태가 돌아가고 있는지를 보여 주고 있다. 낡은 것은 새로워지고 새 것은 낡게 된다. 모든 것이 반복된다. 백인들은 어떤 문화도 가지고 있지 않다. 문화는 지구에 뿌리를 가지고 있다. 문화가 없는 사람들은 오래도록 존재할 수 없는데 그 까닭은 자연이 신이기 때문이다. 자연과 연결되지 못하면, 사람들은 떠다니게 되고 부정성이 자라나게 되고 자신을 파괴한다. 처음에 우리는 하나의 마음을 가졌고 도처에 아름다운 것들을 볼 수 있다는 것이 행복하고 긍정적인 일이었다.

지구인(원주민들)은 아무것도 적지 않았고 문자를 갖지 않았다. 그들은 어떤 정보를 기록하면, 그것이 바로 재난을 일으키게 될 것이라고 생각했다. 만약 당신이 무언가를 적는다면, 기억력이 떨어지게 될 것이다. 그리고 마음은 무의식으로 가게 될 것이다. 그것은 부정적으로 되거나 무의식적인 힘이 될 것이다.

브레이브 버팔로(1985년), 브룰 수족

우리는 더 이상 경계하지 않는다. 우리는 지속적으로 우리의 아이들에게 거짓말을 하고 그들이 거짓말쟁이가 되라고 가르친다. 부활절의 토끼, 산타크로스, 감각이 자신에게 말하는 것을 부정하는 것, 이들 모두는 거짓이다. …… 당신이 교육을 받았고 상처를 입었다면, 제도가 제공하는 위안 거리에 빠지게 될 것이다. 사람들은 마음을 잠들게 하기 위해 알코올, TV, 학교, 종교, 위안거리들을 찾을 것이다.

그레이스 스포티드 이글(1985년), 이누이트족

우리가 소극적이면, 맹목적인 사건들의 여러 가지 변덕에 노예적으로 추종하기 위해 실존을 허비하게 될 것이며, 결국 불가피하게 '비자발적이고 진화적인 자연의 건설'을 위한 수단으로만 봉사하게 될 것이다.

G. I. 구제프(1930년), LFE

이 모든 사건에 대한 기본적인 원인은 인종적, 민족적, 종교적, 그리고 정치적 편견이며, 편견의 뿌리는 진부하고 깊게 자리잡은 종교적, 인종적, 민족적, 또는 정치적 전통이다. 이들 전통이 남아 있는 한,

인간이 만들어낸 것은 불안전하고 인간은 지속적인 위험에 노출되어 있다.

압둘-바하(1920년)

평화주의 이론들, 세계의 전통적이고 인종적인 암호들과 국제적인 우호 운동 모두는 전 인류가 지금 직면해 있는 궁극적인 파국에 대처하는 데에 무력하다. 공산주의도 그렇고 민주주의도 그러하며 이러저러한 것들도 그러하다. 인류 역사에는 위대한 정치가, 위대한 사상가, 위대한 발명가, 많은 위대한 작업을 성취해 온 위대한 과학자들이 등장해 왔다. 그리고 인류는 밤이나 낮이나 교육을 통해 전수하기가 힘들 정도로 많은 성과를 남겨 왔고, 무수한 이데올로기, 사상, 체제, 그리고 모든 좋은 것들을 사람들에게 불어넣었다.

후회스럽게도, 이 모든 노력들은 보상되지 않고 있다. 반면 인간의 양심은 붕괴되고 있으며, 사회적인 혼란의 가중, 그리고 사건과 자연적인 재난이 빈도와 규모를 더해 가고 있다. 이것은 사람의 삶의 모습을 밑받침하는 무덤의 환상 때문이다. 실수는 근원적으로 치명적이라고 생각되어 왔기 때문에 그로 인해 수반되는 결과는 장기간 거대한 물결을 수반해 왔다. 그래서 인간의 행동—경제적, 정치적, 교육적, 등등—이 저 근원적인 환상으로부터 파생되어 있는 한, 어떤 신중함이나 노력은 그들이 과거에 해왔던 자신들의 내용에 거꾸로 작용할 것이 분명하다.

타모-산(1957년), MOOR

당신은 무엇을 기대하나? 사람들은 기계와 같다. 기계는 맹목적이고 무의식적이며, 행동은 자신의 본성에 상응해야 한다. 그저 모든 것이 일어나지만 아무도 스스로 어떤 것을 하지 않는다. '진보'와 '문명'은 본래 의식적인 노력의 결과로서만 나타날 수 있으며, 무의식적 기계적인 행동의 결과로 나타날 수 없다. 그리고 어떤 무의식적인 노력이 기계들에게 있을 것인가? 그리고 만약 하나의 기계가 무의식적이면, 백 대의 기계가 무의식적이고 천 대의 기계, 또는 십만 대의 기계, 또는 백만 대의 기계가 그럴 것이다. 그리고 백만 대의 기계가 무의식적인 행동을 하면, 필연적으로 파괴와 종말을 야기할 것이다. 모든 악은 확실히 무의식적이고 비자발적으로 나타난다. 당신은 이러한 악의 결과를 이해하지 못하고 있으며 상상할 수도 없다. 그러나 이해할 때가 올 것이다.

G.I. 구제프(1916년), MIRA

우리는 충분히 어리석었다. 우리는 자연과 자신에게 충분히 해가 되는 일을 했다. 우리는 지구에 폐가 되었다. 우리의 역사는 범죄의 역사 즉, 인간에 대항하는 인간, 자연에 대항하는 것이었다. 여기에서 우리가 하고 있는 것은 무엇인가? 왜 우리는 생존을 위해 괴로움을 당해야만 하는가?…… 이곳에 있었던 수천 년 동안, 당신은 무엇을 해 왔나? 여기에서 당신은 창조적인 실존을 위해 애써 왔다는 것을 증명할 수 있나? 인생을 더 축복받고 더 평화롭고 더 사랑스럽게 만들었나? 자연을 더 좋게 변화시켰나?

살인, 암살, 살생, 살륙을 제외하고 수천 년 동안 당신은 무엇을 해왔는가? 아름다움과 선의 이름으로, 신의 이름으로 진리의 이름으로, 종교의 이름으로. 당신은 남을 죽이고 파괴하는 것을 좋아 하며 아무

변명이라도 늘어놓는다.

아마 이 세계에 생존하지 않는 것이 더 좋을 것이다. 그러나 나는 지금 '아마' 라고 말하고 있다. 그것을 기억하라. 다시 아마.

…… 전 인류는 아마 생존할 수 없을는지도 모르지만, 소수, 선택된 소수는 보존될 수 있다. 그리고 그것으로 족하다.

오쇼(1985년), RAJB IV

모든 면에서 우리 주위에서 현재 우리가 보는 혁명과 격동은 아마 제국의 몰락, 왕권의 파괴, '낡은 것' 의 죽음과 '새 것' 의 탄생을 가져올 것이다. 위대한 고난의 시기는 인류를 위해 예비되었을 것이다. 그러나 물병자리 시대의 상징인 땅에 물을 붓고 있는 '물병을 든 사람' 은 궁극적인 완전성과 결국 생명의 씨들이 더 풍부해지고, 꽃들이 더 만개하며 인간의 모든 부분들은 서로 더 사랑하게 될 것을 믿는 그런 사람이다.

체이로(1926년), CWP

힘에는 두 가지가 있다. 창조적인 것과 파괴적인 것. 만약 인간이 파괴적인 힘만을 사용하고 있다면, 그것은 자살과 다르지 않을 것이다. 처음에는 창조적으로 보일 수도 있지만, 곧 그것은 파괴적으로 드러나게 될 것이다. 그리고 기술 수준이 더 높아지면 높아질수록, 결국 파괴적인 힘은 전체적인 힘의 균형을 유지할 수 없도록 더욱 가속될 것이다.

인류는 심오한 사랑의 힘을 깨달아야만 한다. 반면에 부정적인 힘은 근시안적이고 경직되어 있다. 그의 공격성으로 더 오래 살 수도 있고 사랑의 힘을 살해할 수도 있을 정도로 점점 더 강력하게 될 수도 있다.

때때로 인류는 신은 악하며 신이 전쟁을 만들었다고 말한다. 어떻게 신이 파괴적인 무기를 묵과할 수 있고, 어떻게 신이 기아를 묵과할 수 있겠는가? 부정적인 힘에 의해 만들어진 두려움 때문에 사람들은 전쟁을 만들게 된다는 것을 알 수 있다. 또한 그 때문에 기아를 만들었으며 다른 문화가 기아에 빠지게 만들었음을 보지 않는가?

인류는 서로 싸우고 서로 전쟁하는 또 다른 종교를 만들었다. 전쟁에서 인류는 서로에 대항하고 있으면서, "이것은 신성한 전쟁이며 신이 우리와 함께 한다"고 외친다. 신이 자신과 싸우고, 다른 신들도 있을 것이라고 당신은 생각하는가? 아니다. 인류의 두려움 때문에 전쟁이 있는 것이다. 그는 자신의 낙원에서 나왔으며 낙원을 보던 자신의 눈을 감아 버렸다. 그리고 그는 그 안에서 자신이 정의로웠다는 것을 알지 못 한다.

암브레스(1985년)

세계를 보라. 사람들은 백 개의 선행을 하려고 할지라도 세계는 더욱 더 나빠져 왔다. 그러나 왜? 그것은 사람들이 하려고 했던 것은 작은 선이기 때문이며, 그들은 큰 선의 실재를 잊어 버렸기 때문이다.

지구는 파괴의 순간으로 가고 있다. 그 생존은 바로 이 순간의 우리의 행동에 달려 있다. 그러나 친구들이여, 우리는 암흑기에 있으며, 어둠 속에서 바른 행동을 하기란 불가능하다. 그래서 지혜의 빛을 가져오기란 엄청 어려운 것이다. 지혜의 빛이 세상에 나타나는 때, 어두움은 사라질 것이다. 그리고 우리는 무엇이 선행이고 무엇이 악행

인지 분명히 보게 될 것이고, 진정으로 이해하게 될 것이다. 그러면 암흑의 시기는 새 시대로 변형될 거이다. 지혜의 빛의 본성은 즉시 세상에서 인식될 때, 새 시대가 시작한다.

타모-산(1989년), TRSHR

내가 볼 때, 나는 두려움보다 더 두려운 질병이 없다는 것을 본다. 삶에서 두려움 자체보다 더 두려운 것이 있을까? 두려움은 한 사람의 존재를 마비시킨다. 두려움은 반역의 모든 능력을 파괴한다. 두려움은 어떤 변화도 불가능하게 만든다. 두려움은 사람을 자신이 알고 있는 것에 속박하고 미지로의 여행은 완전히 정지된다. 비록 알아야 할 가치가 무엇이건, 그리고 삶에서의 성취를 모두 알지 못한다고 할지라도.

신은 알려져 있지 않다. 진실은 알려져 있지 않다. 아름다움은 알려져 있지 않다. 사랑은 알려져 있지 않다. 그러나 두려운 마음은 항상 앎에 매달리지만, 일정한 선을 넘지 않는다. 그것은 다져진 길을 걷는다. 두려운 사람은 기계적으로 되고 악착스럽게 된다. 종교는 두려움을 가르친다. 지옥의 두려움, 죄의 두려움, 그리고 처벌의 두려움. 사회는 두려움을 가르친다. 불명예의 두려움. 교육은 두려움을 가르친다. 실패의 두려움.

이에 더하여 탐욕이 있다. 하늘에 대한 탐욕, 미덕의 열매에 대한 탐욕, 존경, 지위, 평판, 성공, 그리고 보상의 탐욕. 모든 탐욕은 두려움이라는 동전의 다른 면이다. 이렇게 되면 한 사람의 의식은 두려움과 탐욕으로 꽉 차게 된다. 시기와 경쟁의 불이 일어난다. 야망의 열정이 만들어진다. 이들 모든 원형의 양식에서 삶이 낭비된다는 것은 놀라운 것이 전혀 아니다.

그런 교육은 위험하다. 그런 종교는 위험하다. 교육은 겁 없음을 가르치고 무욕 속에 사람들을 안정화시켜야 하고, 반역의 에너지를 주고 무지에 대한 도전을 받아들이는 용기를 준다. 교육은 시기와 경쟁을 가르쳐서는 안되고, 사랑을 가르쳐야 한다. 그것은 야망이 미쳐 날뛰는 것을 키워서는 안 되며, 자연적이고 자기고무적인 성장을 키워야 한다. 그러나 이것은 단지 우리가 모든 사람들의 개성의 독특성을 수용할 때에만 일어날 수 있다.

오쇼(1966년)

보아라, 나 이제 새 하늘과 새 땅을 창조한다. 지난 일은 기억에서 사라져 생각나지도 아니하리라.

이사야(서기전 4세기), IS 65:17

영적 반역

비록 강력하고 지속적인 것처럼 보이는 모든 개혁들은 스스로 더 많은 혼란을 낳고 더 많은 개혁의 필요를 낳는다. 사람의 복잡성을 모두 이해하지 않고는 단순한 개혁은 더 복잡한 개혁의 요구만을 낳을 것이다. 개혁은 끝이 없으며, 이들 노선을 따를 경우 근본적인 해결책이 없다.

정치적, 경제적, 또는 사회적 혁명은 무시무시한 전제를 만들거나 단지 권력과 권위를 다른 그룹으로 이전하는 것에 불과한 것이기 때문에 답이 되지 않는다. 그러한 혁명은 언제나 우리의 혼란과 충돌에서 벗어나는 길이 되지 않는다.

J. 크리쉬나무르티(1963년), LIAH

이성이 실패하고, 모순, 비합리, 신비, 기적들이 머리를 드는 순간이 오고 있다. 앞으로의 100년은 점점 더 비이성적으로 되어 갈 것이다. 나는 예언을 하지 않지만, 이에 대해서는 완전히 예언적이다. 다가오는 100년은 점점 더 비이성적이고 점점 더 신비적으로 될 것이다.

오쇼(1986년), RAJUP

다음의 20년(1978-1999)은 영혼의 발전 과정에서 대단히 중요하다. 왜냐하면 인류가 이 동안 과거의 카르마에서 서서히 벗어나 영적인 상태를 준비하지 않는다면, 인구가 감소되고 육체로 들어갈 기회가 아주 적게 되기 때문에 이 기회는 수천 년 동안 다시 오지 않을 것이다.
지금 자신의 귀향을 끝마치려고 하는 사람들은 지구에서의 잃어 버린 기회를 보상하기 위해 영적으로 더 빨리 진보할 것이다.

루스 몽고메리의 지도령들(1979년), AMG

어떤 양서류가 서서히 끓어오르는 물 항아리 안에 있는 경우, 개구리에게있어 '적응'이라는 것은 가장 최악의 적일 것이다. 그는 밖으로 나오지 않고 더 뜨거운 온도에 적응한다. 아마 그는 더 좋은 미래를 위해 올챙이를 보살펴 달라고 자신의 신에게 기도드릴 것이다. 그러나 어떻게 그의 인내를 넘어서 그가 산 채로 데워질 때까지 불평 없이 온도를 참을 수 있는가?

인류는 또 다른 종류의 비등점에 놓여 있다. 마음의 비등이다. 제4세계의 샤만 예언자들은 과거에 집착하는 사람들은 대중적 광란에 빠질 것이라고 공통적으로 보고 있다. 물병자리 시대의 뱀이 그 힘을 우리에게 미치고 있다. 가이아의 쿤달리니가 깨어나고 있다. 아무도 그 영향에서 벗어날 수는 없다. 대부분의 인류는 자신의 마음으로부터 벗어날 것이다. 다른 사람들은 마음을 넘어설 것이다.

호피의 예언자들에 따르면, 지구적인 절규가 이미 시작되었다. 그들은 1991년 1월 19일을 정화가 시작된 날이라고 생각한다. 우리가 알고 있는 세상은 지금 사망과 더불어 재생하기 시작하고 있다. 우리는 마야의 달력에서 시간의 끝이라고 기록되어 있는 해인 2012년까지 인간의 대약진을 완성하지 못 할 수도 있다.

광기는 좋은 면을 가지고 있다. 천문학자 린다 굿맨은 다른 자리보다 많은 미친 사람들(그리고 그들의 심리치료 요법가들)이 물병자리 아래에서 태어난다고 말한 바 있다. 토성의 기본 진동의 힘에 얽매어 있는 천왕성이 보내는 혼돈의 광기는 다음 시대를 더욱 광기에 사로잡히게 만들 것이다.

많은 원주민 예언자들은 육체적이던 정신적이던간에 '고통을 인식한다는 것은 고통 자체보다 더 많은 고뇌를 만들어낸다' 는 동양적 가르침을 갖고 있다. 만약 사람들이 자신의 집착과 기대로부터 거리를 유지할 수 있다면, 그들은 자기의 마음에 있는 편견과 아집으로부터 자유로운, 새로운 천년기에 진입하고 있는 자신의 모습을 알게 될 수도 있다. 다른 말로 하면, 그들은 미쳐 버리는 대신에 마음의 집착을 벗어 버릴 수 있게 된다.

기본적으로 동양의 신비적 예언자들은 인간의 의식은 생물학적 컴퓨터, 즉 뇌 이상의 것이라고 본다. 그것은 생각, 감정, 그리고 몸을 넘어서 있다. 몇몇 신비가들은 인류는 영혼을 넘어서는 존재라고 말하고 있다. 동양의 신비가들은 우리는 단지 사고와 욕망의 거미줄일 뿐 개별자 자체는 아니라고 말한다. 우리는 오히려 개별자에 의해 갇힌 인식이다. 우리가 생각하는 이 정신적이고 감정적인 말초신경은 옳고 그름을 판단하지 않는 내부 의식세계의 주변에서 움직이고 있으며, 그것은 좋건 나쁘건 여러 외부적 징조에 의해 영향을 받지는 않는다. 형용사 '인간적'이라는 말로 표현되는 존재는 선하지도 악하지도 않다. 의식은 변증법과 짝을 이루지 않는다. 그러나 신비가들은 이 '중성'성이 진실에 의한 대파국을 맞게 되는 핵심이라고 지적한다.

이 내부 의식적인 것을 재발견하는 것이 미래의 계시에서 가장 위대한 것일 것이다.

현재와 2012년 사이에 있는 '가이아의 영적인 깨어남'의 중간기에 모든 사람들이 집단적으로 광기를 일으키게 된다면, 다가올 대파국에서 생존할 수 있는 사람만이 지구라는 정신병원에서 영적 반역을 일으킬 것이다.

반역이라는 말은 대파국과 같이 부정적인 것에 친숙해지도록 프로그램화되어 있는 단어이다. 그러나 반역은 동시에 다가오는 물병자리 시대의 더 높은 능력자인 '탈프로그램자' 천왕성의 별명이기도 하다.

역사를 통해 정통적인 것, 과거 지향적인 것은 영적인 반역을 어느 정도 두려워해왔다. 오늘날 사회적으로 수용된 종교의 창시자들이 기존의 성직자나 위계 질서로부터 나온 것은 아무것도 없다.

2천 년 전에 유대법을 규정했던 의회인 산헤드린은 모세의 법률과 모순되고 있던 갈릴리 출신의 분파주의적 반역자와 원만한 관계를 이루어내지는 않았다. 파라오가 유대인의 분파적 지도자라고 본 모세는 자신이 양육된 이집트 사회에 대항해 반역을 일으켰다. 모하메드는 동료 아랍인들의 범신론적인 믿음에 대항하여 반란을 일으켰다. 그리고 인도의 신비가이자 영적 히피인 고타마 싯달타가 있다. 그는 다른 비(非)브라만 혈통의 규범에서 배웠고 비하르 주의 보리수 아래에 머물면서 인도 사회로부터는 떨어져 살았다.

인간의 깨달음을 역사라는 관점에서 보면, 영적 진화의 일부를 차지하는 반란은 교의의 현상태에 있어 필연적인 충격이다.

영적인 문제에 대한 반란은 지질학적인 진화를 일으키는 종말론과 유사할지도 모른다. 바위처럼 견고한 교의와 같이, 장기간 지각은 거의 변화하지 않고 있다. 그런 뒤 두 개의 지각판이 서로 거대한 충돌을 일으켜 갑자기 거대한 융기를 하고, 오래된 전통은 갑작스러운 지진을 야기한다. 계곡과 언덕은 새롭게 배치된다. 강물은 스스로 경로를 바꾸고, 다시는 변화되지 않을 것처럼 영겁 동안 새로운 영역에 자리를 차지해 왔을지도 모른다.

위대한 신비가의 삶은 갑작스러운 화산 폭발과 같다. 단기간 지구는 변화로 열을 받는다. 반란의 마그마는 충격을 받고 들끓고 범람하여 마을을 태운다. 그 뒤 화염이 나타나지만 갑자기 사그러진다. 바위는 식는다. 시간이 가면, 풀이 불이 지나간 자리를 덮는다. 모두가 평화롭고 안전한 것처럼 보인다. 수세기 동안 아무것도 방해하지 않는다.

어쨌든 지질학적이건 영적이건 피할 수 없는 무서운 일로서 인간은 파국을 맞이할 운명이다. 세인트 헬렌스 산이 1980년대에 폭발했을 때, 관측자들은 북미의 가장 아름다운 산정 호수 휴양지가 황폐하게 되었다고 탄식할 수밖에 없었다. 그것은 처음에 지질학적인 '반란'에 의해 그 장소에서 세인트 헬렌즈의 소박한 아름다움을 만들어냈었다.

파괴는 창조를 하기 위해 방정식 앞 부분에 놓이게 된다. 난폭한 지진이 발생하고 두려움을 줄 정도로 신기하게 들끓으면서 계속 산, 만, 그리고 계곡을 형성한다. 영적인 진실의 봉우리들과 계곡은 오랜 정지 상태를 유지한 뒤에 갑작스럽게 파국을 맞이하는 법칙을 따른다. 이처럼 우리는 생각과 영적인 면에서도 안정 상태를 파괴하고, 난폭하게 폭발하면서 지진을 일으키는 것에 겁먹고 있다. 메시아가 나타나면, 그의 말씀이 잠자고 있던 교의에 스며들어가는 맹렬한 용암과 같다는 것이다. 그들이 폭발하고 거품이 일고 땅을 흔들어대는 동안 살아서 불을 뿜는 영적인 스승들이 일으키는 대파국에 접근하는 사람은 소수에 지나지 않는다. 진실을 말하는 사람들은 고정되어 있는 현존의 세계를 가만히 두지 않는다. 대부분의 사람들은 영적 스승들에 의해 현존하는 질서가 불살라지는 것을 두려워하고, 그가 가는 길을 회피해 버릴 것이며, 불길이 타 버린 뒤에만 그곳으로 되돌아올 것이다. 많은 사람들은 영적인 존재가 찬 밥이 되어 버릴 때, 영적 스승을 경배하고 새로운 믿음의 반석 위를 안전하게 걷는다. 베드로들, 교황들, 그리고 현자들은 새로운 진실이 폭발되기까지만 균일성을 유지한다.

만약 당신이 진정 진실을 추구하는 사람이라면, 법의 분화구 주둥이에서 범람하는 삶을 기꺼이 감당할 수 있다면, 사회적인 프로그램 직업을 과감하게 문제 삼을 수 있다면, 사회적 강요를 받아들일 수 없다면, '악몽의 90년대'에 살고 있다는 사실을 운이 좋다고 생각하게 될 것이다. 당신이 대파국이라는 학교의 영적인 지질학자라면, 영적인 진화를 맞이하는 가장 큰 크라카토아 화산의 폭발을 보기 위해 가장 좋은 위치를 잡을 것이다. 마지막 시기의 예언 학교들과 평행선을 달리는 것은 이 부분일 것이라 예측할 수 있다.

대부분은 자기 자신이 믿는 믿음의 표면에서 틈이 나서 출혈하고 있는 것을 보게 될 것이라는 것에 동의하지 않을 것이다. 그리고 그들은 새로 형성된 진실들이 자신의 존재에서 형성될 기회를 갖기 전에 그 틈들을 봉합해 버릴 방법을 발견하게 될지 모른다.

그러나 확인하라. 만약 너무 뜨거워지면, 전세계적 영적인 반란을 일으킬 시간은 짧다. 당신은 기회를 잃을 수도 있고, 이제껏 믿어 왔던 교의를 영원히 갖고 있을 수도 있다.

시간은 매우 짧다. …… 몇몇 사람들이 용기를 갖고 구태의연한 것에 대항하여 반란을 일으키지 않는다면 파괴적인 힘이 축적될 것이다. …… 나는 선한 것을 선택하고 악한 것에서 떠나라고 말하는 것은 아니다. 그들은 모두 함께 있으며, 당신은 그렇게 할 수 없다. 과거는 단지 지워져야만 한다. 마치 우리가 태초에 지구 위에 있었지만, 역사가 없었던 것처럼. 모든 사람에 대해 깊은 존경을 가지며 사랑의 향기가 가득한 아름다운 세상을 만들 가능성만 있다. 과거는 증오를 키우며 살아 왔다. 미래는 단지 사랑에 집중해야만 살 수 있다. 과거는 무의식적으로 이루어져 왔다. 미래는 단지 의식해야만 이룰 수 있을 뿐이다. …… 우리는 과거와 더불어 죽거나 미래와 더불어 살 것이다.

오쇼(1987년), OMPH

종교 없는 종교

일단 당신이 자신의 불멸성을 맛보면, 당신은 보이지 않는 불을 피우기 시작할 것이다. …… 사람들은 광범위하게 당신의 실재에 의해, 당신의 향기에 의해, 당신의 사랑에 의해 감명을 받게 될 것이다. 우리는 세계에서 전쟁을 몰아내기 위해 더 많은 사랑을 필요로 한다.

오쇼(1987년), NEWD

그러나 이와는 완전히 달리 끊임없는 근심, 충돌, 좌절하게 된다면, 혁명이 일어나게 될 것임에 틀림이 없다. 이 혁명은 결국 쓸모가 없는 것으로 드러나는 이론적 관념 작용이 아니라, 마음 자체의 근본적인 변형과 함께 시작될 것이다. 그러한 변형은 올바른 교육과 인류의 개발을 통해서만 일어날 수 있는 것이다. 그것은 생각만이 아니라 모두의 마음에서 일어나야만 하는 혁명이다.

J. 크리슈나무르티(1963년), LIAH

행위를 의식하지 않으면, 당신의 존재성이 자라게 될 것이다. 그리고 당신 존재의 성장은 전염성이 있다. 그것은 당신 삶의 횃불로부터 사람들의 손에 들려 있는 횃불을 밝히게 해줄 것이다. …… 정치인들은 군대, 과학자들, 지식인들, 신비가들, 시인들로부터 어떤 지원도 받지 못 하고, 고립될 것이다. 그리고 다시 모든 정보, 모든 핵무기들이 문제가 될 것이다. 사람들은 무의식적으로 스스로 자살할 수 있을 뿐이라면, 어느 정도 그들에게 동정적이라면 전쟁이 일어나게 될 수 있다. 그것이 그들에게 우리가 권력을 주었던 까닭이다. 만약 우리가 우리의 지원을 철회하면, 그들의 권력은 사라진다. 그들은 자신의 권력을 가지고 있지 않았다. …… 그것은 위대한 도전이고 대단히 모험적인 시기이다. 만약 세계가 자살에 직면하고 있다면, 그것은 세계가 낡은 세계가 죽고 새로운 세계가 새로운 가치와 함께 태어나게 하기 위해, 지적 활동을 통해서가 아니라 커져 가는 심장, 즉 그것은 당신의 사랑을 확인할 수 있는 가능성인 것이다. 당신은 다시 그러한 좋은 기회를 갖지 못할 것이다. 과거에는 그러한 기회가 결코 없었다. 이 기회를 놓칠 수 없다.

오쇼(1987년), NEWD

그런 완전함은 모든 종교들이 하나로 통합될 때까지 이루어질 수 없다. 분명히 '불가능'한 것이 더욱더 개연성 있는 것으로 되어 간다. 국가가 지원하는 신념의 동요와 힘은 몰락하고 있으며, 또는 사람들이 '목자 없는 양처럼' 많은 부분으로 쪼개져 간다.

체이로(1931년), CWP

현자들은 매 시대마다 자신을 따르는 무리에게 당대가 황금기 또는 파국이 될 것이라고 말해 왔다. '진리가 너희를 자유롭게 할 것이다.' 모든 맹세, 참회, 그리고 수 세기 동안 신의 힘으로 그런 사건이 일어났는가? 우리는 증오와 두려움에서 자유롭고 시기와 질투에서 자유로운가? 그리고 위의 질문에 즉시 답하는 사람들에게 나는 다시 묻고 싶다. 사람은 자신을 기만하는 행동을 멈출 수 있는가?

자유는 부분적일 수 있는가? 진실을 부분적으로 포함할 수 있는가? 또는 우리가 탄생하지 못 할 것이라고 생각하면서, 수천 년 동안 마음에 품어왔던 상상속의 아이었던가?

동양에서는 이 세계를 열반에 이르기까지 무수히 진행되는 윤회를 통해 자신의 카르마적인 배움의 과정을 밟고 있는, 영원한 기회가 주어져 있는 교실이라고 이해했다.

우리가 성장하는 동안 지구라는 교실은 얼마나 많은 남용을 참을 수 있는가? 쓰레기통에도 소비해 버린 노트가 더 이상 남아 있지 않다. 지구는 온실처럼 따뜻해지고 창들도 녹아 버리고 있다. 교실에는 너무 많은 급우들이 있다. 그들을 위해 연필이나 의자도 충분하지 않다. 그리고 도덕적인 교과 내용은 계속 필요한 개정이 이루어지지 않는다. 학교 선생인 가이아는 인내의 한계를 가지고 있다.

내가 연구해 온 예언들은 이러한 문제들을 지적하고 있다. 한계점을 넘어 인류는 지구가 보내는 시련을 받게 될 것인가? 곧 우리가 배우고 진화할 수 있는 곳에 교실이 더 이상 남아 있지 않게 될 때가 곧 올까?

현 세계가 끝나면, 인류는 더 좋고 더 영적으로 진보된 행성 위에 영혼으로서 살게 될 것이라고 영적 존재들인 '람타스', '라자리스', 그리고 '마푸스'는 변덕스러운 채널러들을 통해 공통적인 복음을 전파하고 있다. 다른 말로 하면, 천국의 끝에 이르러 뉴 에이지는 최신 유행하는 스타 트렉처럼 대심판의 날에 성가신 일을 당하기 전에 구름 위에 올라 영적이고 환상적인 비행을 하는 기독교적 환희에 대신하는 것처럼 보인다.

무릎을 꿇고, 햇볕에 탄 머리를 사원 벽에 부딪쳐 지구라는 교실을 부정적인 힘에서 보존하기 위해 기적을 일으켜 달라고 얼마나 오래도록 신에게 기도를 할 수 있을지 의심스럽다.

아마 배워야 할 새로운 교훈이 있을 것이다. 이는 전통적이며 초라

하고 무기력한 교과서가 널려 있는 책상을 쓸어 버리고, 그들을 불태워 버리지 않으면, 접근할 수 없는 것이다.

만약 내가 만들어낸 어떤 것이 정화를 위해 태워 버려져야 한다면, 살라 버려야 할 것은 나의 환상이지 육체는 아니다.

중세의 종교적인 교부이자 예언자인 지아오치노 데 피오레(피렌체의 요아킴)는 그의 유명한 12세기의 저작 ≪영원한 복음들의 제 원리≫에서 성령의 새로운 시대는 인류를 영혼의 불, 사랑, 그리고 정의의 홍수로 정화할 것이라고 예언한다.

그에 의하면, 카톨릭 교회의 마지막 교황 때에 성령의 통치 대신에 자유의 통치로 바뀔 것이기 때문에 카톨릭 교회 자체가 사라지게 될 것이라고 한다. 그는 모든 종교가 아니라 카톨릭 교회가 직접 경험에 기초한 새 종교성으로 전환될 것을 지적하는 것일 수도 있다. 물병자리 시대에서는 자유가 가장 높은 영적인 덕이다. 종교는 죽은 교의라기보다는 삶의 방식이 될 것이다. 그것은 행동과 존재의 명령을 따를 것이다.

19세기 독일 예언자 요한 아담 뮐러는 모든 기독교 분파의 종말을 예언했다. 그들이 다 타 버린 재로부터 새로운 종교성이 탄생할 것이라고 말했다. 케이시처럼 뮐러는 그리스도를 기초로 하는 종교인 '기독교'는 악몽의 90년대의 생존자를 기다리고 있다고 약속한다. 위계질서에서 경험적인 종교로의 이동은 아시아의 예언자들에 의해서도 언급되어 있다. 내적인 '붓다'는 불교의 재로부터 꽃피어날 것이며, 내적인 크리쉬나의 의식이 인도의 교조주의의 낡은 속박을 끊을 것이다.

다르마의 씨는 동쪽으로부터 퍼져 나갈 것이다.

새로운 시대는 다른 사람들이 생각하고 있는 것을 느낄 수 있기 때문에, 말로부터 자유를 얻을 수 있게 될 것이다. 사람들은 이해해야 한다. 동쪽의 멀리 떨어진 산은 신기한 힘을 지니고 있다. 그것은 동쪽으로 재빨리 퍼져 나갈 것이며 위로는 하늘에까지 이를 것이다. 구시대에서 회상하는 모든 것은 붕괴할 것이다. 곧 사람들은 새로운 세계, 새로운 개념, 새로운 조직, 새로운 법에 직면하게 될 것이다.

실비아 부인(1948년)

티벳 불교의 창시자인 구루 파드마삼바바가 12세기 전에 제자들과 작별하게 되었을 때, 이별의 예언을 했다.

철로 만들어진 새가 날고, 말들이 바퀴 위에서 달릴 때, 티벳 사람들은 전세계로 개미처럼 흩어질 것이며 다르마가 홍인종의 땅으로 갈 것이다.

파드마삼바바는 현대를 지적하고 있다. 중국이 티벳 국가와 종교를 체계적으로 약탈하기 시작했을 때, 14대 달라이 라마, 그의 승려들, 그리고 셀 수 없는 수천의 티벳인들이 비행기와 기차가 다니는 시대에 전세계로 개미처럼, 흩어지는 경험을 했다. 진리인 다르마의 꽃처럼 티벳은 더 이상 존재하지 않을 것이다. 그러나 다르마(法輪)의 바퀴는 시작도 없고 끝도 없다. 법은 홍인종의 땅인 미국으로 갈 것이다. 그 씨가 이미 심어졌다는 징조가 있다.

그것은 현재 수천 명의 오쇼의 제자들에 의해 인도에서 매일 밤 개최되고 있는 명상 모임이다. 모든 진실한 신자와 의심 많은 방문자들은 이곳에 참석할 때 하얀 옷을 입어야 한다. 사람들은 일상적인 집단 명상을 하는 경우에는 검붉은 옷을 입어야 한다. 이 집단 명상을 만들어낸 구루는 집단적으로 같은 색깔의 옷을 입는 요법은 영적인 정화를 위한 과정에 이용된다고 설명했다.

나는 가난한 성 요한과 제1 이사야가 자신들의 환상에서 이 사람들을 보았다는 것을 의심할 수 없다.

야훼께서 말씀하신다. "오라, 와서 나와 시비를 가리자. 너희 죄가 진홍같이 붉어도 눈과 같이 희어지며 너희 죄가 다홍같이 붉어도 양털같이 되리라.

이사야(서기전 783-687), IS 1:18

그러나 사르디스에는 자기 옷을 더럽히지 않은 사람이 몇 있다. 그들은 하얀 옷을 입고 나와 함께 다니게 될 것이다. 그들에게는 그럴만한 자격이 있다. 승리하는 자는 이와 같이 흰 옷을 입을 것이며 나는 생명의 책에서 그의 이름을 결코 지워 버리지 않을 것이다. 그리고 나의 아버지와 천사들 앞에서 그를 안다고 증언할 것이다. 귀있는 자는 성령께서 여러 교회에 하시는 말씀을 들어야 한다.

파트모스의 성 요한(서기 81-96), REV 3:4-6

성경의 예언에서는 공통적으로 말한다. "귀 있는 자는 들을 지어다. 그리고 눈 있는 자는 볼 지어다." 그러나 눈과 귀는 계시적인 신념 체계에서 제시되는 가치에 의해 완화된다. 성 요한은 미래에 진행되는 의식상의 모든 새로운 진화를 기독교인 입장에서만 제시하고 있다. 이 교파의 신자들은 예언 해석에서도 동일한 태도를 보여 준다. 결국 양 집단은 다른 종교적인 노선에 숨어 있는 기독교 의식의 상실에서 오는 위험을 다루고 있는 것이다.

블라바츠키 여사는 동양의 지혜가 1975년에 서양으로 갑자기 확산되는 것을 보았을 것이다. 그 해에 오쇼의 공동체는 인간의 잠재력 성장을 위한 운동에서 가장 큰 역할을 담당하는 것으로 인식되었다. 그러나 오쇼의 공동체는 서양쪽으로 이동한 다르마의 여러 씨 가운데의 하나일 뿐이다. 마하리쉬 마헤쉬 요기의 '초월 명상(TM)'이나 아디다 산토샤의 '프리 디아스트 코뮤니온' 같이 여러 운동들은 동양에서 온 것이거나 동양적인 가르침을 서양적으로 취한 것이다. 이 새로운 영적인 운동들이 또한 1970년대 중반에 서양에서 많은 제자들을 확보하게 되었다.

다르마의 씨는 영혼의 혁명을 러시아로 가져갈 것이다.
러시아는 자국의 사람들에게만 아니라 전세계인들에게도 숙명적인 땅처럼 보인다. 그곳에서 자본주의에 대항하는 혁명이 처음으로 있었다. 그곳에서는 다시 전제주의적 공산주의에 대항하는 반역이 최초로 진행되고 있다. 미래는 민주적 공산주의, 자유에 뿌리를 둔 공산주의 사회가 될 것이다. …… 만약 [고르바초프]가 영적인 추구를 할 수 있는 문을 열 수 있다면, 러시아가 모든 인류에 대한 희망이라고 한 에드가 케이시의 예언을 성취하는 것이 될 것이다.

오쇼(1987년), GFUTR

1988년에 인도의 가장 위대한 현대의 점성가 중 하나인 쉬리 부베네쉬와리 판창은 1989년에 이를 예언했다.

인도에서 온 어떤 영적인 자가 러시아에 그의 이름을 세울 것이다. 그것은 중대한 사건이 될 것이다. 〔그는〕 러시아로 갈 것이며 대단한 명예와 존경을 받을 것이다. 그리고 러시아의 종교에 대한 특이하고, 이상하고 무관심한 태도가 변화할 것이다. 러시아는 다시 종교로 향하게 될 것이며 이 신념은 위대한 영적인 인물과 인도에서 영향을 미칠 것이다.

곤달(에페메리스), 1988-89, 인도의 구자라트 주에서 출판

우리가 이미 살펴본 바와 같이 노스트라다무스, 체이로, 그리고 케이시는 러시아를 세계의 희망으로 보고 있다. 고르바초프가 개시한 두 번째 러시아 혁명은 많은 러시아 사람들이 종교로 돌아서게 하고 있으며, 새로운 기독교적인 르네상스를 맞이하고 있다. 그들은 결국 종교적인 면에서 동쪽으로 기울어질 수도 있다.

1988년에 소련 정부는 교회와 수도원을 다시 개방하기 시작했을 뿐만 아니라, 먼지 나는 좌석과 제단을 동방 종교에서도 자주 이용할 수 있게 했다. 그 해에 ISKCON(크리쉬나 의식의 국제 사회)가 모스크바에 명상 본부를 세웠다. 다음해에 오쇼 운동의 새로운 산야신들이 오뎃사, 모스코바, 성 페테르스부르크, 그리고 리가에 8개의 본부를 세웠으며, 코카서스 산맥으로 은거처를 잡았다.

비록 하레 크리쉬나의 창시자인 스와미 프라부파드나 오쇼가 실제로 러시아에 발을 들여 놓지 않았다고 해도, 판창의 점성술적 예언은 정황상 올바르다. 양 종교 지도자들(지금은 고인이 되었는데)은 러시아에 자신들의 메시지를 보냈다. 1989년에 소련 TV 뉴스 리포터 세르게이 알렉세프는 7천만의 시청자들을 갖고 있는 황금 시간대에 방송되는 텔리비전 쇼인 "국제 파노라마"에서 오쇼의 인도 공동체에 대한 다큐멘터리를 방영했다. 많은 서방의 예언자들도 다음의 위대한 교사가 아시아로부터 나올 것이라고 말한다. 미국 원주민 예언자들, 진 딕슨, 노스트라다무스, 케이시, 그리고 블라바츠키는 —이 분야의 몇몇 거인들의 이름에 이르기까지— 정확하게 세계 의식의 변화의 원류로서 '동방으로부터 온 사람'과 특히 인도를 지명했다. 동방에서 오는 것으로 되어 있는 성경의 유대, 기독교적 메시아에 대한 언급도 아시아 원류에 대한 해석을 지지한다.

그러나 다르마의 씨는 처음에 미국에서 뿌리를 내리고 꽃을 피운 후에야 세계를 계몽시킬 것이다.

팍스 아메리카나—비교적 전쟁이 없는 시기에—는 곧 우리에게 미칠 것이다. 낙관주의가 높아지고 퇴폐주의는 거칠어질 것이며, 미국이 새로운 영적인 가치를 추구하게 되기 위한 무대가 설정될 것이다.

알란 보간(1973년), PTRNS

동방의 문화는 앞으로 수년 내에 미국의 사고에 많은 영향을 미칠 것이다. 동방의 종교들은 여기에서 힘을 얻을 것이며, 마지막에 전통적인 기독교를 대체할 것이다. 새로운 종교는 동방과 기독교 개념들을 혼합할 것이다.

알란 보간(1973년), PTRNS

가까운 미래에 러시아는 미국의 민주주의를 수입할 것이며, 미국에 다음 천년기의 '믿음'을 수출할 것이다. 많은 서로 다른 전통에 근거한 예언들은 미국이 종교적인 진화의 다음 장소가 될 것이라고 말하고 있다.

프리츠 피터스는 ≪신비가와의 여행≫이라는 책에서 차르적인 러시아의 시민이었던 스승 구제프에 따르면, 동방은 다시 세계적으로 중요한 위치로 상승할 것이며, 일시적으로 강력한 영향력을 미칠 것이지만, 신참내기 미국에 의해 지배되어 온 서방 세계의 문화에 위협이 될 것이라고 보았다.

미성숙이라는 점은 장점도 가지고 있다. 구제프는 '낡은 세계'는 여러 점에서, 새로운 인류가 탄생하는 데에 필요한 새롭고 근본적인 변화를 받아들이기에는 도덕성이 너무 정비되어 있다. 반면, 미국은 영적으로 어리고 경솔하고 여전히 핵무기를 가지고 장난을 칠 가능성이 있지만, 새로운 종교적 차원에 진입하기에 충분히 참신한 면을 지니고 있다. 그럼에도 불구하고 구제프는 계속되는 실존의 확장은 동서양에서 가장 좋은 것을 종합하지 않는다면, '매우 단기간에 머무르게 될 것'이라고 경고했다. 만약 마지막 전쟁이 발발하면, 미국의 과잉 반응에 의해 동서의 위기를 야기하게 될 것이다.

최초로 동양에서 날아온 씨들은 이미 희망에 차 있는, 미국이라는 밭에 뿌려졌다. 2세기 동안 세계는 미국이라는 환경에 적응하지 못하는 사람들과 이들에 대항하는 자들을 추방해 왔다. 그리고 모순된 종족, 마음, 그리고 사고가 허용하는 범위 내에서 실험적인 종교 교파들의 모색이 있어 왔다. 퀘이커 교도, 후테라이트, 청교도, 몰몬교도, 그리고 쉐이커교도는 지난 세기에 기독교의 변방에서 나왔다. 하레 크리슈나교, 라즈니쉬교, 통일교, 그리고 초월 명상가들은 현 세기에 나타났다. 미국의 가장 위대한 공헌 중 하나는 사회종교적 실험에 여러 기회를 줄 수 있다는 것이다.

어떤 씨앗들은 언론과 종교의 자유를 보장하고 있다는 국가에서조차 정착되는 동안에 공격을 감내해야 했다. 미국인들은 몰몬교를 믿는 도시들을 지난 세기에 불태워 버렸다. 그리고 1980년대에 동부 오레곤에 있는 란초 라즈니쉬의 공동체는 체계적인 핍박을 받았다. 라즈니쉬푸람이 유령 마을이 되었을 때에만, 주정부는 그 법인을 합법적인 것으로 인정해 주었다. 20세기에 우리는 공동체를 불살라 버리지는 않는다. 사람들은 그들을 금지하기 위해 법을 '악용'한다.

그러나 동양 종교에서 커 온 지혜의 나무는 그 씨앗을 서양에 계속 뿌리고 있다. 라즈니쉬푸람은 사라졌지만, 그 자리 주변에서 수십 개의 더 작은 공동체가 움트고 있다. 마하리쉬 마헤쉬 요기의 초월 명상가들은 중미에 깊은 뿌리를 내렸고, 아이오와 주 페어필드의 조용한 농장 마을에 마하리쉬 국제 대학을 설립해 놓았다. 미국의 스와미 스리 크리야난다의 공동체 아난다('축복'이라는 의미)는 여전히 번성하고 있다. 미국 벽지에서 시작된 '몰몬교'는 현재 교세가 확장되어, 몬태나 주의 옐로우스톤 국립 공원 외곽에 있는 로얄 테톤 랜치 근처에 본부를 두고 있다. 엘리자베드 클레어 프로펫을 추종하던 사람들은 서양적인 개척 정신을 가지고, 동양의 지혜에 우호적이려고 노력했다. 보수적인 사람들은 동양의 지혜를 뿌리뽑으려고 여러 해 동안 노력했다. 만약 이것이 성공한다면, 일시적으로 민들레를 뭉개 버릴 수는 있을지 모르지만, 그것은 무의식적으로 그 씨앗을 퍼뜨리는 것이 될 것이다.

블라바츠키, 몽고메리, 케이시, 오쇼, 체이로, 구제프 그리고 20세기의 다른 많은 신비가와 투시자들은 미국이 이 중요한 시기에 지혜, 억제, 신중함을 가지고 행동할 책임이 있다고 믿는다. 전설에 따르면, 아틀란티스 대륙은 대홍수 이전에 미국이 있는 곳에 있었다고 한다. 그들은 당시에 가장 선진적인 기술과 정치적인 체제를 가지고 있었다. 지도자들은 자신이 아틀란티스적인 '새로운 세계 질서'를 이루어 세계를 지배해야 한다고 믿었다. 그들은 대홍수 이전의 세계 경찰 노릇을 했고 종종 다른 사람들에게 자신의 관점을, 물론 선의(?)만으로 강요하였다.

아틀란티스는 현대의 미국과 같이 산업과 무력에서 크게 번창했을 것이다. 그들은 더 많은 에너지를 사용했고, 다른 문화보다 많은 공해를 만들어내었다. 케이시와 루스 몽고메리의 지도령과 구제프의 영적 계시들에 따르면, 아틀란티스는 매우 높은 범죄율을 보였다. 자신들의 권력과 권위의 꼭대기에 이르게 되어, 아틀란티스인들은 진화의 갈림길에 이르렀고 영적인 성숙을 이루어 기술적인 진보와 보조를 맞추어야만 했다.

아틀란티스인들은 경고에 주의를 기울이지 않았다. 그들이 더 높이 오르게 되자, 당시에 '악의 군대'에 대항하여 거둔 승리에 도취하여 지표에서 기술과 무기를 개발하기 위한 실험을 하다가 생태학적인 재난이 야기되었다고 전설은 말하고 있다. 그러한 실험들은 지각 변동을 야기하게 되었고, 대륙은 어느 날 밤에 무시무시한 바다 아래로 가라앉았다. 아틀란티스의 SDI(우주 방위 계획)가 실패하게 되자 엄청난 파도가 전세계를 덮쳤고, 우리보다 우수한 문명이 대홍수 속에 묻혀 버리게 되었던 것이다.

이러한 해석이 타당하다면, 아틀란티스의 화신들은 세계를 파괴하거나 꽃 피우기 위해 과거와 같은 행동을 하려는 카르마적인 유혹에 직면하게 되어 집단적으로 현재로 되돌아올 수도 있지 않을까?

미국이 새로운 종교의 전망을 제시할 수 있으려면, 기존에 가지고 있던 꿈에서 깨어나야 할 것이다. 수족 주술사 굿 호스 족이 말하듯이, 미국은 반드시 깨어나야 한다. 그렇게 하기 위해서는 미국인들은 과감하게 가장 어려운 일, 거짓이나 파괴적인 것으로부터 벗어나야 할 것이다. 카르마를 통한 교훈만이 우리가 주의해야 할 것이라고 생각하는 것은 지나치게 속단을 하는 것이다. 케이시와 몰몬교로부터 북미 원주민에 이르기까지 예언자들은 두 번째의 미국 내전이 1990년대 후반부터 일어나게 될지도 모른다고 말한다. 몰몬교의 예언자 올슨 프래트는 19세기 중반의 내전, 할렘과 로스엔젤스의 마약과 갱 전쟁 등은 모든 도시와 마을로 확대된다. 1940년대에 에드가 케이시는 미국의 지도자들이 자신들의 무력과 권력의 정당성을 고집하는 때에 미국의 꿈의 실체가 드러날 것이라고 보았다.

> 미국의 지도자들은 바다에 있는 많은 섬과 많은 땅을 지배하고 있으며, 사람이건 악마건 두려워하지 않고, 형제가 형제와 싸웠던 때(남북 전쟁)처럼 피를 흘리게 될 것이다(NO. 2976-24)

1939년에 케이시는 미국 내전에 대한 대책을 미래의 미국인들에게 제시했다.

모든 사람들의 목적을 통합하지 않는다면, 어느 날 여기, 미국에서 혁명이 야기될 것이다!(NO.3976-25).

리틀 로빈슨과 다른 케이시 학자들은 이를 1960년대의 흑백 갈등으로 해석한다. 그러나 몰몬교도와 원주민 예언자들은 가까운 장래에 미국 문화가 훨씬 더 폭력적으로 붕괴하게 될 것을 케이시가 지적한 것으로 보고 있다. 그것은 1960년대에 보았던 정치사회적인 폭동보다 상당히 심한 파괴가 될 것이다. 1870년대에 프래트라는 예언자는 다음과 같이 예언한다.

미국이 장래에 발칸 반도처럼 되는 것은 인접국 간의 전쟁, 도시와 도시와의 전쟁, 마을과 마을 간의 전쟁, 주와 주간의 전쟁 때문에 일어나게 될 것이라고 설명했고, 그들은 계속해서 파괴될 것이며 파괴당할 것이라고 보았다. 생산은 거의 중단될 것이며 거대 도시는 파국적으로 될 것이다.

냉전의 붕괴로 무기 경쟁이 사라졌기 때문에, 러시아는 실비아 부인이 말한 최초로 타락한 골로새인이 되었는지도 모른다. 미국은 가까운 장래에 이 길을 밟게 될지도 모른다. 사회적인 탈선은 오늘날 미국에서 범죄, 마약, 그리고 폭력이라는 다양한 형태로 나타나고 있다. 결국 다가오는 사회적인 격동은 다르마가 홍인종의 땅으로 가기 전에, 미국인들에게 충격을 주게 될지도 모른다.

호모 노부스(Homo Novus)

오, 무력으로 강제되고 운명에 이끌리는 지구에 태어난 종족,
오, 무한한 세계의 작은 모험가들
그리고 죄수처럼 보이는 난쟁이 인류,
자그마한 자아와 사소한 사건 주변에서
얼마나 오랜 기간, 마음이 움직이는 데로 갈 것인가?
그러나 어떤 변화도 의미가 없지 않고,
헛되이 반복되지는 않는다.
…… 자연은 세포 속에 강력한 힘을 주었지만, 아직 닫혀 있다.
더 위대한 운명이 인류 앞에 기다리고 있고
…… 삶은 너희가 빛이라는 것을 알려 주고 있다.

스리 오로빈도(1946-1948년), SAVT

J. 크리쉬나무르티는 인류사에서 아직 진정한 혁명이 일어나 본 적이 없었다는 것을 강조했다. '문명'이라는 말처럼 그것은 위대한 생각으로만 머무르고 있다. 그것은 아직 나타나지 않았다.

여러 시대를 통해 내려온 소수의 예언적인 전망은 이번 세기의 마지막 7년을 진리와 신비적인 혁명을 위해 땅에 씨가 뿌려지는 때라고 지적하고 있다. 창조적인 파괴에 촉매 역할을 하는 자는 영적으로 반항적인 새로운 인류를 낳게 될 것이다.

진정한 호모 노부스('새로운 인간')로 태어난 새내기들은 과거와 미래에 대한 망상으로부터 해방된, 두려움 없는 인류가 될 것이다. 호모 노부스족은 현 순간에 경계와 창조성과 기쁨을 갖고 생활한다. 예

언에 따르면, 이들의 반란이 앞으로 70년간 성숙하게 되면, 앞으로 새로운 천년기 동안 건강, 기술, 그리고 풍요 때문에 모든 개인이 고유한 독특성을 자유롭게 발전, 완성시킬 수 있게 세상을 만들고 함께 일할 수 있는 세계를 수립할 것이다.

우리 사이에서 영적으로 반란의 움직임을 보이는 자는 누구인가?

만약 남성과 여성이 더 이상 불행과 잔인성에 탐닉하지 않는다면, 그리고 근본적인 원인을 추구하는 사람들을 따돌리지 않는다면, 그 자체만으로도 반항적일 것이다. 다른 사람들의 자유를 동등하고 고유한 것으로 보호하는 사람들이 있다는 것도 반란이 될 것이다.

기도보다 더 높은 영적인 가치에 즐거움을 느끼고 인간성의 실현과 완성을 가장 위대한 가치로 보는 것은 전위적인 것이다.

위선과 잘못을 가리기 위해 심어 놓은 '도덕성', '종교', 그리고 '진실'을 벗어버리는 데에 학교 선생님들이 최선을 다하는 동안, 아이들이 자신들의 독특성을 탐구하는 자유를 누릴 수 있게 학교가 최선을 다한다면 그것은 영적으로 반항적인 것이 될 것이다.

세계를 정복하지 않았고, 나폴레옹적 독재 체제를 수립하거나 '새로운 세계 질서'를 수립하기 위해 수백만을 학살하지 않은 선남선녀에 대해 우리 아이들에게 미래에 영적인 반란을 일으키는 현자들은 가르칠 것을 권한다. '황금기(Golden Age)'에 대한 예언들은 전쟁, 약탈, 그리고 각주 달린 조사 보고서의 모든 낡은 연대기를 벗어 버릴 때, 학식 있는 자들이 징기스칸과 같은 인물들에게 아양을 떨고, 절름발이 지도자들의 지퍼를 올려 주고, 히틀러와 스탈린들을 찬양하는 것을 중단하는 것을 배울 때, 새로운 시대는 오게 될 것이다. 영적인 혁명을 일으키는 역사가들은 고요, 창조성, 그리고 사랑에 자신들의 삶을 헌신했던 사람들에게 어린이와 같은 마음과 가슴을 열 것이다. 새로운 천년기가 필요로 하는 역사적 교훈은 행복하고 정상적이고 사랑스러운 사람들에게 집중될 것이며, 영웅적이며 비정상적인 것에 시간을 덜 낭비하게 만들 것이다.

혁명적인 사회의 아이들은 성(性)으로부터 시작하여 초의식에 이르기까지 여러 사랑의 단계들에 대해 탐구할 수 있게 될 것이다. 사랑은 우리의 십대들이 학교와 숙제를 하는 데에 소비된 지루한 시간을 보내는 것보다는, 생물학적인 절정기에 성적 관심을 자유롭게 탐구할 수 있도록 권유되는 날에 진정한 혁명이 수행될 것이다. 아이들의 관심이 어떻게 사랑하고 어떻게 사랑받는지를 배우는 데에 관심을 보이는 14살에서 18살의 나이에 취직 걱정을 하게 만들 필요가 없을 것이다.

결혼 전 시기에, 성인에게서 피임과 안전한 성적 접촉에 대해 주의 사항을 전수받으면, 새로운 인류로 태어나는 아이들은 사랑을 주고받는 방법을 배우게 될 것이다. 그들은 진정한 영혼의 동반자들을 선택하기 전에 폭넓고 독특한 젊은 남자와 여자들을 사귀게 될 것이다. 몇 차례의 데이트를 한 뒤 평생 같이 살 사람들과 맺어질 수 있다고 믿는 사람들에게는 대단히 혁명적인 것이다. 오늘날, 세계 여러 곳의 남자와 여자는 데이트조차 하지 않는다. 제3세계에서는 대부분의 사람들은 이미 자기를 위해 선택된 짝을 가지고 있다.

'남자'와 '자궁 달린 남자(womb-man)'를 포괄하는 보편적인 대명사를 만드는 것이 새로운 인류에게는 필요할 것이다. 영혼의 혁명은 축복이며, 목적을 위해 피를 흘리고 불행을 확산시키는 것과는 거리가 있다. 진정한 혁명의 단두대에서는 몸에 달린 머리를 자르기보다는 자유 연상과 조건화로 심리적인 상처들을 극복하게 될 것이다. 그것은 다른 사람들의 열망, 대비, 불행, 두려움을 깨는 것이다. 복이 없다고 생각하는 것은 반혁명적인 행동으로 강제노동 수용소에 보내지게 될 것이다.

각 개인들에게 독특하고 동일한 권리를 인정해 주는 것은 조지 워싱톤, 바쿠닌, 시몬 볼리바르, 또는 로널드 레이건도 결코 생각하지 못했던 혁명일 것이다. 물병자리 시대에 신의 섭리는 인간의 마음에 진정한 세뇌를 할 것이다. 국가를 숭배하는 고대적인 잔존물들을 제거해 낼 것이다. 마음이라는 거울을 통해 신들이 국가에게 부여하는 정치적 경건성은 흔적도 없이 사라지게 될 것이다. 교황, 교육자, 핵가족, 목사, 그리고 정치인들이 통제해 왔던 흔적들은 지워져 버릴 것이다.

그러한 형태의 세뇌가 미치는 긍정적인 효과는 예언되어 왔다.

인류 의식에서 다가오는 영적인 반란에 대한 예언은 공통적으로 나타나는 것이다. 그 실제적인 형태에 대해서는 미스터리이다. 예언자들과 신비가들은 유전적인 기원이나 심령의 변화에만 머무는 것이 아니라고 암시하고 있다.

새로운 사람, 호모 노부스는 하늘과 땅의 종합, 물질과 영혼의 통일과 같이 '서술적'이라기보다는 '예시적'이다. 그와 그녀는 모순적인 물병자리 시대에 있게 될 혼돈과 질서와 함께 나아가게 될 것이다. 그와 그녀는 과학자이자 신비가일 것이다.

1955년에 과학과 그 실제적인 성과물들이 미래의 인류를 가로막을 것이라고 설명하는 메허 바바에 대해 ≪리슨≫지, ≪휴머니티지≫의 편집자이자 해설자인 D. E. 스티븐은 썼다. 이 인도의 신비가는 그러한 사실을 은폐하기보다는 영성을 향상시켜야 한다고 보고 있다. 과학에서 옳고 그르다는 것은 올바른 사용의 문제이다. 또는 그의 말에 의하면 건강한 예술은 영성의 만개와 같이 과학이 적당히 조절된다면 영혼의 표현과 조화를 이룰 수 있다.

현대의 프랑스의 예언자 마리오 드 사바토는 노스트라다무스와 같이 1993년을 과거에 대한 영혼의 반란이 시작되는 해로 보았다. 이번 세기의 마지막 7년 안에 새로운 종교성이 개화되는 불꽃을 우리는 보게 될 뿐만 아니라 새로운 인류의 진화도 보게 될 것이다. 그래서 우리가 아는 바와 같이 인간성의 소멸이나 갑작스러운 핵폭발, 즉 무수한 충돌 때문에 인간성의 분열, 경쟁, 그리고 종교적인 황당무계한 이야기들이 나타나기 시작할 것이다.

죽음과 파괴에서 영광을 느끼는 구식의 인간들은 기독교에 의한 정복을 타당하다고 믿는 자들로, —이들 삶의 부정적인 생명체들은 '성동등성(huwomanity)'을 부정하는데— 즉 그들은 호모 모리엔스('죽음의 인간')이다. 그들은 단지 운명에 죽음을 당한다. 몇몇 예언자들은 생태학적으로 도입되건 정치적으로 도입되건 그것이 아마겟돈 전쟁에 필요한 대포알이라고 부른다.

독일의 여 예언자 레기나는 최면 상태에서 세계 전쟁들을 종식시킨 자와 종식된 자의 운명을 표현하면서 호모 모리엔스를 지적하여 단골 손님인 에드워드 시대의 유럽 귀족들을 즐겁게 만들었다. 그리스의 신비가 조르바와 같은 동정적인 관점의 G. I. 구제프는 호모 모리엔스를 새로운 인간성이라는 꽃을 피우기 위한 '과도적인 인간' 또는 밑거름으로 보고 있다. 자신들의 부정성, 비창조성, 자신들의 전통에 얽매인 검은 메탄 성분은 새로운 인간성의 맹아와 싹을 키우는 적당한 퇴비와 양질의 흙이 될 것이다.

  에드가 케이시는 만약 한 영혼이 영적인 발전의 일정한 수준에 이르지 못 하면, 해체되어 다시는 윤회하지 않는다고 강조했다. 특정한 영혼들은 생사의 바퀴를 초월하고, 다른 자들은 그 아래에 떨어지는 것처럼 보인다. 구제프의 통찰은 받아들이기가 더 힘들다. 그는 우리는 영혼을 가지고 있지 않다고 말한다. 다른 말로 하면, 대부분의 인간들은 호모 모리엔스 종에 속해 있고 죽음과 영혼의 해체가 유일한 운명이다. 그래서 우리의 유일한 희망은 영혼을 받을 권리를 획득하는 것이다. 구제프가 말한 바와 같이 행동의 매 순간에 '자아를 기억' 해야만 생각과 감정이 '영혼을 창조' 할 수 있다.

  인간성이라는 농토가 비옥하게 되고 씨가 뿌려진다고 해도 과거의 수많은 예언자들은 우리에게 예시를 해주고 있다. 1954년에 메허 바바는 명상과 사랑을 통해 확정적이고 창조적인 삶을 살게 될 새로운 세계 문화에 대해 예언했다. 그는 새로운 인간이 마음과 영혼 사이의 포괄적인 종합을 이루어 낼 것이라는 '통합적인 전망' 을 제시했다.

  30년 뒤에 살았던 오쇼는 역사상 가장 오래된 갈등인 남자와 여자 사이에 있는 문제를 해결할 만한 유토피아적인 종합을 예언했다.

  새로운 시대의 새로운 인간은 사랑의 방법도 새롭게 될 것이며 더 문명화되고 문화화될 것이다. …… 침실은 사원으로 바뀔 것이다. 지금 이것은 일종의 전장이 되어 버렸다. 물병자리 시대에 로맨스는 지옥에서 벌어지지 않을 것이며 재미있는 놀이로 될 것이다.

  19세기 미국의 예언자 데이비드 굿맨 크롤리는 미래의 지평 위로 떠오르는 호모 노부스의 사제들을 볼 수 있었고, 그들이 종교적 행위를 이끄는 방법을 알아낼 수 있었다.

기독교와 주요 종교들이 과학적인 지식과 양립할 수 없기 때문에 사람은 예술을 통해 자신의 감정적/영적인 열망을 만족시킬 수 있었다. 반 고흐의 열정적인 느낌을 담은, 꽃들에 대한 기도를 생각하면서 주일의 교회 예배는 해바라기 밭에서 개최될 것이다.

아마도 J. 크리쉬나무르티는 1929년에 호모 모리엔스라는 퇴비로부터 꽃을 피우기 위해 필요한 내용들을 명백하게 표현했다.

시작도 없고 끝도 없는 영원성을 발견하려는 사람들은 굳건하기 때문에 비본질적인 모든 것, 비실재, 그림자들에게 위협이 될 것이다. 그리고 그들은 진실을 이해하기 때문에 단결할 것이며, 불꽃이 될 것이다.

"진실은 길이 없는 땅"이라는 선언으로부터,

백여년 전에 블라바츠키 여사는 미국이 새로운 인류의 요람이 될 것을 보았다. 그녀가 미국 땅에 발을 들이기 전인 1800년 전 톨텍의 신비가 카테-살은 명상 속에서 예시적인 꿈으로 인도되었다. 그는 툴라의 지평선 (현재 멕시코의 테오티우아칸의 톨텍 유적들)을 보았는데, 먼 미래에 어떤 폐허가 호모 노부스에 의해 종교적인 도시로 풍요롭게 재건설되어 있었다.

하늘이 갈라지고 떠오르는 금빛 태양은 또 다른 툴라에서 아래로 비친다. 나는 계곡을 볼 수 있었지만, 내가 알지 못 하는 도시였다. 나는 상쾌한 지구를 벗어났다. 파괴의 시대는 더 이상 보이지 않았다. 무서운 전쟁의 시대는 지나갔다. 나는 대파국의 시대 너머를 보고 있었다. 미래의 시대를 통해 나와 함께 걷자. 틀라는 모든 영광 속에서 빛나지만, 금속은 알려져 있는 것이 아니다. 사랑스럽게 공원 길이 나 있었고, 거리가 포장되어 있고, 사원이 재건축되었다. 학자들을 위해 책들이 보관되어 있는 거대한 건물로 많은 사람들이 독서를 위해 오고 있다. 툴라는 문화의 거대한 중심이다. 아버지의 사원이 다시 빛난다. 오늘날과 같은 비문이 보이지만, 모든 사람들이 거리를 느끼지 않고 자연스럽게 읽을 수 있다. 미래의 거대 도시로 가라. 여기에 우리와는 다른 양식의 빌딩들이 있지만, 그들은 숨막히게 아름답다. 이곳 사람들은 우리가 알지 못하는 재료로 옷을 지어 입었고, 우리가 알지 못하는 방식으로 여행하지만, 이 모든 차이보다 더 중요한 것은 얼굴마다 피어오른 사랑스러운 표정들이다. 두려움과 고통의 그늘은 사라졌고, 사람들은 더 이상 희생되지 않고, 전쟁을 하기에는 이제 많이 성장했다. 그는 운명-학문의 황금기를 향해 완전히 성장하였다.

이것은 우리의 모습과는 거리가 있지만, 그렇게 만들고 행복하게 웃고 사는 것은 우리가 해야 할 것이다.

호모 모리엔스: 부정적인 삶의 인간
우리가 이번 세기의 마지막 10년에 가까워질수록 모든 사람들을 악용하려는 악한 존재와 만나게 될 것이다. ······그 까닭은 자신의 권력이 (지축의) 이동과 뉴 에이지에 의해 소멸되기 전에 지구를 통제하는 사악한 힘에 의해 시도되는 마지막 움직임이다.

루스 몽고메리의 지도령들(1986년), HRD

이제까지 파괴적인 시기를 주도해 온 아틀란티스인들(즉 대륙의 몰락에 책임이 있는 자들)은 의식적으로 아름다운 지구와 사람들을 손상시키기 위해 마지막 싸움을 벌이고 있다. 그들은 사악하고 장기간 동안 아무것도 배우지 않았다. 그들은 사멸하는 종이다.

루스 몽고메리의 지도령들(1986년), HRD

수세기 동안 살아오면서 노인은 생에 두려움을 갖고 죽음에 두려움을 갖지 않는다. 죽음을 그는 경배한다. 삶을 그는 포기한다. (GFutr)
그 노인은 기본적으로 위선을 배웠다. 그가 더 위선적일수록 더 존중되고 보답을 받는다. ······ 왜냐하면 그는 사회에 정착되어 있기 때문이다.(GrCh)
······ 노인은 죽을 운명이고 자살을 할 운명이다. 그가 평화롭게 죽게 하자.(DtoD)

오쇼(1987, 1985년)

슬기로운 길을 버리는 사람은 수명을 못 채우고 저승 사람이 된다.

잠언 21:16

지금 이 지구 위에는 내면적인 성장이 아니라 전 인류의 죽음에 자극을 받는 특별한 세대가 존재한다. 그리고 미래의 언젠가에 사람들은 말할 것이다. 도처에는 종족들이 살고 있었으며, 독일인, 영국인, 또는 프랑스인 등은 낡고 지속적인 법 때문에 무덤에 들어가 버렸다고. 그들은 자신의 영혼을 위해서도 무덤을 파고 있다. 영국인, 프랑스인, 또는 독일인, 또는 어느 나라에 살고 있든. 사람들은 모두 낡은 법에 의해 통합되어 있으며, 사람들을 지치게 만들고 죽음에 이르게 만든다. 태양은 다시 영광스러운 황금빛을 받으며, 무덤 위로 떠오른다. 새로운 세대는 새로운 시간과 인류사에 떠오를 것이다.

여 예언자 레기나(20세기 초)

레기나가 낡고 지속되는 법이라고 부른 것은 구식이 된 종교들과 화석화된 도덕성을 상징할 수도 있다. 그녀가 태양을 통해 상징하는 것은 '노인'의 죽음과 21세기 초에 있을 새로운 탄생을 말하는 것일 수도 있다. 1989년에 인도의 점성가 베잔 다루왈라는 유대교의 카발라에 등장하는 예언적인 수학을 사용하여 태양은 21세기를 상징하고 20세기를 나타내는 것은 아니라고 결론을 맺고 있다.

21이란 수는 21세기에 대해 카발라가 말한 것이다. 세계에 대한 세속적이고 영적인 지도력의 향상. 현세적인 번영 주기.
덜 떨어진 사람들의 진보(즉 호모 모리엔스). 예술, 과학, 상업에서의 재능의 적절한 사용. 평화의 힘. 행성의 지배자인 히브리 글 Schin. 태양으로 표현되는 빛나는 자.
독자들이여 이 말이 대심판의 날에 관한 것으로 들리는가? 아니면 우리가 맞게 될 가장 좋고, 가장 밝고, 가장 위대한 세기, 다른 말로 하면 지구 낙원의 안식처에 관한 것처럼 들리는가!

조르바 붓다

새로운 인간은 지구 주변에서 대기의 열을 증가시키고 있는 실험들을 중당할 것이다. 왜냐하면 우선 순위가 삶이고 실험이 아니기 때문이다. [그는] 죽음의 광선이 대기로 들어올 만한 구멍을 만들 수도 있는 로켓을 발사하지는 않을 것이다.

오쇼(1987년), RAZR

이 세기의 가장 전위적인 신비가들에 따르면, 사람들이 각성하지 못 하게 하는 가장 좋은 방법은 수도승적인 단절과 독신 생활을 하게 만드는 것이다. 동터 오르는 물병자리 시대의 영향에 대해 새로운 관점을 마련하기 위해서는 고타마 붓다의 삶을 재검토할 필요가 있다고 보는 구도자들이 많다. 영적인 계시들은 과거의 25세기 동안 수백만의 승려들이 물구나무서기 아사나(요가 자세)와 같이 열반에 대한 전도된 공식대로 살아왔다는 것을 지양해야 할 것이라고 지적한다.

불교의 민담에 따르면, 고타마가 탄생할 때에 어떤 점성가가 말하기를 그는 위대한 세계의 정복자가 되거나 위대한 성자가 될 것이라고 예언했다. 전사 계급의 왕이었던 그의 아버지는 아들을 동냥 그릇보다는 검을 들고 다니게 만들려고 했다. 그는 아들의 생활을 매우 사치스럽고 호색적으로 살게 만들었으며, 젊은 왕자가 세계를 포기하지 못 하게 만들었다. 고타마가 28세가 될 때까지 그는 서기전 5세기에 제공될 수 있는 모든 성적 유희와, 마약, 그리고 록큰롤을 즐겼다. 그는 탐미가를 능가하는 완전한 쾌락주의자, 호색가였다. 그러나 아버지의 계획은 역습을 당했다. 고타마는 드디어 허탈감을 느끼게 되었다.

불교를 현대적으로 개혁한 오쇼에 따르면, 포만감은 고타마가 세계를 포기하게 만든 주요 이유였으며, 그 때문에 그는 영적인 스승이 되었다. 이번 세기의 많은 신비주의자들처럼 오쇼는 동양과 서양의 종합, 정신과 물질의 종합, '조르바 붓다'라고 불리게 될 것이라고 예언하였으며, 새로운 인간, 새로운 남자들과 여자들이 도래할 것이라고 예언한다.

그에 따르면, 완전히 유물론적이거나 완전히 영적인 사람은 완전한 사람이 아니다. 세속적이고 쾌락주의적 사람은 '그리스인 조르바'라는 허구적인 캐릭터와 같다. 모든 육체, 완전히 소금과 같은 세계, 그러나 여기에는 영혼이 빠져 있다. 붓다 모두가 피안에 있고, 몸의 접촉을 상실했던 반면에. 만약 오쇼의 선견지명이 정확하다면, 다가오는 세기에는 다른 '습성'을 지닌 활발한 승려들이 많아지게 될 것이다. 그들은 염주를 돌리기보다는 행복한 삶의 바퀴를 굴리게 될 것이다. 웃음은 새로운 주문이 될 것이다. 미래의 붓다들은 열반의 구름 속에 머리를 박고, 섬세하고 아름답게 땅을 딛고 설 것이다.

신기한 새벽에
태양이 담긴 눈을 갖고 있는 아이들을 나는 보았다.
…… 세계의 육중한 장벽을 깨는 자
…… 불멸의 건축가들
…… 육신은 영혼의 빛에 의해 아름답게 되고,

마술적인 언어, 신비한 불을 갖고와
환희에 찬 디오니소스적인 잔을 가져온다.

스리 오로빈도(1946-1947년), SAVT

호모 노부스: 미래를 위한 유일한 희망

…… 지금도 새로운 종족들이 탄생할 준비를 하고 있으며, 미국에서 변형이 일어나게 될 것이다. …… 그들은 새로운 세계의 인류이다. ……그들의 임무와 카르마는 현재 우리가 알고 있는 그 누구보다도 훨씬 영광스러운 종족이며, 곧 다가올 위대한 자의 씨앗을 뿌리는 자들이다. 문제가 되는 주기들은 영성과 마음의 완전한 개발에 의해 성공이 이루어질 것이다.

블라바츠키 부인(1888년), SCDOC III

새로운 세계는 탄생했다. 현재 우리는 두 가지가 어우러진 과도기에 존재하고 있다. 낡은 세계는 의식을 강력하고 지속적으로 지배하고 있지만, 새로운 것이 조용히 나타나고 있고 …… 영원히 나타나지 않을 것처럼 잘 관찰이 되지 않는다. …… 그리고 눈에 띄게 될 때까지 그것은 계속 성장할 것이다.

마더(1931년), CONV

현재 인류는 새로운 단계에 놓여 있다. 그 신기함과 독특성은 숨어 있다. 맨 꼭대기에는 인간의 현재와 미래에서 전개되는 여러 변화들이 들끓고 있는 가마솥이 있으며, 세계의 계획은 인간을 넘어서 있다.

아디 다 산토샤(1978년), BDY

〔새로운 종족〕은 조용히 나타나게 될 것이다. …… 독특한 남자와 여자로 자라게 될 특이한 아이들-이들은 처음에는 육체적으로나 정신적으로 비정상적으로 생각될 것이다. 그들이 증가하면 증가할수록, 그리고 그들이 나이가 먹어가면 갈수록 사람들이 깨어나게 되고, 결국 그들이 다수가 되어 있는 모습을 발견할 것이다. 그러면 현재의 인간들은 문명화된 땅에서 사라질 때까지 혼혈종으로 생각될 것이다.

블라바츠키 여사1888년), ScDoc III

오늘날 인류에게 가장 필요한 것은 과거에 기만 속에 있었다는 것을 깨닫는 것이다. 과거—이는 살해될 것이다—를 지속하는 것은 중요하지 않으며, 새로운 인류가 긴급하게 필요하다는 것을 깨닫는 것이다. 그리고 새로운 인류는 낡은 의미에서 개인이 사회의 일부에 불과한 존재로 생각하지 않을 것이다.

새로운 인류는 개인의 모임일 것이다. 그곳에서는 개인들이 주인이고, 사회는 그들을 위해 봉사하게 된다. 거기에는 여러 가지 다른 측면들이 있을 것이다. 그들에게는 여러 종교가 필요하지 않을 것이며, 종교성만을 갖게 될 것이다. 그들에게는 전제적 신을 창조자로 생각하지 않을 것이다. 왜냐하면 그것은 사람을 노예로 만드는 제도를 의미하는 것이기 때문이다. 그들은 신성을 궁극의 성취-깨달음의 특성이라고 생각할 것이다. 신은 도처, 모든 것과 모든 존재에 퍼져 있다는 것을 깨닫게 될 것이다.

개인은 프로그램화되지 않을 것이다. 그는 스스로에게 도움을 받을 것이다. 그는 어떤 이상, 훈육, 어떤 특정한 양식을 취하지 않을 것이다. 그는 모든 것을 희생할 정도로—자신의 삶 자체도—자유를 대단히 사랑할 것이지만, 자유를 결코 희생하려고 하지는 않을 것이다. 새로운 개인은 억압되지 않을 것이다. 그는 자연적이며, 억압받지 않고 그가 가지고 있는 모든 것을 표현하게 될 것이다. 식물들이 자신을 다른 색으로, 다른 향기로 표현하는 것처럼 각 개인들은 동일한 일을 할 것이다.

새로운 개인들은 모든 인간 존재가 동등하다는 잘못된 생각을 하지 않을 것이다. 그들은 독특하다. 이것은 동등성보다 훨씬 더 우수한 개념이다. 비록 새로운 개인들이 동등하지 않을지라도 그들은 자신들의 가능성이 무엇이든 이것을 향해 성장할 수 있는 기회가 동등하게 주어질 것이다.

결혼 제도는 없어질 것이다. 사랑이 법칙이 될 뿐이다. 아이들은 공동체의 한 부분을 이루게 될 것이고, 공동체만이 누가 어머니가 될 자격이 있고, 누가 아버지가 될 자격이 있는지를 결정할 것이다. 그것은 임의적이고 우연적일 수는 없다. 이것은 세계의 필요에 따르게 될 것이다.

새로운 인류는 자연을 정복할 수 없는 존재라는 것을 깨달으며 생활하고, 사랑에 기초한 생태학을 마련하게 될 것이다. 우리는 그 일부이다. 인류는 어떻게 그것을 마련할 수 있을까? 그것은 국가간 인종과 계급간에 차별을 만들지 않을 것이다. 어떤 국가도 존재하지 않을 것이다. 단지 여러 기능들을 담당하는 세계 정부만을 갖게 될 것이다.

새로운 인간이 절대적으로 필요하다. 낡은 것은 죽거나 죽어가고 있다. …… 더 오래 생존할 수 없다. 만약 우리가 새로운 인류를 탄생시킬 수 없다면, 인류는 지구에서 사라지게 될 것이다.

오쇼(1986년), PSYC

희망을 갖고 있지만, 나는 여전히 전 지구적인 죽음을 맞게 될 것이라는 위험이 인류를 깨우는 충격이 될 것으로 생각한다. 만약 인류가 다음 세기에도 생존할 수 있다면, 그들은 새로운 인간들일 것이며 새로운 인간성을 지니고 있을 것이다. 한 가지는 분명하다. 사람은 죽게 되거나 변화해야만 한다. 나는 사람이 죽음을 선택할 것이라고 생각할 수는 없다. 생명을 희망하는 것은 매우 위대하다. …… 지구가 죽어가고 있다-나무, 인간, 새들, 동물들 …… 이들에게는 거대한 위기이다. …… 그리고 만약 3차 세계대전이 발발하지 않는다면, 그것은 위대한 변화를 의미할 것이며, 인간 의식 상의 거대한 변화를 의미한다. 우리는 새로운 인간의 탄생을 볼 것이다.

오쇼(1987년), NEWD

그러나 모든 것이 상실된 것처럼 보이는 지금, 기적적으로 새로운 새벽은 왔다. 태양은 다시 밝게 빛난다. ……지구는 바다에서 두 번째 떠올라 녹색의 초원과 삼림으로 덮여 있는 모습을 보인다. 아침 대기를 통해 낙수물 소리가 충만하게 퍼져나가게 될 것이다.

(이것은 다음 세기의 지구 온난화가 감소된 뒤에 보이는 바다에 대한 언급일 수도 있으며, 2000~2012년경의 지축 이동 뒤에 일어날 홍수가 끝난 상태를 지시할지도 모른다.)

이 새로운 지구에서 악은 끝나고 모든 질병은 끝났다. …… 새로운 종족에 속해 있는 성원들은 순수하고 오점이 없어질 것이다. 그들이 두 번째 아침에 서로 나누게 되는 음식은 꿀이며, 이들의 아이들은 지구 곳곳으로 퍼지게 될 것이다.

(이것은 시간의 새로운 흐름에 대해 약간 희망적으로 언급한 것이다. 시간은 노인과 케케묵은 방식을 종결지을 것이지만, 인류는 그러하지 않다.)

고대 노르웨이의 예언인 라그나록으로부터

…… 모든 국가들은 믿음으로 하나가 될 것이며, 모든 사람들은 형제가 될 것이다. 사람의 아들 간의 사랑과 통합은 강화될 것이다. 종교의 다양성은 소멸될 것이며, 인종의 차이는 소멸될 것이다.

바하올라(1890년)

명상: 정신병원 지구의 치유력

외부적으로 변화하는 세계를 보고, 내부의 생각과 감정의 움직임을 살펴보면, 나는 변화하지 않는 존재에 대해 더 많은 인식을 갖게 된다. 그것이 무엇인지 말로 정의하는 것은 불가능하지만, 그러나 나는 그것이 동일한 실재라는 것을 알고 있다. 그것은 모든 곳에 있기도 하고, 갑자기 어디에도 존재하지 않는다. 내가 생각하거나 느끼고 있는 어떤 것도 그와 관련을 가질 수 있는 것은 없고, 그것은 존재하지 않을 정도로 매우 조용하며, 때때로 너무나 생동적이어서 참기가 어려울 정도로 치밀하다.

나는 이 존재를 처음에 어릴 때 만난 것으로 기억한다. 그래서 나는 자라나면서 이에 대한 느낌을 상실했다. 상실은 성장 과정에서 점진적으로 이루어졌다. 나는 그것을 '벽을 쌓는 것'으로서 경험했다. 어릴 때 살아 있는 것에 대해 느끼는 무구하고 알 수 없는 경이에 대한 무제한적인 느낌 주변에 점차 핑크 플로이드색 벽돌들이 쌓여 갔다. 나는 여러 가지 생각을 담아 두는 것을 배웠고, 기대감을 갖는 법을 배웠다. 간단히 말해 나는 성인의 행동을 수용하기 시작했다. 나는 삶이 주는 아름다움이 우선 순위에서 점점 더 후순위 쪽으로 놓게 되는 세계에서 사는 법을 배웠다. 나는 차, 돈, 체면치레, 그리고 다른 사람들을 얼마나 동원할 수 있는가를 근원적인 가치로 평가하는 문화에서 생존하는 법을 배웠다. 나는 질서정연한 세상으로 나왔으며, 나는 소비품으로서 세상을 떠나게 되는 것이었을는지도 모른다.

너무 많은 것을 갖게되자, 나는 신경질이 날 정도로 밀고 가버렸다. 내가 상실했던 것, 즉 나 자신을 상실했다는 것을 재발견할 것이냐, 또는 나 자신을 잃어버릴 것이냐 단지 두 가지 대안만이 있었다. 판단, 변증법, 언어로 다시 자아를 발견하려는, 이 내면의 여행에 대해 어떻게 말할 수 있겠는가?

만약 말이라는 베일을 넘어 사람들에게 인사를 하려면, 우리는 명상이라고 하는 미스터리를 공유할 수 있을는지도 모를 것이다. 나는 이에 대해 말로 표현하지 않을 것이다. 나는 이것을 노래로 들려 주고, 춤으로 보여 주리라. 우리는 명상 상태에 빠질 것이며, '고요한' 명상에 들 것이다. 우리의 경전은 재미있는 웃음이다. 나는 말을 사용하지 않을 것이다. 그러나 이 책은 분명히 책인 것만은 분명하고 무엇보다 지금은 칼리 유가이다. 깊은 진리를 표현하기 위해 적절한 매체를 사용하는 시대이다.

그러므로 프린트된 이 암흑 속을 비틀거리며 나가 보자.

나는 아직 내가 '누구' 인지 알지 못하지만, 명상은 나에게 내가 '어떤지' 를 알게 해준다.

나의 행복, 슬픔, 사랑 그리고 증오에 대한 이해를 통해, 내부에서 일어나는 그들의 부침을 관조한다. 명상은 내가 생각과 감정이 일으키는 운동을 보게 해준다. 나는 스트레스, 고통, 그리고 부정에 머물고 있는 참여자가 아니라 관객이다. 명상을 통해 나는 모든 불행의 근원을 발견할 수 있게 되었다. 변화의 두려움, 그리고 그 뒤에 숨어 있는 것, 궁극적인 두려움 죽음의 두려움. 명상은 불행과 두려움의 메카니즘을 관찰하게 해주었다.

확신에 대한 수피교도의 비유가 있다. 불행이 우리를 찾아 오는 것이 아니라, 우리가 무의식적으로 그것을 불러내어 기둥을 팔로 감싸는 것과 같이 그것을 맞아들인다. 이것을 꽉 잡으면 잡을수록 '아, 내가 이 불행과 고통에서 벗어날 수만 있다면!' 이라고 소리지른다.

이러한 오해는 우리가 선택한 것이다. 미국의 신비가 아디 다 산토샤가 말한 바와 같이 우리는 불행 '하며', 우리는 고대 '한다'. 지옥은 어디에도 없지만, 우리는 그것을 '한다'.

우리는 예언에 대해 잘 아는 것처럼 행동 '한다'. 우리는 매우 예언적이기 때문에, 예언이 유효해지게 만든다. 시간과 무의식이라는 순환에 빠져서, 예언자들이 대심판의 날에 대해 예언하는 것을 용이하게 하는 행동을 계속해서 반복해 왔다.

우리가 지금 서 있는 교차로에는 운명적인 대심판을 '받지' 않도록 모든 차원들에서 영적인 반란을 요구하고 있다. 우리가 살고 있는 세기말의 여러 해 동안, 소수의 사람들은 어느 정도 거리를 두고 사람들이 어떻게 움직이는가를 살펴볼 필요가 있다. 어떻게 우리가 자궁으로부터 나왔는지, 그리고 그로부터 완전히 결별되었다는 생각이 주입되기 위해 출생 중에 어떻게 프로그램화되었는지를 전체적으로 인식할 필요가 있다. 프로그램화된 불행과 예언되어 있는 고대적인 주기에 대항할 때에만 그것은 깨질 수 있다. 어떤 고정적인 미래도 천 년 뒤에는 확실히 예언될 수 없다는 희망적인 생각을 하고 있다. 왜냐하면 인류는 이를 변경시킬 수 있다고 믿기 때문이다.

영적인 반란은 소수에게만 일어날 것이다. 우리는 뉴 에이지를 원하고 현실을 한탄하면서, 대부분은 우리의 불행에 집착하고 기둥을 꽉 잡고 있는 순수한 계시에 직면하고 있다는 것을 회피하고 있다. 이번 십 년 간에 수십억의 사람들은 불운과 두려움이 그들이 갖고 있는 모든 것이라는 사실을 발견할 것이다. 그러나 대부분의 사람들과는 달리, 영적인 반란자들은 자신들을 가두고 있는 감옥을 깨고 나올 것이며 새로운 인류는 낡은 파편으로부터 나타나게 될 것이다.

영적인 반란자들은 현재의 종교적인 사고에 집착하여 종말을 고하게 될 분파들에게 영합하지 않을 것이다. 그들은 내세가 전혀 없으며, 이번이 마지막 삶이라고 생각하며 살 것이다. 그들은 신이라는 간수로부터 탈출할 것이다. 그리고 그들은 민족적 정체성의 속박으로부터 벗어나 세계 시민이 될 것이다.

명상은 인류를 속박하고 있는 모든 환상을 벗어나게 하는 수단이다. 그것은 여러 세기 동안 많은 예언자들이 우리 행성이 직면하게 될 충돌을 회피하게 하는 유일한 희망이다. 만약 우리가 이번 십 년의 끝에 있는 가장자리를 넘어 가지 못한다면, 진실에 대한 모든 오해와 왜곡은 우리를 낭떠러지로 밀어버릴 것이다.

이것은 새로운 종, 호모 노부스가 출현하는 것을 의심하게 하고, 두렵게 만든다. 이 사람들은 목사나 정치가들이 조정할 수는 없다. 그들은 행복을 위해 기도하지 않고 바로 지금 행복하다. 자살하려는 세계의 한가운데에서 이들의 생활 방식은 죽어가는 자들에게 사회가 생존하려면 진실에 직면해야 하고, 초월해야만 한다는 것을 보여 주고 있다.

영적인 반란자들은 새로운 황금기의 영혼과 정신이다. 그리고 명상은 그들의 새로운 과학이다.

내가 명상과 영적인 반란에 이르게 된 계기는 이웃에 있는 새로운 학교로 전학했던 7세 때 있었던 불쾌한 경험에서 비롯되었다.

나는 2학년 때 내 짝이었던 작은 소녀를 사랑하게 되었다. 그녀가 학급에서 다른 자리로 옮겨 갔을 때, 나는 마음에 상처를 받았다. 내가 당시에(그리고 지금도) 알고 있던 성인들처럼 선생님은 권력의 허울 뒤에 두려움을 숨기고 싶어했다. 선생님에게 가지고 있는 두려움만큼 선생님은 더 위대해 보였다. 내가 근심하고 있는 것이 무엇인지 선생님이 알려고 했을 때, 나는 한마디도 하지 않았다. 나는 고통스러워, 손으로 얼굴을 감싸고 훌쩍였다. 아이들과 선생님에게 내 감정이 적나라하게 드러나버렸고 적대적인 비웃음이 즉각 파동쳐 밀려 왔다. 그 뒤 수주 동안 나는 혐오감과 두려움을 갖게 되었고 친구들로부터 '물건' 취급을 받게 되었다.

제3차 세계대전에 대비하여 핵공습 훈련을 할 때였다.(쿠바의 미사일 위기 뒤에 수년간 일상화 되었던 것처럼) 내가 어두운 교실 안에서 더듬더듬 내 자리를 향해 가는 도중에 '머리를 박고 있던' 키가 가장 큰 아이에게 걸려 넘어지게 되었다. 그는 즉각 내 배를 강타하였다. 너무나 아파서 눈물을 흘리면서, 그가 왜 나를 때렸는지 물었다. 여전히 어렸고 적당히 가면을 쓰고 거짓된 표정을 짓는 성인이 아니었기 때문에, 그는 이러한 물음을 던지자 충격을 받았다.

"나도 몰라!" 그는 당황하여 눈을 깜빡였다. "아빠가 말했던 거야. 맞으면, 때려 주라고."

그 사건은 나에게 프로그램화된 최초의 교훈이었다.

사태는 더 나빠졌다. 그와 친한 아이들이 공놀이, 돌놀이를 하고 있는 놀이터에서 나를 쫓아왔다. 나는 도망가다가 근처에 흐르는 배수구에 엉덩이를 처박았다. 내가 그곳을 빠져나왔을 때, 나는 사람들이 정상적이 아니거나 사랑하지 않는 현실에 직면해야 했다. 사람들은 단지 그런 것처럼 가장할 뿐이다. 아이들은 나를 잊어 버렸고 철봉과 모래밭으로 되돌아 가고 있었지만, 나는 비통한 심정을 잊지 못했다. 나는 사람들로부터 격리되었다는 감정을 받았기 때문이었다. 나는 홀로 되었다는 것을 알게 되었다.

그러나 어떠한 씁쓸한 경험도 위안이 될 수 없다. 어떤 움푹들어간 곳에 엎드려 뾰족한 잔디에 뺨을 묻었다. 눈을 크게 뜨고 하늘에서 조용히 춤추는 구름을 응시하며, 자연이 나를 거절하지 않았다-할 수도 없다-는 것을 깨닫게 되었다. 하늘은 친구 이상이었고, 나의 연인이었다. 외로움을 깨닫게 되자 자연은 그것을 받아주었다. 그것뿐이었다.

그 뒤에 나는 자연에 두려움을 갖지 않게 되었지만, 무지했다. 자연 상태와 대파국에 대한 어떠한 추측도 하지 않았다. 이들을 판단하는 자는 자아에서 분리된 비자연적인 사람이다. 동물, 지구, 그리고 식물들에게는 흐르는 삶, 죽음, 폭력, 그리고 평화가 있다. 그들은 우리처럼 판단을 하거나 분리된 느낌을 갖지 않는다. 장미나무는 연꽃과 비교하지 않으며 살인을 자행하지 않는다. 사실, 인간을 제외한 어떤 동물도 살인을 하거나 자기 종족을 살해하지 않는다. 우리는 소란한 분리 속으로 마음과 심장을 던진다. 이러한 분리는 다른 사람들과 세계에 대한 모든 관계에 투사하게 된다. 우리가 점점 더 동료들과 행성으로부터 분리되어 갈수록 우리는 개인적이고, 행성적인 죽음에 더 가깝게 이끌리게 만드는 조건을 만든다.

개인적인 파국에 대한 경험들은 사람들이 무시무시한 탐욕 때문에 자연을 억누르고, 지구 생태계를 파괴하지 못하게 만든다. 새롭고 부드러운 의식은 종종 한마디 말도 없게 만들었다. 그런 행동을 몇 년 뒤에 돌이켜 보게 되었을 때, 나는 공동적인 사회생활을 하려는 노력을 포기하고 있었다. 그것이 내가 오페라에서 성공하지 못했던 이유이고, 사람들의 예측과 기대에 부합되지 못 했던 이유이다.

나는 어린 마음에 진정으로 자연적이고 영적인 사람은 저 하늘처럼 조용하고 저 소용돌이치는 구름과 같이 활기차고 내 뺨에 밀착되어 있는 잔디와 같이 지혜의 향기가 풍성할 것이라고 생각했다. 잔디와 같이 자연적인 인간은 다른 자들을 지배하거나 자신의 향기를 억지로 다른 사람에게 보내지 않고 그것을 담을 수도 없을 것이다.

무서울 정도로 거부하면서, 자연은 나에게 진정한 호모 노부스인에 대한 냄새를 맡는 방법을 보여 주었다. 인류의 기름진 옥토에 심어진 꽃들은 자연의 양극적 보완성 즉 파괴와 창조에 직면하여 자연의 침묵과 평정성을 이룰 것이다. 나는 본능적으로 웃음 짓는 새로운 인류들을 알아볼 수 있게 될 것이며, 자신의 눈에서 불현듯 어린 시절을 의식적으로 인식하게 될 것이다. 나는 사람들의 평화로운 삶은 명예, 불명예, 빈부, 생사에 의해 방해되지 않을 것이라는 것을 알 것이다. 그들은 내적으로 축복받은 자들일 것이며, 세간에서 욕하고 방해하지만, 침묵 때문에 생이 변덕을 부리거나, 어떤 외적인 방해에도 영향을 받지 않는 내면적인 축복을 누리게 될 것이다. 그리고 드문 경우 슬픔이 문 밖에 찾아 오면, 사람들은 슬픔이 떠나갈 때까지 그것에 탐닉하기보다는 그것을 관찰하려고 할 것이다.

나는 그러한 남자와 여자들을 찾아 지난 16년 동안 세계를 여행하였다. 나는 그들을 발견했다. 그들은 내 기준에 따르면 비자연적이다. 그들은 또한 나에게-자신의 독특한 방식으로-명상, 자기 관찰의 과학이 비정상성을 치유할 수 있는 유일한 약이라는 것을 나에게 보여 주었다.

나는 사람들이 믿어 주기를 바라지 않는다. 사실, 나는 내 주장에 대해 사람들이 믿어 주는 것보다는 자신에 대한 진지한 탐구를 하기를 바란다.

나는 지금도 진행되고 있는 자아의 대파국 과정에 만족한다. 나는 진정한 호모 노부스들을 만났고, 그들은 명상이라는 향기를 내고 있었다.

'명상(meditation)'과 '약(medicine)'이라는 말은 동일한 뿌리를 갖고 있다. 하나는 몸을 고치고 다른 것은 영혼을 고친다. 만약 우리가 서양적으로 본다면, '명상'과 '기계(mechanic)'라는 말도 동일한 뿌리를 가지고 있다. 당신이 만약 전동 장치가 달려 있지 않은, 완전히 정신적, 감정적 엔진을 볼 수 있다면, 또한 그것이 정확하고 뛰어난 '기계'라고 한다면 '엔진'을 고치는 방법도 알게 될 것이다. 그것은 삶의 길을 방해하기 보다는 자신을 위해 작동할 것이다.

나는 명상을 할 때면, 오페라 가수로 성공을 하지 못 하고, 밀려난 대파국에 대해 고마운 마음이 든다. 내 허약한 '신경이 강화' 되기 9개월 전에 스트레스를 풀고, 심신을 개선하는 방법으로 명상에 관심을 갖게 되었다. 그러나 곧 명상은 긍정적인 사고를 훈련하거나, 사랑을 새롭게 하거나, 돈과 건강을 회복하기 위한 창조적인 가시화 훈련 이상이라는 것을 알게 되었다. 하루에 20분 동안 호흡을 관조하는 것은 외적인 관심에 초점을 두었던 것을 바꾸어 놓았다. 이 전환은 심박수를 줄이는 것 이상이었고, 이제까지 출세지향적 직업 때문에 생긴 고혈압을 억제해 주는 것 이상이었다. 아무도 듣는 사람이 없어도 나뭇잎은 떨어지고, 돌보아 주는 사람이 아무도 없어도 꽃은 자라고, 느끼는 사람이 없어도 감정이 흐르는 것을 보고, 나는 어린 시절의 영원한 시간을 기억하게 되었다. 삶의 불명확한 흐름 속에 있으면서 나는 모순 속에서 기쁨을 발견했다.

나는 삶이 다시 시가 되는 순간을 발견했다.

내가 앉아 있는 곳으로 침묵의 뿌리가 땅을 부드럽게 빨아들이면서 땅속 깊이 뻗어 있다. 그리고 눈을 감으면 하늘이 깊은 침묵 속에서 노니는 모습이 보였다.

명상은 번뜩이는 영원성으로 나의 '껍데기'를 씻어 주었다. 호흡을 살피는 간단한 참선을 몇 달간 훈련한 뒤에 나는 기쁨을 주고 재생시켜 주는 이 훈련을 왜 진작 받지 않았던가를 후회했다. 그 뒤 새로운 인식이 내 깊은 무의식에까지 이르러, 환상에 한 조각의 빛을 던지는 순간이 왔다.

'그것'은 어떤 순간에도 일어날 수 있다. 특히 숨을 관조하고, 고요를 유지하면서, 기다려라. 내면의 여행들은 실존적인 스위치를 잘못 건드려 개인의 이드(id)가 켜져 홈드라마적인 광경들이 보일 수도 있다. 진공은 진공을 채우고 마음의 소리를 틈새를 통해 내보낸다. 그것은 일시에 모든 거짓말을 보관하고 있는 미끄럼식 빗장을 푸는 진리의 대파국을 맞게 한다. 그것은 밤도둑처럼 스텔스기처럼 조용하고 완고한 에고의 벼랑을 파내는 것이다.

이들을 옹호하지 않는 순간 나는 투명하게 되었다. 그리고 '보호 장치'인 개성은 순간적으로 변했지만, 나는 공(空)의 지속을 완전히 잊을 수 없었고, 드넓은 침묵의 하늘을 잊을 수가 없었다.

나에게는 이것이 명상의 입구였으며 지금도 그렇다. 그것은 기쁨을 동반하는 죽음과 같다. 자아를 관찰하는 명상 기법들은 공허한 꿈을 통해 질주하는 바람이라기보다는 '내 것'을 소유하기 위한 것 이상이 아니었다.

명상을 통한 최초의 투시에서 나는, '존 호그'라는 존재가 여러 사람들에 의해 만들어진 허구이고 나 자신이 아니라는 것을 알게 되었다. 이름, 종교, 국가, 그리고 마지막으로 개성은 벽돌과 같이 건축되어 왔고, 어머니와 아버지가 세상에 나오게 해주었던 진짜 존재를 가둬 놓고 있었다. 처음에 라벨이 달린 벽돌들은 부드럽고 유연한 진흙으로 이루어져, 아이들이 깨기 쉽지만, 7세에서 14세 나이가 되면, 그 벽돌들은 단단한 돌로 되어버린다. 나는 그 뒤에 자신의 기념비가 되었다. 아이는 젖꼭지를 잡는 만큼 탐욕적으로 벽돌에 붙어 있는 라벨에 집착했다. 그 밖에 무엇을 할 수 있었을까? 아이들에게는 어른이 필요했고 어른들은 거짓과 제한적인 삶으로 아이를 데려갔다는 것을 느꼈다. 침묵하고 있던 어린이는 배운 것에 저항하지 않고, 신, 하늘, 그리고 지옥 등 사회의 학식 있는 위선들—현실성이 없는 목사들—에 잘 속는 젊은이가 되었다.

그 젊은이는 감정적이고 심리적인 면에서 성인이라는 감옥에 갇히게 되었다. 21세에 맛본 명상은 나에게 내면의 '붓다'가 왜소화되어 버렸다는 것을 보게 만들었다. 깨달은 사람은 '단 한번에 깨닫게' 된다. 그러나 나에게는 두려움이 그의 나쁜 친구, 부정, 지침이 되었다.

주술사들의 경우에서처럼 명상은 냉혹한 것이 될 수도 있다. 처음에 그것은 질병이 치료되기보다는 나쁜 고통을 줄 수 있다. 암 환자들은 가능성 있는 치료법이면 무엇이든 매달리려고 하지만, 생명을 위한 선택을 하려면, 고통스러운 화학 요법이나 방사능 요법은 피해야 할 것이다.

오페라를 포기한 뒤에 나는 위험을 찾기 시작했다. 나는 아이들이 묻지만, 성인들은 회피해 버린 질문들을 다시 묻기 시작했다. 본질적인 의문이 있다. 왜 나는 불행한가? 왜 나는 두려워 하나? 나는 누구인가?

처음에 나는 염력을 높이는 뉴 에이지 명상을 시도해 보았다. 4년 뒤에 나는 오라(aura)를 볼 수 있었고, 마음을 읽을 수 있었다. 그러나 여전히 나의 본질을 알아낼 수는 없었다. 유체 이탈 여행을 하는 동안 나는 매력적인 경험들을 많이 했지만, 아스트랄 계 안팎에서 나에게 활기를 주고 있던 '존재'를 명확히 알지는 못했다. 누가 오라를 보고 있는가? 누가 차크라들을 열고 있는가? 누가 마음을 읽고 있는가? 누가 미래를 보고 있는가?

내가 커피 잔을 보고 있든 과거와 미래의 삶을 보든 이들 경험이 어떻게 나에게 가능할 수 있는가? 무엇보다 누가 보호자인가?

이러한 좌절감이 요가와 비파사나—생각과 감정의 '그러함'(如如)을 좌선하는 불교의 기법—와 같은 동양의 고전적인 많은 명상 기법을 탐구하는, 영적인 구도로부터 멀어지게 만들었다. 나는 또한 다음 세기의 언젠가 서양에서 새롭고 근본적으로 싹틀 동양적 명상 기법에 대한 직접적인 경험을 했다.

지난 10년 이상, 나는 많은 협잡꾼들과 소수의 진정한 스승들을 만났다고 생각한다. 이들 영적인 탐구, 명상 요법의 동료와 선생들은 여기에서 자세히 설명할 수 없을 정도로 많다. 자세한 설명은 앞으로 나오게 될 책들에서 계속될 것이다.

≪밀레니엄의 대예언≫에서 나는 단지 이번 세기의 후반부에 도입되기 시작한 명상에 대해 근본적으로 새로운 사고들 몇 가지만을 다룰 것이다. 예를 들면 뭄바이(봄베이) 시의 미로로부터 백 킬로 정도에 있는 인도의 푸나 마을을 방문해 보면, 당신은 그 실례들을 접할 수 있을 것이다. 가장 위대한 고대의 중심지를 이룬 마을에서 살게 되면, 인도의 가장 중요한 20세기 신비가들 중 하나인 메허 바바의 출생지가 현재 국제 오쇼 공동체라고 불리는 아쉬람(영적인 캠퍼스)이다.

새로운 인류의 탄생에 도움이 되고자, 고 오쇼의 제자들은 스승이 제시한 전망을 집단 명상 모임에서 실현하려고 했다. 그것은 68에이커의 휴양소로 아늑한 마당, 검은 현무암, 그리고 신기한 건물들과 피라미드들이 있으며, 소란한 제3세계 도시의 너저분함과는 신기하게 대조적이다.

내가 처음 입문한 때는 1980년인데 성적인 가르침으로 악명 높은 스승 바그완 쉬리 라즈니쉬의 푸나 아쉬람으로 알려져 있던 때로 많은 변화가 이루어지고 있었다. 나는 오레곤 주의 라즈니쉬 란취에서 장기간 체류하기 전에 2년 간을 거기에 있었다. 그 뒤에는 미래의 생활에 대한 사회적인 실험을 해 볼 기회를 제공하기 위해 푸나 아쉬람은 인간 잠재력 성장 운동에 참여하고 있던 선구자들에게 생활의 재미를 제공했다.

노스트라다무스의 예언에 대한 3부작 중 첫째권인— 둘째와 셋째권은 ≪노스트라다무스: 새로운 계시들≫(1994년)과 ≪노스트라다무스: 완전한 예언들≫(1997년)—≪노스트라다무스와 천년기≫(1987년)에서 나는 인간 잠재력 성장 운동으로 알려진 지난 50년 동안의 요법과 명상의 연관성에 대한 노스트라다무스의 예언을 검토했다. 노스트라다무스는 이 운동을 내일의 영적인 반란의 원류로 못박고 있었다. 나는 이 모든 관련된 예언이 무엇에 관한 것인가를 알기 위해 노력했다. 솔직히 말해 나도 내가 한 것에 충격을 받았다. 나는 이들 새로운 운동과 익숙해질 때까지 비명을 지르고 베개를 치고, 또는 진정한 영적인 길에 들어가기 위한 치료 그룹에서 성적 관심을 공개시키지 못하고 있다는 것을 알았다. 내가 처음 아쉬람에 대해 들었을 때, 나는 그들이 카타르시스적인 동적인 명상을 훈련한다는 말을 들었다. 처음에는 혼란한 명상(Chaotic Meditation)처럼 불렸다. 뒤에 그 이름은 동적 명상(Dynamic Meditation)이라고 바뀌었다. 나는 처음에 그것이 무언지 알아보려고 했다.

우리 현대인, 특히 서구화된 사람들은 이제까지 존재해 왔던 사람들 중에서 가장 무료하고 신경질적이라고 오쇼는 주장하여 명상계에서 유명한 논쟁을 유도하기도 했다. 상당히 강도 높은 훈련으로 우리는 몸을 자유롭게 움직일 수는 있지만, 우리의 마음을 평화롭게 할 수는 없다. 비파사나, 요가, 그리고 동양에서 온 나머지 112개의 모든 기술들은 좀더 단순하고 복잡하지 않은 시대에 살던 단순한 사람들을 위해서 만들어진 것이다.

현대인의 행복한 얼굴 마스크 뒤에 꽉 찬 스트레스, 화, 그리고 억압은 좌선하기 전에 창조적으로, 편안한 상태에서 표현되어야만 한다. 매일 전세계인 모두가 명상 훈련을 한다면, 주기적으로 전세계적인 학살이 벌어지는 대신에 모든 두려움을 집단적으로 배출할 수 있는, 즉 내가 정화할 의지를 가질 수 있도록 될 것이라고 오쇼는 주장했다.

명상은 5부분으로 나뉘어져 있고, 뉴 에이지 음악가인 도이터는 특히 뉴 에이지적인 방법의 수행을 이끌었다. 10분간 지속되는 첫 번째 부분에는 코를 통해 빠르고 깊이 숨을 쉰다. 이것은 억압된 감정을 풀 수 있게 에너지를 모아 줄 것이다. 그 뒤 두 번째 단계에서는 거칠게 음악이 변화한다. 두 번째 10분 동안 정화를 수행한다. 상태가 어떻든 웃음, 분노, 횡설수설, 두려움, 분노, 광기 등의 감정을 발산한다. 춤을 추고, 흔들고, 비명을 지르고 노래할 수 있지만, 절대로 홀에 있는 다른 사람들을 해쳐서는 안된다. 세번째 단계는 10분간 천국과 지옥의 춤을 춘다. 머리 위로 팔을 뻗고 여러 감정을 느끼며(또는 계속했던 정화를 중단하고) 파동치는 신서사이저와 드럼에 맞춰 뛴다. 발이 땅에 닿을 때마다 모두 하나같이 "야!"라고 기합을 외치는데, 이는 생사를 의미하는 것이다. 이것은 성적인 중심에서 에너지를 몸의 나머지 부분으로 보내기 위한 수피즘에서 개발한 기술이다.

마지막에 뛰면서 "야!" 할 때 오쇼의 음성이 녹음기를 통해 "정지!"

라고 천둥치는 것처럼 들리면, 음악이 끊어진다. 그러면 15분 동안 동상처럼 그 자리에 꼼짝 않고 서 있으면서 내면을 '본다'. 마지막으로 15분 동안 뒷풀이 춤을 춘다.

처음 세 부분은 의식적으로 완전히 자신을 방출하기 위해 구성된 것이다. 이렇게 오쇼의 기법들은 사람들이 점점 더 깊은 에너지 층을 —원한다면 두 번째 바람들, 이것은 처음에 명상에 들기 전에 공을 들여야 하는데— 가지고 있다고 믿은 구제프와 중앙 아시아의 명상학파와 유사하다. 방출이 전체적이면 전체적일수록, 자기 존재로 더 깊이 들어간다.

과거와 현재의 많은 신비가들에 의하면, 사람이 위기에 빠질 때에만 진정한 영적인 여행이 시작될 수 있다고 말한다. 극적인 긴급 상황이 반드시 필요하다. 전체성이 결국에는 신임장이다. 내적인 탐구가 생사가 달린 문제가 되어야만 전환점에 이르게 되고, 내면의 깊은 상태로 들어가게 된다.

동적 명상의 초기 세 부분은 마지막 관조 상태에 들기 위해 준비하는 단계이다. 숨을 빨리 쉬면, 억압된 긴장을 일으킨다. 날숨을 길게 쉬면 영적인 상태로 들어갈 수 있게 해준다. 제자리뛰기는 사람을 거의 탈진시키고, 인내의 한계에까지 이르게 하며, 경계 상태, 명상자들의 '높이 뛰기' 상태로 들어갈 수 있게 된다.

명상 기술을 습득하면 이완 상태를 볼 수 있게 된다. 그러나 기술은 진정한 명상도 아니며, 고요와 침묵을 통한 영적인 경험도 아니다. 명상은 경험이 아니다. 명상은 어떤 물건을 얻을 수 있게 해주는 수단이 아니다. 그러나 명상에는 준비가 필요하다. 명상 상태를 고요하게 목격해야만 기다림, 허락, 심신의 안정, 목표나 기대 없는 깊은 이완에 들어갈 수 있다. 왜냐하면 목표와 기대라는 것은 긴장이기 때문이다.

동적 명상을 처음 접했던 지난 1980년대에 나는 영적 훈련 중에 분노와 두려움이라는 화산이 자극되었다. 동적 명상을 처음으로 하기 전 날 밤은 내 생애에서 가장 어두웠던 때 중의 하나였다. '진리의 계시'에서 해방되어 산을 넘어가려는 사람들에게 성 요한이 예언한 무시무시한 말의 본질을 나는 경험했다. 그날 밤은 피부가 벗겨지는 것처럼 쓰라리고 아프게 지나갔다. 나는 뒤척거렸고, 목욕탕으로 달려가 공포 때문에 대경실색한 부은 얼굴과 째진 눈을 들여다보았다.

나는 결코 곤경에 빠졌다고 느끼지는 않았다. 나는 되돌아갈 수 없었고, 정화를 위한 명상이 폭로하게 될 무지의 세계로 들어가고 싶지 않았다. 나는 무더운 밤에 그물이 쳐진 침대의 축축함을 느끼며 몸부림쳤고, 나를, 오쇼를, 명상을, 그리고 사람들의 잠을 방해하는 모든 신비가들을 비난했다.

만약 내가 명상 실험을 더 진전시켰다면, 숙면을 취할 수 없을 때까지 갈 것 같았다. 나는 독자에게 말하고 싶다. 내가 무서운 계시를 보았던 그날 밤 이후 우리는 깨어나고 싶지 않으며, 행복을 바라지 않았으며, 진정한 자유를 원하지 않는다는 것을 깨달았다. 왜냐하면 그것을 얻기 위해 우리는 내면의 잘못된 모든 것에 직면해야 하고 우리를 스스로 속박해야 하기 때문이다. 명상가가 되자면, 자신의 내면에 있는 아이들을 탄생시키는 어머니가 되어야 하는 것이다. 스승이나 명상의 기술은 산파이다. 그들은 도움이 되고 손을 잡아 줄 수 있고 해야 할 일을 지시할 수 있지만, 탄생의 고통은 홀로 직면해야 한다. 아무도 자신이 느끼는 것처럼 자궁의 고통을 느끼지는 못한다.

아침 6시가 되어서야, 나는 명상실의 넓고 벽이 없는 돔 아래로 간신히 갈 수 있었다. 거기에서 나는 수 백의 명상가들과 함께 섞여 앉았다. 우리는 흥얼거리면서 몸이 원하지 않는 행동을 했고, 맨발을 찬 시멘트 바닥에 붙혔다. 처음 단계에 도이터의 묵시적인 배경 음악이 흐르면서 명상실의 침묵은 여명의 공기를 벗길 것 같았기 때문에 우리 모두는 상당히 긴장했었다. 두 번째 단계에서 억압된 공포들을 붙잡아 매어 놓았던 고무줄이 풀려 정형화된 개성이 여명 속으로 사라지는 어둠처럼 사라져 갔다.

제3단계의 끝에 이르러, 뜀뛰기(hopping)와 "야" 하는 기합 소리를 내어 이완점에 이르게 해 주었다. "정지!"라는 녹음된 소리가 나자 상쾌한 분위기가 중단되면서, 나는 찬 마루에 얼어붙어 버렸다. 15분 동안 나는 숨을 멈춘 파도 위를 떠 다니는 고요한 상태가 되었고, 생각하기에 너무 지쳤고 두려워하기에는 너무나 정화되어 있었다.

시멘트 바닥에 앉아 있는 존 호그의 이 엉덩이에 대해 당신은 무슨 말을 할 수 있는가? 그가 영원한 순간에 "아래 아래 아래, 더 깊게 깊게 깊게" 된 것을 무슨 말로 담아 낼 수 있겠는가?

명쾌하다, 왜냐하면 아무것도 가로막는 것이 없기 때문이다.
조용하다, 왜냐하면 깊이의 끝이 없기 때문이다.
소리에 밑바닥이 없다.
소리를 내는 자에게 표면이 없다.
'그것' 은 눈 없이 보고 죽음 없이 죽는다.
죽음의 구름, 내가 자아에 비를 내리게 했고,
슬픔의 소나기가 내리게 했다.
기쁨으로 불 타오르는 하늘이 될 때까지.

동적 명상의 마지막 단계를 이끄는 피리의 미묘한 음조들은 내적인 하늘을 처음으로 깨닫게 했다. 물이 새는 낙엽들은 금방 죽은 시체와 같이 경련을 일으키면서 이동하려고 했다. 음악은 무거웠고 눈감은 채로 머리를 들어올릴 수 있을 때까지 고요하고 풍성한 대기에서 많은 움직임들을 애무했다. 그 순간에 나는 찬 산골 시내처럼 포옹하는 하얀 빛이 폭발하는 것을 보았다. 그 빛은 나를 포옹했다. 좀 전에 사람이 누웠던 자리에 춤추는 수영장이 나타났다. 나의 정맥에서 생명이 불타 올라, 무수한 불 구름들로 어두움을 물들인다. 춤추는 것들은 금으로 보였으며, 세상을 온통 다양한 색채로 씻어내는 것이다. 의례 음악의 마지막에 틈새를 통해 한 줄기 빛이 떠오르는 태양을 자르고, 열대 식물들이 홀 주변에 배치되어 있었으며, 나는 하늘의 청사진을 보았다.

이제 세상의 불운이 내 눈에서 눈물로 쏟아졌고, 그들은 고통만이 아니라 기대와 욕망에 의해 태어난 슬픈 자식들이고, 그들을 정상적으로 바꾸는 것이 가능하다는 것을 깨닫는다. 인간은 완전히 동물적인 무지의 상태로 되돌아갈 수는 없기 때문에 고통을 겪는다. 나는 모든 인간들이 지구에서 삶을 경험하고 있다고 확신한다. 왜냐하면 사람마다 어느 정도는 자신들의 꿈을 가지고 노는 모래사장에 있기 때문이다. 인간은 내면에 호모 노부스, 새로운 인류라는 진주를 자신 안에 만들 운명(대부분 무시되고 억압된)을 갖고 있기 때문에 상처를 받는다.

예언은 새로운 인류의 탄생이 임박해 있다는 것을 알려 주고 있다. 탄생은 과거에 대한 영적인 반란을 통과하는 바로 이 순간에 일어나야 한다. 인류는 정화, 즉 영적인 비약을 이룰 수 있는 운명을 지니고 있다. 선택은 우리의 것이다.

명상: 고대 — 현대 과학

어리석은 무리를 거느린 임금의 호령 소리보다는 조용한 현자의 말을 들어야 한다.

전도서 9:17

과학은 더 편안하고 더 의식적이고, 삶을 더 아름답게 만들기 위한 것이다. 그리고 명상은 세계 각곳에서 교육의 절대적인 부분으로 될 것이다. 그리고 (과학과 명상) 사이의 균형은 온전한 인간을 만들 것이다. 명상이 없으면, 당신은 명확성을 가질 수 없고 당신의 내부에 근거를 가질 수 없으며, 단순하고 순진무구한 전망을 가질 수 없다. …… 이러한 종합은 완전히 새로운 과학을 만들 수 있다.

오쇼(1987년), GRCH

많은 것을 우리는 안다. 영혼과 육체적 존재라는 두 차원은 보편적인 법을 더 완전히 파악하게 되면 하나로 될 것이다. 신의 모든 창조물에 대해 형제애를 느끼면, 정의로운 것을 얻으려고 애쓴다. 두려움을 추방하고 공통의 선을 위해 일하라.

루스 몽고메리의 지도령들(1976년), WNL

종교적인 진실을 추구하는 것은 결코 객관적인 실재를 추구하는 것을 금하는 것이 아니다. 왜냐하면 양 영역은 절대적으로 분리되어 있기 때문이다.

오쇼(1987년), GRCH

'과학(science)'은 라틴어로 'scire'에서 온 것으로 이것은 '앎'을 의미한다. 지난 3세기 동안 맹목적인 믿음이 많은 사람들을 자유로운 믿음으로부터 분리시켜왔 다는 것을 알고 있다. 혁명이 없었다면 우리는 결코 핵분열에 성공할 수도 없었고, 달에 도착하지도 못 했을 것이다. 불행하게도 우리는 하나의 극단에서 또 다른 극단으로, 탐욕적인 주관성에서 미끌어져 규칙을 지닌 실재성을 측정하는 쪽으로 시소놀이를 하고 있다. 사람들은 과학적인 기적을 수행할 수 있고 달에 있는 고요한 바다로 흐르는 강들을 걸어다닐 수 있지만, 그들은 궁극적인 경계, 즉 주관적인 내면의 세계를 망각시키고 있다. 사람들은 반쪽가리 지혜로 순전히 주관적이거나 완전히 객관적으로 살기에는 충분하지 않다.

인간이라는 실재는 비유하건대 무게를 재고 있다. 왼쪽 접시에는 아리스토텔레스의 객관성이 있다. 여기에는 논리의 과학, 이성과 논증이 우리가 어떤 '물질'의 진실을 발견하기 전에 세 가지 이론적인 단계를 거칠 것을 요구하고 있다. 정확한 정의를 하기 위한 용어의 원칙, 정확한 확정과 관계되는 판단의 원리, 그리고 추론의 원리, 즉 대전제, 소전제, 그리고 결론으로 구성되고 있는 삼단논법에 의해 대표되는 정확한 추리의 원리. 이것은 현재 '지식'을 과학적으로 추구하기 위해 전제가 된다.

과학의 객관적인 원리는 물질의 비밀을 풀기 위해 사용되는 경우 큰 성공을 거두어 왔다. 그러나, 주관적인 세계에 대해서는 과학자들은 종종 딜레머에 빠진다. 자신들이 연구실에서 볼 수 없거나 해부할 수 없기 때문에, 생각하거나 경험하는 것을 부정할 수 있는가? 이와 같은 어려움이 예언의 영역으로 확장된다. 미래에 일어날 사건을 목격하기 전까지는 미스터리로 남는다. 그러나 마음을 통해 일어나는 객관적인 현상을 설명할 수 없다고 하여 이 현상의 실재를 부정할 수 있을 것인가?

'누구'도 객관적인 추론의 원칙에 입각해 이 모든 것에 대한 데이터를 제시하고 있지 않다. 객관적인 사고는 변증법의 세계를 보고 있는 '누구'를 알아내고 측정하는 데에 실패한다. 또는 '누구'는 선과 악을 판단한다. 또는 '누구'는 진리를 정의하고 있다.

모든 사고, 행동, 그리고 감정 뒤에 있는 존재의 성질, 또는 본질은 무엇인가? 앎의 주체는 또 다른 과학, 자기 관찰의 과학—명상의 '주체'이다.

아마 고대의 주관적인 과학자들 중 가장 위대한 사람은 고타마 붓다였고 선(禪)의 신비가들이었다. 그들은 우리에게 주관적인 논리의 과학을 주었으며, 은유적으로 말하면 오른쪽 접시에 앉아 있다. 거기에는 아리스토텔레스를 넘는 주관적 논리의 실재성을 담고 있다. 과학자는 실험을 하는 사람이자 실험을 당하는 사람이다.

자신의 주관성의 진리를 경험하려면 마찬가지로 세 가지 이론적인 단계를 밟아야 한다. 용어의 원칙은 사람들이 물질과 욕망의 객체를 보는 환상적인 단계에 있기 때문에, '주체'가 무질서, 고통, 수난 속에서 살고 있다는 인식을 가질 것을 요구한다. 이를 입증하기 위해서는 주체는 자기 성찰과 자기 회상이라고 부르는 판단과 분별의 원칙을 따라야만 한다. 명상의 신비가들은 사상, 행동, 그리고 감정에 의해 특정한 도덕적 판단을 하기 전에 관조를 통해 개성, 사상, 그리고 감정을 넘어선 존재의 상태를 경험하고 있다고 본다. 이러한 계시로부터 삼단논법을 구성할 수 있다. 그는 객체가 아니라 객체들을 목격하는 자이다. 이 목격에 의해 사상, 감정, 또는 행동의 특성을 사람은 자동적으로 사상, 감정, 또는 행동으로부터 분리된다고 느낀다. 이러한 이해는 즉각 분리와 고통으로부터 초월을 가져 온다. 그래서 의식은 앎을 넘는 자유라고 결론을 내릴 수 있다. 사람은 세상 속에 살 수 있는 것이지, 세상으로 만들어진 것은 아니다.

(불쌍한 아리스토텔레스는 자신의 무덤 안에 있는 둥근 통에 들어가 있을 것이다.)

그러한 근원적인 인식은 아리스토텔레스의 변증법에 의해 설명될 수는 없다. 사람은 의식을 보거나 해부할 수 없고 또한 명상가는 객관적으로 의식의 '경험'이 생물학적인 마음을 넘어 서 있다는 것을 증명할 수 없다. 객체와 주체는 우주의 일부이다. 사람은 그 실재에 대해 또 다른 확정을 할 수는 없다. 그러나 신비주의적 과학은 사람이 실재의 등급에서 객관적인 현상과 주관적인 현상을 균형 있게 다룰 것을 요구한다. 물을 태우거나 불에 적실 수는 없다. 그러나 이 둘이 어울려 한 컵의 커피를 만들 수는 있다. 극단적인 대립은 보완물이 될 수 있다.

그러면 존재는 무엇인가? 그 질문은 해결되지 않은 채로 남게 될 것이다. 대신 질문과 답은 목격을 통해 해결될 것이다. 하나는 비도덕적이거나 더 좋고 초도덕적으로 되는 초변증법적인 상태와 만나게 된다. 만약 존재라는 난해한 개념이 말로 정의될 수 있다면, 그것은 변증법 즉 객체이다. 그러므로 내가 이제까지 말했던 어떤 것도 주관적으로 파악될 수 없다. (독자는 아리스토텔레스의 영혼이 신음하고 있는 소리를 듣고 있는가?)

가장 과학적이고 기술적으로 지배되는 세기의 출발기에 압둘-바하는 영적이고 물질적인 과학이 가까운 미래에 종합될 것이라고 예언했다.

이 연합은 영적인 것이 물질적인 것 속에서 표현되고 수행되는 진정한 문명을 가져올 것이다. 그래서 후자로부터 전자를 받아들이면 가장 위대한 조화를 이루게 될 것이고, 모든 사람들은 통합될 것이며, 위대한 완성 상태가 얻어질 것이고, 견고한 접합이 생길 것이며, 이 세계는 신의 속성이 반영되는 빛나는 거울이 될 것이다.

(1911년), "파리에서 한 담화에서"

순수한 객관적인 관점에서도 과학 혁명이 임박해 있다는 증거가 있다. 이번 세기의 후반기에 인류는 모순과 역설에 익숙해져 있다. 뉴에이지와 명상 부분의 소형 책자들은 1980년대 동안 10배의 판매고 신장을 보이고 있다. 비록 지나가 버린 1960년대는 영화 속에 매장되어 있다고 해도 동양 종교들의 미스터리와 자기 성찰의 원리는 서구의 마음을 계속 끌고 있다.

처음으로 해명되고 있는 보수적인 모습은 새로운 성직의 위계 질서, 즉 심리학자들일 것이다.

명상: 원시적 심리학의 여명

50년 안에 심리학은 실제로 태어날 것이다. 프로이트 심리학은 매우 원시적이다. 그것은 붓다와 비교하면 원시 종교와 같다. 100년 뒤에는 단지 어리석게만 보이게 될 것이다. 상담자, 심리극, 생에너지학, 형상, 그리고 다른 분야에 종사하고 있는 사람들 ……그들의 작업은 가능한 모든 방향에서 공헌하려고 하지만, 일단 진정한 심리학이 형성되기 시작하면, 그들은 사라지게 될 것이다.

오쇼(1976년), WATR

이 뉴 에이지는 영적 수준 사이의 기억만이 아니라, 지구와 다른 행성들에서 얻은 이전의 기억들을 가진, 의식으로 향한 출입구가 될 것이다. 다른 말로 하면, 모두의 마음이 '영원한 지금'을 향해 열리게 될 것이다.

루스 몽고메리의 지도령들(1986년), HRD

  1989년에 뉴욕 병원 코넬대 메디칼 센터의 심리치료부장 로버트 미첼은 ≪계간 정신분석≫지에 기고한 글에서 미국의 심리분석은 환자에 '굶주려' 있다고 썼었다. 그는 '만 명의 미국인들 중 한 명'만이 현재 정신과 의사의 직업상의 조언에서 위안을 찾고 있다고 평가한다. APA(미국심리분석협회)에 따르면, 그 수준은 1970년대 중반 이후 거의 증가하지 않고 있다는 것을 인정했다. 1960년대 동안 성 연구의 바이블인 ≪사랑의 몸≫의 저자 노만 O. 브라운은 인간 잠재력 성장 운동의 요법들은 결국 소멸할 것이라고 예언했다.
  저술가, 극작가, 그리고 명상가인 로버트 L. 콜맨은 '심리치료의 기본을 깨고 있는 새로운 형상'에 대해 말하면서 이렇게 말했다.

…… 만약 마음 자체가 초월되어야 한다면, 요법이라고 하는 이 모든 불필요한 심리적인 장식이 사람들을 괴롭히는 까닭은 무엇인가? 병에 걸린 마음이 또 다른 병에 걸린 마음을 상담하는 것은 비정상적인 것이다. ……

"이드로부터 오움까지"≪크리틱≫[1989년]).

명상: '질병'으로부터 '진정한 평안'

앞으로 십 년 동안 진행될, 인간의 내면에 대한 과학과 의학 분야의 비약적인 발전을 살펴보면, 평안과 이완을 통한 질병의 다스림, 이완, 명상, 그리고 전 인류의 일부라는 느낌, 선한 모든 것에 대한 사랑과 축복, 그리고 인간 내면의 악한 것에 대한 극복을 위한 기도의 중요성에 대해 이해하게 될 것이다.

루스 몽고메리의 지도령들(1976년), WUL

적이 적에게 상해를 입히고 증오하는 사람이 또다른 인간에게 상처를 입힐 수 있다. 그러나 잘못 인도되면, 그러한 자신의 마음은 훨씬 더 큰 손상을 미칠 수 있다. 어떤 아버지나 어머니, 또는 친척은 참으로 필요한 존재일 수도 있지만, 자신의 바른 마음은 훨씬 더 큰 선(善)을 그에게 미칠 수 있다.

붓다(서기전 500년), DHM 3:42-43

우파니샤드는 능력이 있다. 그것은 명상의 가치를 이해하게 해줄 뿐이다.

오쇼(1989년)

심리치료가의 지도는 명상에 의해 보완될 것이다. 그리고 명상에 대한 새로운 성직이 교파로서가 아니라 가장 이론화된 과학자들에 의해 정립된, 각광받는 영역이 될 것이다. 1960년대 말부터 명상의 이득에 대한 객관적인 증거를 발견하는 데에 관심을 둔 과학자들은 계속해서 늘어나고 있다. 초기의 인간 잠재력 성장 운동의 메카였던 에살렌 연구소는 1931년과 1988년 사이에, 그 대부분은 1950년대 이후에 실행된 묵상 행동을 과학적으로 탐구한 1천 2백 건의 연구 사례를 발표했다. 몬태나 대학의 존 좀머스 프라나간과 시라큐스 대학의 로저 그린버그는 1979년과 1986년 사이에 행해진 48가지의 경험적인 연구에서 사람의 마음 상태와 고혈압의 관련성을 살펴 보았다.(브레인/마인드 뷸르틴, 1989년 7월) 좀머스 프래나간과 그린버그는 스트레스 관리가 고혈압에 대한 치료 방법의 하나라고 결론을 맺었다. 1990년에 듀크 대학 메디칼 센터의 행동의학 연구가인 레드포드 윌리암스는 끊임없는 분노와 심장병 사이에 관련성이 분명히 있다고 보고했다.

명상은 1990년대에 주류가 되고 있다. 주요한 독일 건강 보험회사인 AOK는 기업인들을 위한 새로운 스트레스 감소 프로그램 캠페인을 폭넓게 광고했다. 그들의 천연색 광고는 연꽃 모양의 명상 의복을 입은 기업인을 독일의 주요 잡지, 거리의 실물 크기 광고 게시판, 그리고 지하철 역에 전시했다. 예언의 시각에서 보면, 스트레스가 사람들에게 미치는 심리학적 영향력을 감소시킬 수 있는 기술이 미래 의학의 핵심이 될 것이다. 고혈압의 주요 증상, 두려움과 분노에 대한 부정과 억압을 해결하는 기술은 앞으로 전세계적인 자살 행위를 막을 뿐만 아니라, 많은 창조적인 에너지를 발산시킬 수 있다. 명상가들은 긍정적인 상황에서 만들어지는 에너지는 결국 개인과 행성의 차원에서 치료를 위해 사용될 수 있는 긍정적인 힘으로 변형된다는 것을 발견했다. 심신을 다루는 미래의 의사들은 환자들을 고치기 위해 약보다는 명상을 하라고 처방할 것이다. 1988년 3월에 사이언스 투데이지는 116명의 경미한 고혈압 환자와 함께 영국 메디칼 연구위원회의 명상 실험 보고를 발표했다. 런던의 유니버시티 컬리지와 미들섹스 병원 의학부의 찬드라 페텔과 미하엘 머모트는 사람들을 네 그룹으로 나누었다. 한 그룹은 약물 치료를 받았고, 두 번째는 위약(僞藥)을 받으며 감량, 건강식, 운동, 그리고 금연하라는 충고를 받았다. 세 번째와 네 번째 그룹들은 약물도 위약도 치료받지 않았다. 각 그룹에서 몇몇은 명상과 이완 요법을 수행하였다. 이것은 연구가들이 약물, 위약의 효과와 다양하게 결합된 이완 요법을 연구하게 했다. 이완 요법을 수행한 네 그룹 모두에서 사람들의 혈압이 현저하게 감소했다. 이것은 실험 전이든 실험 동안에만 약을 복용하든 상관 없이 진실이었다.

명상: 조건으로부터의 자유

우리의 마음은 세대에서 세대로 내려오는, 우리가 누군지를 잊게 만든 쓰레기와 두려움에 의해 오염되어 있다. 우리의 정신적인 길은 복잡하지 않다. 그것은 매우 단순하다. 그것은 쉽지 않고, 그것은 생을 기념해야 할 정도의 낭만적인 희생이 아니다. 그러나 이와 함께 기쁨의 감정, 존재의 느낌, 우주의 흐름과의 연결성이 따라온다.

굿 호스족(1985년), 비자얀 주술사

나는 메시지 전달이 옷을 벗는 과정이라고 말해왔다. 사람이 더 많은 옷을 입으면 더 부유해지고, 옷을 더 잘 입게 된다는 것은 파라독스이다. 주어진 여러 역할과 일의 양상은 당신을 속박한다. 이들로부터 자유롭게 되면, 내면의 존재와 연결될 것이다. 어떤 제한을 느끼지 않는 사람은 가능성만을 본다.

암브레스(1986년)

주의는 불멸성의 길이다. 부주의는 죽음의 길이다.

붓다(서기전 500년), DHM 2:21

이미 죽은 당신의 백성이 다시 살 것입니다. 그 시체들이 다시 일어나고 땅 속에 누워 있는 자들이 깨어나 기뻐 뛸 것입니다. 땅은 반짝이는 이슬에 흠뻑 젖어 죽은 넋들을 다시 솟아 나게 할 것입니다.

이사야(서기전 787-687년), IS 26:19

우리는 고난의 시기를 예고하지만, 그러나 이 험난한 시기에 명상하며 대비하는 사람들은 내면에서 위안을 찾을 것이며, 자기 개인적인 걱정들이 우주와의 관련 속에서 하찮은 것이라는 것을 이해하게 될 것이다.

루스 몽고메리의 지도령들(1986년), HRD

현재 우리는 여러 결과들과 증상들을 다루고 있다. 우리는 중대한 변화, 낡은 사고방식의 제거, 마음에 있는 전통과 인습으로부터 자유를 얻지 못하고 있다. 그것은 우리가 관심을 두고 있는 중요한 변화이며 올바른 교육만이 그것을 가져올 수 있다.

J. 크리쉬나무르티(1963년), LIAH

　의학이 비싸지면, 동양의 요가와 명상 기술들에 기초한 근육 이완과 심호흡은 건강을 위해 훨씬 덜 비싸고 독하지 않은 약으로 생각될 것이다.

　범죄와 같은 의학적이자 사회적인 질병들은 '배꼽을 명상'하는 데에서 그 치료법을 발견하게 될 것이다. 초월 명상(TM)으로 종합된 고대 베다적인 만트라 명상법의 인기는 도어즈나 비틀즈와 함께 서구인들 사이에서 계속되고 있다. 인도의 신비가 마하리쉬 마헤쉬의 요가 수련자들이 다른 어떤 시기보다 1990년대에 더 확산되어 있다는 것을 여러 연구에서 확인할 수 있다.

　TM은 주류 명상 기술에 가장 가까운 것이다. 대다수의 지지자들은 대학 교육을 받았으며, 그 중에는 과학자들도 상당수 존재한다. TM은 또한 범죄학 분야에서도 큰 성공을 보고 있다. 캘리포니아 대학의 샌프란시스코 분교 통계학 교수 알랜 아브람스는 TM을 수련하는 범죄자들에 대해 5년간 전국적 연구를 공동 저술했다. 그는 명상하는 전과자들 중 35퍼센트가 다시는 감옥으로 되돌아가지 않았다는 결론을 내리고 있다. 아브람스는 TM은 사람들이 사회로 되돌아가는 경험을 하는 때에 생기는 스트레스를 성공적으로 다루는 방법을 전과자들에게 제공한다고 말한다. 아브람스는 TM은 '안에 매우 평온한 상태'를 만든다고 말한다. 산 쿠엔틴 교도소의 TM프로그램 지도자인 스튜어트 무디는 '그렇게 간단한 것이 그렇게 강력할 수 있다는 것이 어리석어 보일 수도 있습니다. 사람들이 사태를 더 복잡하게 만들어버리

면 일이 완전히 망가집니다.'

　단순함의 효과를 안다는 것은 또한 의학의 발전 가능성을 가로막고 있을지도 모른다. 프랑스 AIDS 환자, 니로 아시스탕의 사례를 보자. 그녀는 명상을 통해 기적적으로 회복되었다. 그녀의 이야기는 처음에 '샌프란시스코 크로니클'지에 소개 되었다.("AIDS의 공격적인 투사", 1989년, 7월 31일)에 보고 되었으며, 뒤에 사이몬앤슈스터 출판사에서 그녀의 책을 ≪긍정의 치료법≫이라는 제목으로 출간하였다. 1984년에 니로는 뉴욕의 서포크 카운티 보건국에서 한 검사결과 HIV 바이러스에 양성 반응을 보였다. 의사들은 그녀가 AIDS 관련 항원(ARC)을 가지고 있는 것으로 진단했고, 그녀는 18개월밖에는 살지 못할 것이라고 말했다. 두 아이의 엄마인 니로는 양성애를 하는 애인에 의해 AIDS에 감염되었다.

　사형 선고를 받은 뒤에 그녀는 동 오레곤의 전(前) 란코 라즈니쉬 명상 휴양소로 갔다. 그녀는 AIDS에 걸렸다는 것을 실감하기 시작했다. "믿을 수 없는 소리였다."고 아시스탕은 말한다. "그녀는 '맙소사! 나는 5백 일밖에는 살지 못해. 나는 이 시간을 낭비할 수 없어'라고 말했죠"

　그녀는 샌프란시스코로 이사하여 생활 양식을 바꿨고, 건강 식품들을 먹기 시작했으며, 뉴스 읽기를 중단했고, 폭력 영화를 보는 것을 중단했다. 그녀는 정규적으로 산책을 하며 명상 훈련을 하기 시작했다. 그녀는 침묵 속에서 해변을 거닐며, '사회적인 허풍' 보다 더 중요한 것을 얻었다고 결론을 내렸다. 1986년 3월에 그녀가 명상 산책을 하는 동안 "무엇인가가 일어났다. 나는 그것이 무엇이건 우주의 하나가 되었다. 나의 한계는 사라졌다. 나는 스스로 훌륭하다는 깊은 깨달음을 얻게 되었다."

그녀는 멋있었다.

해변에서의 사건이 있은 지 3주 뒤에 그녀는 AIDS에 대한 음성 진단을 받았다. ARC의 모든 증상들은 사라지고 그녀는 계속 음성 진단을 받고 있다. 그녀는 증명서를 갖고 있다.

그 뒤 그녀는 SHARE와 AIDS 자기 치료 관련 실험 기금을 설립하여 질병과 관련된 생사의 두려움에 대해 연구를 계속하고 있다. "나는 치료의 핵심이 수용적인 태도라는 것을 알았다"고 아시스탕은 말한다.

자기와 타인에 대해 수용적 태도를 보이라는 주장은 현대 사회에서 단기적으로 제공되고 있는 생필품처럼 이야기되고 있다. 그리스도가 자기의 적들을 사랑하라고 말했음에도 불구하고 악몽과 같은 90년대에 문명을 폭력적이고 경쟁적으로 만들어가는 것은 사랑이 아니다. 우리는 사소하고 공공연한 모욕을 느끼면 싸움을 하도록 프로그램화되어 있다. 조건적인 마음 자세를 풀면, 우리는 의식적, 무의식적으로 반응하는 대신에- 그때그때의 상황에 성공적으로 대응할 수 있다.

명상: "무엇을 하지 말고, 거기 앉아라"

현대의 신비가 J. 크리쉬나무르티가 쓴, ≪명상의 고전 삶에 대한 논평≫ 시리즈 첫째 권에는 마음의 학대 때문에 상처 입은 사람들에 대한 예지적인 평가가 나오고 있다. 그에 따르면, 인간은 과거에 속박되어 있을 뿐만 아니라, 또한 "우리는 바로 그 과거다!", 우리는 행복과 불행한 기억의 복잡한 미로에서 길을 잃고 있다. 크리쉬나무르티는 과거, 현재, 그리고 미래에 인간의 기억이 길게 걸쳐 있는 것으로 보았다. 그는 말했다.

생각은 말뚝에 묶여서 끊임없이 움직이는 동물과 같이 현재를 거쳐 미래로, 그리고 다시 거꾸로 되돌아온다. 그것이 좁건 넓건 자기가 그려 놓은 원 속에서 움직이지만, 자신의 그림자에서 결코 벗어나지는 못한다.

서양 문명은 "나는 생각한다, 그러므로 나는 존재한다"는 데카르트적인 명제를 받아들이고 있다. 크리쉬나무르티, 마하리쉬 마헤쉬 요기와 오쇼와 같은 물병자리 시대의 신비가들은 "사람들은 자신의 사고와 일치되어 있으며, 자기가 누구인지 알지 못한다."는 말을 하고 있다. 마음의 재잘거림—그것이 스포츠카에 대한 것이건 신에 관한 것이건—으로 생기는 항상적인 불협화음은 명상가들에 의해 보잘 것 없는 것으로 잘려 나간다. 생각하는 능력이 남지만, 그러나 그것은 임의대로 사용할 수 있는 능력이지 노예화시키는 것은 아니다.

오쇼는 다가오는 영적인 반란은 침묵이 보내는 성명이라고 정의했다. "침묵은 다음과 같은 것을 의미한다. 내면 속에서 사람들은 광활함, 쪼개져 있지 않은 광활함이다." 그는 자신의 책 ≪야생의 거위와 물≫에서 말한다.

침묵은 마음의 모든 장치들—생각, 욕망, 기억, 환상, 꿈—을 거둔 것, 즉 가지고 있는 모든 것을 한쪽에 밀쳐 버린 것을 의미한다. 당신은 바로 실존을 탐구하고 있다. 당신은 당신과 실존 사이에 어떤 매개해 주는 것 없이 실존과 관련되어 있다. …… 침묵을 듣고 침묵을 이해하기 위해서는 근본적인 변형이 필요하다. 침묵은 신을 이해하기 위해, 진실을 알기 위해 기본적으로 필요한 것이다.

명상: "무지"

시간의 흐름 속에서 예언되었던 것처럼 다가오는 영적인 반란은 이렇게 예견된다.

야경꾼의 날이 왔으며 신이 너를 방문하는 날이 왔다.
미가(서기전 721), MIC 7:4

그 때에 소경은 눈을 뜨고 귀머거리는 귀가 열리리라.
이사야(서기전 783-687년), IS 35:5

너 자신에게 빛을 비추라
붓다의 마지막 말들(서기전 483년)

우리는 보이는 것에 눈길을 돌리지 않고 보이지 않는 것에 눈길을 돌립니다. 보이는 것은 잠시뿐이지만 보이지 않는 것은 영원하기 때문입니다.
고린토 후서 4:18(서기 1세기)

새로운 삶, 새로운 이해에 들어간 자들〔에게〕 새로운 재생이 장소가 아니라 조건으로서, 영혼의 경험으로서 …… 새로운 예루살렘이 온다.
에드가 케이시(1944년), NO. 281-37

교회는 당신의 내부에, 교황이나 목사나, 어떤 건물 안에 있는 것이 아니라 자아 안에 있다. 당신의 몸이 참으로 살아 있는 하느님의 사원이며 그리스도는 마음과 몸의 동반자가 된다.

에드가 케이시(1944년), NO. 5125-1

전쟁을 막기 위해서는 자신 안에서 변화해야 하며 다른 사람을 변화시키려고 해서는 안된다.

루스 몽고메리의 지도령들(1979년), MUG

자신과 모든 사람들에 대한 인간 존재의 불신은 가장 커다란 응어리이고 사슬이다. …… 그는 심한 긴장 속에서 걷는다. 그는 자신의 불신, 시간 상으로 무한한 이전 세대로부터 물려 받은 이미지들을 가지고 자기 자신을 이끌고 있다. 만약 인류가 자신의 짐을 내려 그 안을 자세히 살펴보면 강력한 금속 사슬들이 사실은 거미줄처럼 얇은 실일뿐이며, 응어리는 단지 빨간 풍선일뿐이라는 것을 발견하게 될 것이다.

암브레스(1986년)

당신의 실존은 복제품이며 당신은 거기에 매달려 있다. 만약 당신이 그것을 버리지 않으면, 당신 존재의 진정한 얼굴을 보지 못할 것이다. 그리고 그것이 기억해야 할 가장 중요한 일의 하나이다. 만약 당신이 에고와 개성을 버리면, 그리고 실존이 그 자리를 차지한다면, 가장 좋고 가장 아름다운 성질들이 따라올 것이다. 당신은 선해져야 하는 것이 아니라 당신이 선하다는 것을 발견할 것이다. 당신은 사랑해야 하는 것이 아니라 당신이 바로 사랑이라는 것을 발견할 것이다. 당신은 명상을 해야 하는 것이 아니라 당신이 명상이라는 것을 발견하게 될 것이다.

오쇼(1987년), RBSP

당신은 명상을 통해 육체를 뛰어넘는 것과 교류해야만 한다. 조건적인 경험을 넘어서라. 당신은 두려움으로부터 자유롭게 될 것이며, 명상으로 내면적인 두려움을 극복하게 될 것이다.

아디 다 산토샤(1988년)

사랑하는 친구들아, 당신은 아름다운 꽃이고 하늘에서 비처럼 떨어지는 꽃다발이다. 당신 내면에 있는 진정한 자아와 만나라. 당신은 소리 없는 심포니의 소리이다. 진정한 소리를 내면에서 들어라. 오늘은 모든 세상 사람들이 진실을 보기 시작하는 날이다. 당신은 세상을 대표하는 사람 중 하나이다. 바로 오늘.

타모-산(1989년), AWKW

이 영적인 혁명은 단일한 원리로 귀결될 수 있다. 당신은 사라지고 신이 존재하게 하라.

오쇼(1987년), RBSP

깨달음의 핵심

평화, 침묵, 이해를 할 수 있는 많은 사람들이 있을 때에만 전쟁은 사라질 것이다.

오쇼(1979년), ZNPR

진실을 말하면 사람들은 입을 다물 것이다.

노스트라다무스(1555), C5 Q96

    수천 개의 씨가 뿌려져도 단지 한 그루의 나무만이 태어난다. 수백만의 정자 중에 단지 하나만이 난소의 막을 뚫고 유아의 삶을 잉태시킬 수 있게 된다. 생명의 가능성이 풍부할지라도, 가능성이 실현되는 경우는 상당히 작은 편이다.

    신비가들은 사소한 법칙이 인간 의식의 진화를 위해 작용한다고 믿고 있다. 수십억의 사람들이 태어나 개성의 껍질 안에서 그리스도 의식을 잠재적으로 담고 있으면서 꽃을 피우려고 한다. 그들은 가이아의 땅에 있는 요람에 떨어진 무수한 씨앗들이다. 진부한 행동이라는 돌이 가득한 불모의 땅 위에서 그들은 변덕스럽게 흩어지게 된다. 수십억의 사람들은 자신이 축복받았다고 생각하며 생사를 거듭한다. 소수의 사람들만이 완전한 개화에 도달한다.

    깨달음은 전체로서의 의식에 중요한 변화를 일으킬 수 있는 극소수의 깨어난 인류로 정의될 수 있다. 핵심을 충분히 깨달은 자가 되는 과정은 탄소를 다이아몬드로 변형하는 것과 같은 것이라고 볼 수 있다. 주변에 있는 인간에 대한 무의식적 압박은 깨달을 가능성이 있는 자 내부에 환상으로부터 깨어나야 한다는 긴급성을 알려 주게 된다. 상당히 많은 잠재의식적인 '탄소'의 총 무게는 큰 압력을 미쳐 석탄에서 '다이아몬드'를 만들어낸다. 깨달은 존재들은 깨달은 의식의 수정 같은 선명성을 구현하고 있으며, 전체 행성의 의식 수준을 변형시킬 수 있다.

연꽃이 피려면, 진흙과 오물이 필요하다는 은유를 한, 서기 6세기의 선 불교의 창시자 달마대사와 같이, 보살들의(또는 영적인 스승들의) 개화를 위해 좋은 비료와 퇴비가 되는 것은 삶과 죽음보다 더 필요한 것은 없다고 신비가들은 말한다. 사회적 도덕성은 향기를 나게 해주며, 환상들은 보살의 의식이 싹터 자라게 하는 데에 필요하다. 일단 깨달으면, 붓다의 씨(如來種)를 가지고, 계시를 공유하고, 자신의 개화를 추구할 수 있도록 용기를 북돋운다.

극소수만이 궁극적인 가능성에 도달할 수 있다는 것은 불공정한 것처럼 보인다. 그러나 그러한 희박한 성공률은 위대한 어머니 참나무에서 한 아기 나무가 자라나는 것과 같다. 우리는 자연의 법칙을 받아들이거나 간과할 수도 있다. 그러나 동일한 규칙이 인간 의식의 개화에 적용되고 있다는 것을 발견하게 해 준다.

신비가들은 말한다. 현재 인류는 희망에 찬 수십억의 씨다. 결국 모두는 다른 것이 성숙하기 위해 죽는다. 전통이 불완전하게 근거하고 있는 토대는 희망과 꿈이 깨지지 않도록 딱딱한 껍질을 고집스레 보존할 것이다.

그리스도 의식의 씨앗이 사회가 경계하고 있는 틈을 통해 커져 간다고 할지라도, 씨는 변형되기 위해 적당한 토양에 뿌리내릴, 수 있는 백만 분의 일의 기회가 있다. 현명하고 다정한 정원사는 어둡고 습한 땅에 사람의 씨를 밀어넣지는 않을 것이다. 수십억 가운데 하나의 씨는 그러한 보살핌을 받아 결국 붓다라는 연꽃이 탄생하기에 충분할 정도로 행운이 있을 것이다.

인류는 완전한 성숙을 아직 이루지 못했다. 앞으로 수십 년 내에 더 높은 의식을 배양할 적당한 토양이 절대로 필요하다.

이제 나는 에고가 다른 사람의 불성에 대해 거름이 된다는 생각을 증오한다고 말하는 것에 주저하지 않는다. 만약 변형되지 않은 씨가 성숙하는 것-또는 또 다른 방식으로 이를 처리하는 것-이라면, 만약 내가 또 다른 그리스도나 붓다가 탄생하기 위해 깨달음이 긴급하게 필요하다는 것을 알리는 무의식적인 원천이 될 수 있다면, 그렇다. 풍부해져라, 자아여!

이제 나는 씨 이야기를 그만두고, 긍정적인 미래에 대한 전망을 갖기 위해 필요한 핵폭발로 화제를 바꾸고 싶다.

세계 인식의 영향은 양의 문제라기보다는 질의 문제일 것이다. 무의식적인 인류에 대한 깨달은 자의 영향은 핵폭발에서 한 원자의 영향과 같을 수 있다. 인식의 핵분열은 영적 의미에서 동일하게 폭발적이다. 1993년에서 2012년 사이에 기대되는 고요한 명상의 폭발은 황금기로 우리를 이끌어 갈 수도 있다.

세계적인 예언에서 등장하는 종말에 의하면, 세기말의 핵재난 때문에 문명이 전환되는 것을 보지 못 할지도 모른다. 또 다른 종류의 핵폭발-인간 의식의-이 있을지도 모른다. 그 안에서 연쇄 반응을 일으킬 핵분열 물질은 우라늄이 아니라 '천왕성(Uranian)'일 수도 있다.

(놀라운 일이다! 물병자리의 지배자 천왕성이 뒤에 와 있다. 당신을 가두고 있는 감옥 문을 날려버리고 지식으로부터 자유를 찾으라.)

영적인 해방을 위해 필요한 깨달은 붓다와 그리스도의 수는 5백에서 2백 명 정도라고 이번 세기의 예언자들은 말해 왔다.

TM의 스승 마하리쉬 마헤쉬 요기는 한때 비틀즈와 비치 보이스를 자신의 제자들로 생각했는데, 그는 세계 평화를 위해 필요한 선한 진동을 이루어내는 데에는 인류의 1퍼센트 중에서 10분의 1정도만 있으면 된다고 예언했다.

칼리 유가의 끝은 역사상 가장 어두운 순간이다. 그 어두운 시대에 있는 인구 폭발은 이전보다 훨씬 더 무의식적으로 부담을 주고 있다. 인도의 신비가 오쇼에 따르면, 암울한 시대는 무의식적으로 더 높은 압력을 가하고 붓다의 폭발적인 탄생을 일으킬 수 있을 것이다. 오쇼는 적어도 인간의 5퍼센트는 깨달음을 싹 틔울 수 있는 잠재적인 지성을 갖고 있다고 평가했다. 악몽과 같은 90년대 동안 지구에서는 인구수가 58억에서 60억 정도로 증가할 것이라고 한다. 4백만 년 동안 진행된 인류 역사 중 가장 많은 사람들에게 더 높은 붓다의 맹아들, 2억 9천에서 3억 정도의 영적인 반역자들이 존재한다!

이들 중 2백 명에게 정원사들이 물을 준다면, 다음 20세기 동안 거대한 채소밭, 거름이 될 것이다.

저 메시아의 이름을 부를지어다!

- ◆ 기독교 메시아: 예수 그리스도의 재림
- ◆ 이슬람교의 메시아: (정통 수니파) 문타자르, '시간의 종말'에서 세계의 인종들이 이해를 통해 단합될 것이라고 한 모하메드의 계승자
- ◆ 아스텍/마야의 메시아: 케살코아틀의 복귀-하얀 수염과 홍색인 추종자들을 대동한 올리브색 피부의 남자
- ◆ 수족의 메시아: 동쪽에서 온 홍색 망토를 입은 남자
- ◆ 인도네시아의 메시아: 12세기 인도네시아의 예언자 디오요보요는 네덜란드와 일본의 점령, 인도네시아의 독재자 수카르노와 수하르

토의 지배의 종말처럼 들리는 사건 뒤에 서양으로부터 위대한 영적인 왕의 도래를 예언했다.

◆ 호피의 메시아: 파하나, 동쪽으로부터 온 '진정한 백인 형제'가 붉은 모자와 망토를 입고 올 것이며 만(卍)자, 십자가, 그리고 태양(핵)의 강력한 상징을 든 두 명의 원조자를 보낼 것이다. 그는 인디언적인 법(Dharma)을 보관할 것이다.

◆ 주요 불교 메시아: 마이트레야(미륵불), '세계의 통일자' 또는 단순한 '친구'라는 의미로 매우 인간적인 신인으로 붓다는 자신보다 더 위대한 붓다가 될 것이라고 예언했다.

◆ 소승 불교의 메시아: 아미타불, 위대한 그리스도와 같은 보살

◆ 일본의 메시아: 일본 불교와 신도의 교파들은 일종의 불교 마이트레야가 1988년 8월 8일 이후에 나타난다고 예언한다.

◆ 마오리족의 메시아들: 19세기에서 20세기 초까지 뉴질랜드의 십 여 명의 마오리 족장들이 주장했다.

◆ 중앙 아시아 유목민의 메시아: 흰 불칸(Burkhan)은 스텝 지역의 사람들이 자신들의 고대 신들을 포기해 버린 때(공산주의 러시아는 무신론이었다) 올 것이라고 말했다. 그는 와서 신들에 대해 알려 줄 것이며 전 인류에게 영적인 재탄생을 선물로 줄 것이다.

◆ 유대인 메시아: 유대의 신 야훼의 진정한 메신저인 '메시아'는 선민들로서 자신들의 상태로 사람들을 회복시킬 것이다. 그의 시대를 아는 것은 이스라엘이 회복되어 솔로몬 성전이 재건설되는 때에 올 것이다(1990년대 동안 사원의 재건설에 관심이 고조되어 왔다).

◆ 인도의 메시아: 칼리 또는 자바다는 이 유가 주기의 9번째와 마지막 아바타이다. 그의 마지막 화신은 서양으로부터 나타날 것이다.

◆ 시아파의 메시아: 12번째의 이맘은 이슬람교 시아파의 마지막 종교적인 지도자이다. 그는 결코 죽지 않았으며, 신성한 쿠란(코란)을 완성하기 위해 심판의 날에 앞서 예수와 함께 다시 나타날 것이다.

◆ 수피 메시아: 키드르는 이슬람교의 영적인 배경을 가진 신기한 지도자이다. 그는 시아파의 12번째 이맘이며 수피 판의 수니파 문타자르이다.

◆ 조로아스터교의 메시아: 사오시안트, 그는 차라투스트라와 같이 조로아스터교의 12번째 천년기(서기 2000년)에 올 예정이다.

◆ 에스키모의 메시아: 북극의 예언자들은 동쪽에서 오는 하얀 머리칼과 긴 수염을 한 올리브색 피부의 남자라고 예언한다.

◆ 기타 등등……

예언은 그리스도와 같은 인물의 재림에 대해 공통적으로 말하고 있다. 모든 예언자들은 그의 구름이 우리 시대에 하늘로부터 땅으로 내려올 것을 예정해 놓고 있다. 약속된 메시아(만약 있다면)가 성부의 구름 같은 널판을 타고 내려올 것이라고 독자들도 잘 추측할 수 있다.

메시아의 승리를 예언한 예언자들이 모두 옳을 수는 없다. 뉴 에이지의 사자인, 신이 좋아하는 아들에 대한 예언들은 편견을 가지고 있는 것이다. 그러나 자신을 방어하기 위해, 편견이 들어가 있다고 할지라도 그들이 무언가를 더듬거리며 찾았다고 보아야 한다. 어떤 의미에서 그들 모두는 잘못된 만큼 올바르다고 해야 할지도 모른다. 우리 사이에서 살아 있는 메시아들은 항상 있었다. 물병자리는 각 개인이 자신에 대해 메시아라는 것을 알게 해줄 것이다.

만약 과거가 기준이라면, 많은 영적인 거인들은 새로운 가르침으로 도덕적인 관점을 방해하면서 우리의 잠을 방해하고 있다. 그들은 우리 사이에서 걷고 있으면서, 돌을 맞고 있으며 모욕을 당하고 있다. 우리는 이미 이들을 미친 자와 광신자라고 비난했지도 모른다.

우리는 조로아스터를 찔러 죽이고, 소크라테스를 독살하고, 피타고라스와 그의 동료들을 태워 죽이고, 모하메드를 독살하고, 사마드를 목 베고, 수피의 신비주의자 알 힐라이 만수르를 저격했다. 인간은 붓다에게 돌을 던졌고, 그에게 독이 든 음식을 바쳐 죽였다. 메시아 예수를 십자가에 처형하여 그를 예수 그리스도로 허구화시키지 않았는가?

진리에 대한 추구는 새 것도 낡은 것도 아니다. …… 아무도 그것을 창시한 것이 아니다. 아무도 그 지도자가 아니다. 많은 깨달은 사람들이 나타나, 도움을 주고 사라졌다는 것은 세계 도처의 현상이다.

오쇼(1986년), SOC

통일자가 태어날 것이며 상당히 많이 올 것이다. 단지 한 사람만이 아니고, 많은 사람이 그러할 것이다. 그리고 통일자가 태어나 성장해 가면, 점점 더 많은 사람들이 통일자의 사고에 포함되어 갈 것이다.

암브레스(1985년)

세계가 아바타라는 것 또한 진실이다. 전체로서의 인류는 인간의 형태를 하고, 어떤 특정한 사람, 개인이 아닌 아바타이다. …… 전체만이 예외 없는 신성이 표현된 것이다. 그러므로 스승은 그 배타적인 의미의 아바타가 아니다. 인류는 아바타이다.

아디 다 산토샤(1974년), GARB

'붓다의 땅' : 비인격적 메시아의 사원

시간이 지나면, 인류는 대대로 통일자의 성장에 기여하게 될 것이다. …… 통일자는 낡은 생각과 사랑을 제한할 수 있다는 태도를 반대한다. 그러나 낡은 생각은 새로운 것이 태어나는 데에 필요했다(또는 개화를 위해 필요한 비료). 모든 것이 하나이다. 새로운 것은 진정 새로운 것이 아니다. 이 모두는 다른 정신적 대가들이 앞서 언급한 것이지만, 그러나 그것이 살아나고 있다는 것이 지금 이해되고 있는 것이다. 이 말을 듣고 있는 모두는 통일자의 몸이고 팔다리이다. …… 당신들은 새로운 시기의 새로운 생각이다.

암브레스(1985년)

사람은 그가 살아왔던 방식(폭력적이고 무의식적)으로 살아오고 있다. 이번 세기말까지 중요한 양적인 비약이 가능하다. 사람들은 3차 세계대전으로 죽게 되거나 비약을 이루고 새로운 사람이 될 것이다. 그것이 일어나기 전에, 위대한 붓다의 땅-우리가 미래를 만들어낼 수 있는 장이 필요하다.

오쇼(1977년), DISUTRA

진화에 필요한 모든 과정들이 일어나고 있으며, 완전히 발전된 정신적 대가의 땅으로 들어가기 위해 필요한 변화가 확대되고 가속되고 있다. 결국 진화를 위해 개인적인 노력과 관련된 과정과 함께 새로운 체제로 들어가는 것이다.

아디 다 산토샤(1978년), BDY

지난 날에는 악한 일들이 빨리 퍼져 갔지만, 지금은 좋은 일들이 빨
이 퍼져 나가고 있다. …… 모든 것은 놀랍고 아름답게 나타나고 있
으며, 사람들이 낭비를 막거나 불필요한 것에 대한 욕구를 자제하게
만든다. 깨달음은 전염성이 있고, 모든 사람들을 빨리 변형시킬 것이
다.

타모-산(1989년), AWKW

물병자리 시대는 순종적인 양이 아니라 영적으로 고독한 자들을 지원한다. 환경에 순응하지 않는 자들인 영적 반역자들은 공통적으로 자아의 차이를 갖고 있다. 난세가 그들을 묶는 끈이다. 그들은 어떤 종류의 그리스도— 히틀러나 성스러운 군인들이 아니다.

물병자리 시대의 역설적인 진짜 스승들은 구세주가 물병자리에서 한 역할을 다시 수행하는 메시아들이 아니다. 그들은 내면의 진리를 추구하는, 반역적인 사람들을 위해 길을 안내해 주는 사람들일 것이다. 미래의 '메시아' 는 사람이 아니며 사람의 아들도 아니다. 단지 동일한 것을 많은 사람들과 공유하는 영적인 에너지 장이다. 영적인 변화를 추구하는 모든 구도자들은 다른 사람들과의 특이한 상호작용 때문에 떠오르게 될 것이다. 고독은 일체감을 낳는다. 사람들과 함께 물병자리의 정신적 대가들은 깨달음을 이루는 과정에서 새로운 현상, 붓다의 땅이라는 도처에서 더 위대한 메시아가 출현하여 해체될 것이다.

아쉬람과 과거의 군주들과는 달리 이 땅은 장소라기보다는 공유된 의식의 근원과 같은 것이며, 많은 구도자들의 에너지는 조용한 친교

의 매트릭스-핵 연쇄 반응을 위한 발사대에 함께 모인다. 구제프는 하나하나의 구도자는 백 명의 다른 사람들에게 영향을 주고, 백 명 이상의 구도자들은 대안적이고 깨달음을 위한, 삶의 확신 상태로 바꿀 수 있을 것이라고 느꼈다.

신비가 오쇼는 인간 구원을 위해 가장 큰 기회가 주어져서 의식의 노아의 홍수라고 할 만한 집단적이고 전염성이 강한 의식의 창조가 일어날 것으로 믿었다.

영성의 분야에서 아마추어적인 사람들은 자신이 세계의 중심이고, 신의 유일한 적자이며, 전세계의 구세주이고, 신의 메신저 …… 라고 주장할 것이다. 모든 사람들이 자신을 구원해야 하고, 모든 사람이 자신에 대한 구세주여야 한다는 단순한 법도 이들은 이해하지 못한다. 그러나 그것이 유일한 가능성이다.

그것은 자기 중심이 되는 것 이상이다. 자신의 평화는 전염성이 있다. 자기의 침묵은 확장되고 다른 사람들의 마음을 사로잡는다. 사랑은 흘러 넘치고 알지 못 하는 이방인들에게 도달하며, 그들의 마음에 새로운 춤, 새로운 노래를 준다. 그러나 이것은 자연적인 현상이다. 당신은 그 행위자가 아니다.

오쇼(1987년), REBL

제안된 깨달음의 핵심

나는 세계에서 어떤 일을 하기 원하며, 집중력을 갖고 하려고 한다. 나는 중요한 일에만 관심을 갖고 있다. 나는 새장으로부터 또한 두려움으로부터 자유롭고 싶고, 여러 종교를 찾거나 새로운 교파를 만들지 않고, 새로운 이론과 새로운 철학을 수립하지 않고 싶다. 사람들은 세상을 향해 계속 말하는 이유에 대해 나에게 묻고 싶을 것이다. 나는 그 이유를 말할 것이다. …… 만약 들을 만한 사람, 살고 싶은 사람, 자신의 진면목을 갖는 사람이 다섯 명만 있어도 그것으로 충분할 것이다.

J. 크리쉬나무르티

세계 평화를 위해서는 단지 인류의 1퍼센트의 1/10만 있으면 된다.
마하리쉬 마헤쉬 요기

나는 수십만의 제자를 원하지 않는다. 만약 내가 백 명의 완전한 사람들, 이기심이 조금도 없고 신의 도구가 될 사람들을 얻을 수 있다면, 그것으로 충분하다.

스리 오로빈도

단지 백 명의 사람만이 자기를 기억한다면 세계는 구제될 수 있다.
G .I. 구제프

…… 2백 명이 타오르고 깨닫는다면, 전세계가 깨닫게 될 것이다. 왜냐하면, 이 2백 개의 횃불들은 수백만의 사람들에게 불을 나누어 줄 수 있다. 사람들은 횃불을 들고 있지만, 어떤 불도 없다. 그들은 모든 것을 가지고 있지만, 불이 없다. 그리고 하나의 횃불에서 또 다른 횃불로 불이 옮겨져도 최초의 횃불은 잃는 것이 전혀 없다.

오쇼

다르마의 핵분열

만약 하루 동안에 모든 사람들이 악의를 버리고 이기적인 동기를 벗어 버린다면 세계는 황혼 무렵에 혁명이 일어날 것이다. 그것은 우호적인 변화를 위해 함께 하는 영혼의 힘 때문이다. 만약 사람이 그렇게 하기로 했다면, 자신의 생각을 의도적으로 변화시켜 21세기의 경이로움을 맞이하여 이 감상적인 세기를 통과할 수 있을 것이다.

이것은 현 세기에 발생하지 않을 것이다. 아, 슬프구나. 그것은 다음 세기에 비로소 일어나게 될 것이다. …… 사람이 다른 사람들을 자기처럼 돕는 것에 헌신할 정도로 놀라운 인간성(지축의 이동, 몽고메리의 지도령들이 말하는 것은 물리적인 것이며, 다른 예언자들은 영적이다)이 나타날 것이며, 좋은 생각들이 새로운 인종에게 투사될 것이다. 이것은 인간이 실제로 올바로 생각할(正思) 수 있다는 것을 보여주는 것이다.

루스 몽고메리의 지도령들(1979년), AMG

만약 우리가 과학의 발전을 잘 이용하여 과학의 파괴성을 회피할 수 있다면, 21세기에 많은 붓다, 많은 싯다르타, 많은 깨달은 존재가 태어나게 될 것이다. 인류의 전 역사에서 만들어진 것보다 더 많은 존재들.

상황은 오늘날의 과학보다 훨씬 더 좋을 것이다. 인류의 과거에 존재했던 모든 과학자의 수와 지금 지구에 살고 있는 과학자의 비율이 얼마나 될까? 독자들도 놀랄 것이다. 모든 과학자들의 90퍼센트가 현재 살고 있다. 그리고 사람의 모든 역사(1만 년 동안)에는 단지 10퍼센트만 존재했다. 그리고 오늘날 90퍼센트가 살고 있다.!
무엇이 일어나고 있나? 과학의 폭발이 나타나고 있다. 이와 같이 종교에서 폭발의 순간이 가까이 다가오고 있다. 붓다의 90퍼센트가 21세기에 살게 될 것이다. 그리고 과거의 모든 붓다들과 깨달은 자들은 단지 10퍼센트만을 차지할 것이다.

"내부"

이것은 모든 영적인 법칙의 기초이다. 그리고 당신에게는 이처럼 주어지게 될 것이다.

명령을 받음에도 불구하고 실패할 수밖에 없는 사람들은 어떤 행동도 자율적으로 경험하지 못한다. 그래서 각자는 묻게 될 것이다. "내가 해야 할 것: 여러 지배자, 다른 사무실 소유자, 또는 다른 사람들이 하지 않는 것이 무언지 ……." 그러나 각자는 "우리가 자신을 발견하기 위해 경제적인 조건을 마련하기 위해 해야할 것이 뭘까?"를 묻게 마련이다.

그래서 자신의 삶에서 매일, 매 시간을 인간 관계에서 받는 여러 가지 교훈과 영향을 행동으로 옮기기 위해 산다.

에드가 케이시(1933년), NO. 3976-14

말싸움을 중단하고, 연설을 중단하고, 자신의 업무로부터 잠시 물러나서 여기를 보라. 다른 사람들을 괴롭히고 있는 당신, 다른 사람들에 의해 고통을 받고 있는 당신. 판단하는 당신과 판단을 받는 당신-이곳을 보라. 다른 사람을 괴롭히고 다른 사람들에 의해 고통을 받는 것은 모두 쓸모 없는 것이다. 판단하고 판단을 받는 것 모두 어리석은 것이다. 매일 쥐들에게 사로잡혀서 분투, 투쟁, 왜? 무엇을 위해?

타모-산(1960년), LOOK

나는 아무도 자살을 선택할 것이라고는 믿지 않는다. 지금까지 사람들은 변함 없이 생존해 왔다. 왜냐하면 변화에 대한 긴급성이 없었기 때문이었다.

오쇼(1984년), BOFR

지구에 살고 있는 존재들의 생명을 유지하기 위한 현재의 유일한 방법은 …… 모든 사람들이 항상 자기 주위에 있는 모든 사람들만이 아니라, 자신도 죽을 수밖에 없다는 것을 항상 느끼고 인식해야 한다는 것이다. 그러한 느낌과 인식만이 이제 자신의 모든 본질을 집어삼켜 왔던, 내부에 형성되어 있는 이기주의를 깰 수 있다.

G. I. 구제프(1924-1927년), BEELZB

사람에게 악이란 없으며 세상에 악한 힘이란 없다. 단지 이를 인식하는 사람만이 있고, 빨리 잠들어 버리는 사람들이 있으며 일단 잠들면 무력하다. 모든 에너지는 깨달은 사람의 손에 들어 있다. 그리고 깨달은 사람은 모든 세계를 깨울 수 있다. 불이 붙은 양초는 빛이 소멸하지 않고도 수백만의 양초에 불을 붙일 수 있다.

오쇼(1986년)

이 세계를 구원하기 위해 노력하는 사람들의 의식에서 빠져 있는 것은 무엇인가?

그리고 아직……

세상에 평화를 실현하려는 모든 노력들은 실패했다. 기껏해야 우리는 비바람을 참고, 전쟁과 재난에 적응하고, 성스러운 위안을 받고, 고통을 무디게 할 뿐이다. 인간은 행동을 통제하기 위해 법을 만들었다. 그것은 인간이 의식에 따라 살아갈 수 없기 때문이다. 사회적인 도덕성이 부가한 양심은 기계적으로 무릎을 꿇고, 의무를 이행하고, 질서를 유지하는 것을 초월할 수 없게 만든다. 우리의 문명은 작동하여 왔지만 개화되지는 못했다.

세계를 구원하기 위해 진행된 모든 노력은 우리를 이 위험스러운 교차로에 이르게 만들었다. 사람들은 만여 년의 실패에 좌절할 수도 있지만, 실패를 성공에 다가갈 수 있는 계단으로 볼 수도 있다. 인류는 그 대답에 매우 가까이 있음에 틀림 없다고 나는 생각한다.

우리는 계시의 미래나 두려움의 미래에 직면해 있다. 미래에 대한 예언자들은 모든 가능한 재난을 중시하는 전통과 믿음을 추종하기보다는 미래로 향한 다리를 세우기 위한 방법을 우리에게 제시하려고 노력한다.

우리는 우리의 행성을 보호할 수 없을 것이다. 왜냐하면 거의 모든 사람들이 보호하는 데 필요한 최소한의 단계를 상실하고 있기 때문이다. 그리고 과거 지향적 프로그래밍은 사람들이 첫 번째 계단을 밟아야 한다는 것조차 모르게 만들고 있기 때문에, 고려의 대상조차 되지 못하고 있다.

열쇠는 우리의 바로 코 앞에, 아마도 더 가까이 있음에 틀림 없다. 인류는 항상 이를 놓쳐 왔다. 사회는 그 열쇠를 알아 보지 못하도록 모든 사람들을 훈련시켰다. 도덕성과 전통의 모습이 얼마나 다른지 상관 없이, 모든 문화에서 나는 이 절망적인 진실을 보아 왔다.

동양의 오래된 격언이 있다.

신은 병들고 인간의 기도를 듣는 것에 싫증이 났다. 그는 악마에게 이 모든 것을 던져 버리고, 제일 멀리 떨어진 별에 숨으라고 말한다.

"시간이 흐르면 사람들은 당신을 발견할 겁니다." 악마가 말한다, "그리고 당신은 모든 영원성을 가지고 있어서, 사람들이 다시 당신을 알기까지는 긴 시간이 걸리지는 않을 것입니다."

"걱정 마세요," 악마는 계속한다, "나는 간단한 치료법을 알고 있습니다. 사람들의 눈 뒤 오른쪽에 몸을 숨기세요. 그들은 당신을 보지 못 할 겁니다."

내일들의 열쇠는 당신, 나, 우리 모두가 중요하다는 것을 깨닫는 것이다.

모든 인간을 불행에 빠지게 만드는 씨앗으로부터 도망가지 말라.

과거에 대한 변명을 멈춰라. 우주에 떠 있는 당신의 유일한 집은 불타고 있으며, 우리 모두는 똑같이 성냥불을 붙이고, 다른 길로 들어선 것에 책임이 있다.

당신이 문제이며, 당신이 또한 해답이다.

세계를 구원할 첫 번째 계단은 내면에 있다.

맺음말

미래를 알기 위해서는 먼저 현재를 알 필요가 있다.

G. I. 구제프(1915년), Mira

어떤 위로의 말로 시간을 낭비할 여유가 없다. 즉각적인 변형이 절대적으로 필요하다. 그것은 인간이 이전에 직면하지 못했던 긴급한 것이다. 어떤 면에서는 어떤 미래도 존재하지 않게 될 정도로 불행하다. 또 다른 면에서 이 위기는 대단히 크기 때문에, 당신은 매우 행복하다―아마 그것은 당신이 깨어나는 것을 돕게 될 것이다.

세계에 대해서 걱정하지 말고 너 자신을 걱정하라. 너는 세계이며 만약 당신이 달라지기 시작하면, 세계가 달라지기 시작할 것이다. 그것의 일부, 본질적인 부분이 달라지기 시작했다. 세계는 변화하기 시작했다.

우리는 언제나 세상을 변화시키는 데에 관심을 갖고 있다. 그것은 하나의 도피이다. 나는 항상 다른 사람들의 변화에 관심이 있는 사람들은 실제로는 자기 자신의 동요, 자신의 갈등, 자신의 욕망, 자신의 고뇌로부터 도망하고 있는 사람이라고 느껴 왔다. 그들은 다른 어떤 것에 자신의 마음을 집중한다. 왜냐하면, 그들은 자신을 변화시킬 수 없기 때문이다. 자신을 변화시키는 것보다 세계를 변화시키려고 하는 것이 더 쉽다.

오쇼(1987년), HISP, GRCH

미래를 알기 위해서는 과거의 모든 내용을 아는 것뿐만 아니라 현재를 알 필요가 있다. 어제는 있었던 것이고 오늘은 현재 있는 것이다. 그리고 오늘이 어제와 같다면, 내일은 오늘과 같을 것이다. 만약 당신이 내일 달라지기를 원한다면, 당신은 오늘 달라져야만 한다.

G. I. 구제프(1915년), MIRA

순간을 사는 것만이 생존을 위한 유일한 방법이다. 그리고 이 순간을 위대하게 산다면, 다음 순간은 더 위대하게 될 것이다. 왜냐하면 지금 당신은 어떻게 살 것인지를 알기 때문이다. 당신은 점점 더 숙련되어 갈 것이며 점점 더 능숙하게 될 것이다. 매 순간 삶으로부터 더 많은 열매를 얻는 방법을 배우게 된다. 그리고 만약 사람이 하나의 삶을 완전히, 총체적으로 살 수 있다면, 그는 진실한 것, 영원한 것 …… 아담과 이브가 잃어 버린 열매를 맛보게 될 것이다.

오쇼(1986년), SOC

예언은 현재의 행동이 거둘 성과를 볼 수 있게 해주는 창이다. 만약 그것만이 미래라고 생각하여 지금 살고 있는 순간을 살지 않는다면, 그것은 별로 쓸모가 없다.

모든 것이 이동하고 성장하고 죽는 한에서—그들이 거대한 별이나 가장 작은 아원자 입자들이어도— 삶과 그 보완물인 죽음이 있는 한 진정한 안전은 있을 수 없다. 안전에 대한 환상은 변화에 대한 필요 때문에 관심을 끌지 못한다. 그리고 우리가 변화에 대한 시도를 하는 순간만이 현재이다.

현재는 우리를 기다리며, 휴식과 즐거움을 위해 그 장을 펼치는 영원성 그 자체이다. 우리는 이를 상실하고 있다. 우리는 그것을 수풀에서 번지고 있는 불의 연기와 같은 것으로 볼 수는 없다. 수풀에 붙은 불이라고 생각하는 것은 내일에 대한, 타오르는 집착이다.

나는 이 책을 독자들이 품고 있는 미래에 대한 집착에 맞불을 놓는다는 생각으로 집필했다. 우리는 매 순간 유토피아적인 불꽃과 아마겟돈의 불기둥으로 타오르고 있다.

지금이야말로 모든 것이다.

그리고 신은 우리 눈 바로 뒤에 숨어 있다.

내가 있던 곳이 어디든 그리고 내가 본 것이 무엇이든, 나는 항상 낙원에 있었다. …… 여기 이외에는 어떤 파라다이스도 없다.

타모-산(1989년), AWKW

이 지구는 장엄하고 마술적이며 기적일 수도 있다. 우리 손은 저 횃불을 쥐고 있으며, 우리는 그것을 결코 하려고 하지 않고 있다. 인간은 성장, 개화, 성취, 만족을 가져올 기회를 자신의 잠재성에 주지 못

하고 있다.

오쇼(1987년), CRCH

마지막으로, 세기말은 단지 일종의 정화일 뿐이라고 이해될 것이다.

마리오 드 사바토(1971년)

부록: 예언자에 관한 백과사전

압둘-바하 (1844-1921년)

바하올라의 장남이자 계승자. 아버지의 임종때에 바하이 운동의 해석자로서 완전한 권위를 인정받게 되었다.

그는 성인기의 대부분을 현재 이스라엘 땅에 있는 카르멜 산에서 기거하며 새로운 종교적 중심지로 삼았고 여기서부터 믿음을 확산시켰다. 그의 아버지와 같이 그는 세계 도처에 있는 신자들과 수도자와 엄청난 양의 서신 왕래를 했으며, 기쁨, 인내, 그리고 연민을 가지고 여러 해 동안 감옥 생활을 참아냈다.

1908년에 압둘-바하는 감옥에서 석방되어 유럽과 미국으로 장기간 여행을 했다. 여행에서 그는 전세계에 바하이교를 전파했다. 국제 연합의 필요성에 대해 세계 지도자들과 서신 왕래를 하여, 조직 형성에 대한 예언을 이루는 데에 공헌했다.

압둘-바하는 '바하(영광)의 종'이라는 의미이다.

에반젤린 아담스 (1865-1932년)

"미국의 여성 노스트라다무스"라고 불렸다. 그녀는 보스톤의 상류 사회에 점성가로서 많은 충격을 주었다. 그녀는 뒤에 뉴욕으로 옮겨 갔으며, 그곳에서 1914년에 도시의 미래에 대한 예언을 취소를 요구한 재판에서 점성술의 정당성을 방어하여 승소했다. 그녀는 법정에서 점성술을 보장할 것을 주장했으며, 12궁도에 대해 전혀 모르는 사람들까지도 자신을 지지하게 만들어, 피고측에 동조하게 만들었다. "피고는 점성술을 정당한 과학으로 옹호하여, 그 위신을 높혔다"고 배석한 판사는 결론을 내렸다. 그녀의 분석에 매우 감명을 받아 점성술이 뉴욕 주에서 더 이상 금지되지 않는다고 판사는 판결했다.

아담스는 백만장자 J. P. 모간의 전속 점성가가 되어, 다달이 주식시장의 변동에 대해 점을 보아 주었다. 그녀는 또한 전국적 라디오 프로그램에서 수백만의 청취자들에게 조언을 해주었다.

그녀가 한 가장 성공한 예언 중에는 영국 왕 에드워드 7세의 죽음에 대한 예언과 미국 대통령에 허버트 후버를 누르고 신예 후보 워렌 G. 하딩이 선출된다는 예언이었다. 죽음의 예언들은 그녀가 가장 잘 했던 것이었다. 그녀는 1932년 말에 자신의 사망을 알아맞췄다.

아디 다 산토샤 (1939-)

미국의 신비가로 "나는 의식적으로 서양에서 태어났다"고 말한 바 있다. 여러 이름을 갖고 있는 사람으로 어린 시절에는 뉴욕 주의 롱아일랜드에서 살면서, 이름이 프랭클린 앨버트 존스라고 했다. 그는 두 살 때까지 프랭크로 불렸다. 그는 자신의 임무가 다른 사람들의 마음을 열어 마음에 이르는 길을 인도하는 것이라고 깨달았다. 그래서 그는 정상적이고 일상적인 삶을 살아야겠다고 결정했고, 자신의 깨달음, 계명(the bright)의 상태를 포기하고, 고통받는 인간의 길을 선택했다. 그의 의도적인 하강은 매우 성공적이었다. 그는 스탠포드 대학과 콜롬비아 대학에서 철학 종교를 전공하던 수년간 신을 의심하면서 보냈다.

1964년에 그는 최초의 스승인 미국의 스와미 루스라난다를 만났으며, 뒤에 루디의 스승 스와미 묵타난다를 만나기 위해 인도로 갔다. 그는 의식의 확장을 위해 샥티 여신(탄트라의 여성 원리)의 신봉자가 되었다. 1970년대에 어린 시절을 깨달은 뒤에, 크랑클린 존스는 자신의 이름을 부바 프리 존이라고 바꾸었다. 영적인 실천을 시작한 때부터 점점 더 많은 서양의 구도자들이 그를 추종하였다. 그러나 이 정신적 대가는 제자들과 고요함 속에서 의사소통을 하는 것에 만족하지 않았다.

1973년에 그는 다 프리 존이라고 이름을 바꾸었으며, 더 진보한 두 번째 탄트라적 가르침의 단계를 시작했다. 해방을 향한 수단으로 스승과의 헌신적인 관계를 맺을 준비가 되어 있지 않은 것을 보고 그는 제자들의 내적인 공허를 드러내려고 하면서 생활방식을 '변경했다'. 이것은 장기간의 명상, 엄격함, 정화를 위해 수개월 동안 불철주야 수행하는 결사적인 정진의 시기였다. 그는 신에 대한 추구는 무익하며, 우리는 이미 자유롭다는 것에 대한 이해를 해야만 자유롭게 될 것이라고 가르쳤다.

1986년에 프리 존은 40권의 책을 출간했으며, 피지, 캘리포니아, 그리고 하와이에 3개의 아쉬람을 설립했다. 어느 날 밤에 그의 피지 아쉬람에 있는 제자들은 성찬식 중에 그가 말하는 소리를 듣게 되었다고 한다. 그는 제자들을 도우려고 노력했지만, 아무도 '이를 받지' 않고 있으며 몸을 지니고 있을 이유가 없다고 말했다. 그는 기절했고, 죽음에 들게 되었다고 한다. 그의 제자들에 따르면 그는 수분 동안 죽어 있었다고 말한다.

"그 사건으로 나는 진정으로 태어났다"라고 프리 존은 뒤에 설명했다. "나는 인간의 탈을 썼다." 그 경험은 두 번째의 깨달음과 같은 것이었다. 그 뒤 세번째 단계의 가르침이 시작되었다. 그는 이제 자신을 다(칼리) 러브 아난다라고 불렀다. 아마 이것은 그가 칼리 유가를 종결시키는 마지막 아바타(화신)라는 선언일 것이다.(인도의 예언에서 칼리는 마지막 아바타의 이름이다.)

그는 현재 쉬리 러브 아난다쉬람(피지섬의) 나이타우바에 반은둔 상태로 살고 있다. 그는 헌신자들의 친교 모임과 침묵의 명상 가운데 관련을 맺고 있다. 1991년 3월 30일에 자신의 추종자들이 고백한 감사의 말에 대답해 주었는데, 헌신자이자 전기 작가인 사니엘 본더는 이것을 '신이 육신을 통해 보내는 빛나는 계시'라고 불렀다. 다(칼리) 러브 아난다는 그의 새로운 이름을 '다 아브하사'라고 선언했다. 이 말은 '다리'를 의미한다. 본더는 그 이름은 다 아브하사의 역할을 사트 그루, 즉 "진실의 빛을 어두움을 향해 비추는 사람을 의미한다"고 말했다. 다 아브하사는 그의 《라이온 수트라》라는 책에서 깨달음에 이르는 길을 간단한 용어로 설명했다. "개인의 정체라고 할 수 있는 어떤 것도 결코 존재하지 않는다. …… 인간은 행복을 추구하는 존재이며, 행복 자체이다! 그리고 이것을 단지 목격하라."

세계 도처에 있는 헌신자들은 공동체의 집을 짓고 공동생활과 가르침을 수행하고 있으며, 그의 그림 앞에서 날마다 명상한다. 1995년에

다 아브하사는 제자들의 사랑과 의식이 깊어진 것을 기념하여 이름을 아디 다 산토샤라고 바꿨다.

암브레스

스투레 요한슨이라는 스웨덴의 목수와 채널링하고 있다고 주장되는 실체. 그는 최면 상태에서 세계에 대한 통찰과 적중률 높은 치료법을 제시하는 능력으로 북구의 에드가 케이시라는 평을 받고 있다. 그는 수줍음을 많이 타는 겸손한 사람으로 스톡홀름의 외곽에 있는 허름한 중급 아파트에 살고 있으며, 헐리우드의 여배우 셜리 맥클레인의 보호자로 1980년대에 세계적인 명성을 얻었다. 그녀는 ≪경계 밖으로≫라는 제목의 베스트셀러와 이를 각색한 영화를 통해 세계적 명성을 얻고 있다.

아갈타의 예언들

티벳의 얼어붙은 고지인 샹탕 고원 위에 살고 있는 몽고 인종인 유목민들에게는 아갈타라는 땅 속의 전설적인 왕국에 대한 전설이 전해지고 있다. 땅 속 깊숙이 살고 있는 세계의 왕과 위대한 지도자들은 백성들과 함께 거대한 동굴 도시로부터 나와, 다가오는 대재난에서 생존하는 사람들에게 자신들의 지혜를 나누어 주어 더 많은 깨달음을 줄 때를 기다리고 있다.

새들이 히말라야 계곡에서 침묵 속에서 떨어지고, 말들이 귀먹어 조용히 서 있을 때, 아갈타의 왕이 사람들에게 새로운 예언들을 전해줄 때라고 중앙 아시아의 유목민들은 믿고 있다.

스리 오로빈도 (1872-1950)

벵갈의 신비가이자 예언자. 인도의 캘커타에서 태어나, 1892년에 영국 캠브리지의 킹스 칼리지에서 교육을 받았다. 그 뒤 인도로 되돌아와 정치적, 영적인 혁명가가 되었다. 1908년에 그는 영국 정부에 의해 폭탄 테러 사건에 대한 피의자로 체포되었다. 그는 힘든 감옥 생활을 하는 동안, 명상과 요가를 통해 자신의 통찰력을 닦았다. 그는 캘커타에서 이사했으며, 1910년 이후에는 퐁디세리에 아쉬람, 즉 영적인 학교를 세웠다. 그곳에서 그는 월간지를 출간하기 시작했으며, 서정시를 썼다. 이들 작품들은 영적, 우주적 주제에 두루 걸쳐 있었지만, 우선적으로 인간의 미래에 대비하기 위한 방법으로 물리적, 영적 진화-새로운 인간의 탄생이 필요하다고 주장했다.

생의 후반기의 수십 년 동안 스리 오로빈도는 은둔 생활을 하면서 추종자들에게 별로 나타나지 않았다. 그는 오로빈도의 추종자들에게 '마더(어머니)'라고 알려진 오랜 기간 동안의 제자, 미라 알파사를 후계자로 삼았으며, 그녀는 뒤에 영적인 계승자가 되었다.

메허 바바 (1894년-1969년)

"이제 나는 갈 것이다." 인도의 가장 위대한 신비가 중 한 사람이 남긴 마지막 말이었다. 그의 최후의 말은 임종 때가 아니라 그보다 44년 전에 주장되었다. 메허 바바는 세계 도처에 있는 성직자들에게 처음에는 칠판에, 나중에는 자신이 개발한 수화를 이용하여 대화를 한, 묵언으로 일관한 현인이었다.

그는 인도 푸나의 파르시 가정에서 태어났다. 어린 시절에 그를 친구들은 '전기'라고 별명을 붙여 주었다. 그것은 그가 지닌 높은 에너지 때문이었다. 1914년 1월의 어느 날 밤, 아프가니스탄 출신의 유명한 여성 신비가인 바바잔은 그의 이마에 키스를 하여, 무한한 자기 실현을 하라고 축복해 주었다. 그 뒤 1개월 동안 메허 바바는 몽유병자처럼 방랑을 했다.

"바바잔의 키스를 받은 뒤에 나는 내가 대양처럼 느껴졌다. 나는 축복의 나라에서 벗어나 '물방울'의 의식이 되고 싶지는 않았다"고 바바는 말하고 있다. 그러나 그의 저항에도 불구하고 스승, 우파스니 마하라지는 메허 바바의 눈 사이에 힘차게 돌을 던져 '대양'에서 '물방울'로 되돌아 오게 했다. 이것은 바바잔이 키스로 열어 주었던 성스러운 깨달음을 덮어 주었다.

"그것은 실재성 속에서 무한한 축복을 경험했던 환상 속에서 현재의 무한한 고통이 시작되었다."고 바바는 말했다.

1920년대를 통해 바바는 유럽과 미국에 있는 제자들과 함께 서양으로 여행을 떠났다. 뉴욕 시의 독심술사는 바바에게 선물을 주려고 했다가 충격을 받았다. "결코 어떤 마음도 읽을 수 없다!"고 그는 중얼거렸다. 바바는 어떤 마음도 없었으며 자신의 순수한 의식은 마음을 넘어 존재한다고 칠판에 적어 설명했다. 메허 바바는 또한 '성스러운 광기'를 경험하고 있는 탐구자들인 마스터들을 다룬 작품으로 알려져 있다.

그는 1969년 1월 30일에 머리를 하늘 쪽으로 똑바로 든 채 죽었다. 그는 마지막 말을 수화로 표현했다. "내가 신이라는 것을 잊지 마라."

로저 베이컨 (1214?-1294년)

영국의 프란체스코파 수도승. 부유한 가정에서 태어난 그는 반항적이고 조숙한 젊은이였다. 베이컨은 미신의 시대에 과학적인 선구자들을 탐구했다. 그는 옥스포드와 파리대학에서 공부했고, 연금술, 점성술, 천문학, 광학과 수학의 석사가 되었다. 베이컨 시대의 중세적 세계에서는 신은 '빅 브라더'였으며, 신학자는 그의 무오류성을 주장하는 사도였다.

베이컨은 역사상 가장 위대한 과학적 예언자들 중 하나이다. ≪세크레티스의 사도≫(1269년)를 펼쳐 보면, 명쾌하고 흠 없는 언어로 현대의 비행기, 차, 그리고 배와 적교(吊橋), 잠수함, 그리고 헬리콥터에 대한 설명이 나오고 있다.

시간이 지나면서 베이컨은 주변에서 정통의 올가미가 죄어들어 오고 있다는 것을 느꼈다. 그는 "의심쩍은 신기함" 때문에 감옥에 14년 동안 갇히게 되었다. 그는 1292년에 석방된 직후에 곧 죽었다.

바하올라 (1817-1892년)

'미즈라 후세인 알리'라고도 알려져 있다. 이란의 신비가로 이슬람교의 분파인 바하이교의 수장과 영적인 메시아의 역할을 맡은 뒤에, '신의 영광'을 의미하는 페르시아 말의 별명을 계승했다. 바하이교의 창시자 알리 모하메드— '바압'(문)이라고도 한다.—는 순교했다.

이 선언은 바하올라가 오랜 동안 정통 이슬람교로부터 핍박을 받게 만들었다. 그는 처음에 자신의 선교 활동을 위해 테헤란에 갇혀 있었으며, 뒤에는 페르시아에서 추방되었다. 팔레스타인에서 살면서, 그와 가족은 아크레의 감옥에서 여러 해를 보내면서, 오토만 당국으로부터 많은 핍박을 감수해야 했다. 그의 사도들에 따르면, 그는 유쾌하고 신비한 엄격함을 유지하며, 감금 생활을 보냈다고 주장한다.

종교적인 냉대에도 불구하고, 그는 세계의 지도자들과 보통 사람들을 똑같이 통합해야 한다는 메시지를 유포했다. 그는 감옥에서 작성한 편지를 통해 이를 탁월하게 수행했다. 생의 마지막에 이르자 터키의 술탄은 제한 조치를 해제해서 바하올라는 이스라엘의 카멜 산 근처에 바하이교의 메카를 세우는 데에 마지막 수년간을 보내낼 수 있게 되었다.

토마스 바냐카 (호피의 예언자들)

현대 호피족의 장로 가운데 한 사람으로서 비전을 통해 내려온 백인들에 대한 특별한 전설을 믿고 있다. 그것은 핵전쟁, 온실, 또는 영적인 불에 대해 사람들에게 알릴 수 있도록 최후의 날 직전에 우리가 살고 있다는 것에 관련된 징조였다. 호피의 전망은 모든 고대의 미국 원주민 예언에 대한 영적인 기초 자료이다.

1992년 10월 10일에 토마스 바냐카는 UN의 세계 원주민들을 위한 해에 부족의 장로들로부터 메시지를 마지막으로 발표했던 사람이었다. 그는 국제연합 총회 때, 텅 빈 좌석을 향해 호피의 예언들에 대해 말했다. 그의 간단한 말은 다음과 같다.

"고대의 예언에 따르면, 호피의 영적인 지도자들은 언젠가 전쟁 없이 세계 문제를 풀기 위한 법과 규제에 따라 미카의 큰 집에 전세계 지도자들이 모일 것이라고 되어 있다. 그 예언은 실현되어 당신들이 여기에 오늘 있는 것을 보고 나는 놀랐다! 하지만 단지 한 줌밖에 되지 않는 국제연합의 대표들이 전세계로부터 온 모티 시놈('첫번째 사람' 또는 '원주민'에 해당하는 호피어)의 말을 듣기 위해 오늘 여기 참여하였다."

바냐카는 자신의 임무는 국제연합이 원주민들에게 문을 열어 정당한 선택을 하게 만드는 것이며, 만약 이것이 이루어지지 않는다면 앞으로 오게 될 대파국에 대해 경고하는 것이라고 말했다. "페르시아 전쟁은 제3차 세계대전의 시작이었지만, 그것은 중단되었다. 그때에 가장 나쁜 파괴의 무기가 사용되지는 않았다. 이제 우리의 미래를 위한 선택을 존중해야 할 시간이다. 우리는 선택을 꼭 해야 한다. 만약 세계의 국가들이 또 다른 대전을 일으키면, 호피족들은 인간은 자신을 재로 만들게 될 것이라고 믿고 있다. 국제 연합은 가능하면 영적인 원주민 지도자들에 대해 문을 완전히 열어야만 한다."

전세계에서 온 원주민 대표들의 발표가 있기 9일 전에 뉴욕은 개기월식을 경험했다. 국제연합의 의사당 지붕 위에서도 달빛이 어두워지는 것을 목격할 수 있었다. 곧 이어 억수와 같은 비와 강력한 바람을 몰고온 시커먼 폭풍 구름에 의해 가리워졌다. 12월 11일에 뉴욕에는 가장 악독한 홍수가 몰아쳤다. 고속도로는 범람했고 집들은 쓸려 내려갔으며 국제연합 건물은 더위와 폭우로 저지대가 범람하였으며, 모든 직원들이 오후 업무를 중단할 수밖에 없었다. 태풍이 한참 몰아치고 있던 때에 바냐카와 다른 원주민 추장들은 UN의 여러 기관 대표들과 함께 지하 회의실에서 기도 모임을 가졌다. 그 뒤에 몇몇 참가자들은 더 이상의 피해가 맨하탄에서 일어나지 않을 것이라고 말했는데 태풍이 그날 오후에 중단되었다.

바르톨로메오 홀츠하우저 신부

스와비아 출신으로 17세기 티롤(오스트리아)의 성 요한 교회의 신학 교수이자 신부였다. 14세에 그는 이미 종교 문제에 대한 통찰력 때문에 존경을 받게 되었다. 그는 종종 은둔 상태에서 열성적으로 금식 기도했으며, 종교적인 정열로 교구의 농부들에게 모범적인 성직자로 존경을 받았다. 왕자들과 왕들은 그의 깊은 지성을 높이 평가했다. 그는 마이언스의 선제후 요한 필립의 궁정에 손님으로 초빙되었다.

바르톨로메오 신부는 프랑스 혁명, 히틀러, 제2차 세계대전, 냉전, 그리고 오존층에 구멍을 뚫는 로켓 등에 대해 정확하게 예언했다.

베로수스 (서기전 2세기)

칼데아의 점성술사, 역사가, 그리고 당대의 가장 위대한 마술사 중 한 명이었다. 그의 원 저작 단편들은 로마의 시인 세네카와 위대한 로마의 웅변가 키케로의 유작을 통해 현재에 전해지고 있다. 그의 모든 예언들과 점성술적인 주장들은 대부분 정확했다고 고대 그리스인들은 전하고 있다. 아테네인들이 그의 동상을 세울 정도로 그는 높은 존경을 받고 있었다. 금박된 그의 혀는 예언의 진실성을 상징했다.

학자적인 재능을 가진 사람으로서 그는 바빌로니아의 역사 중에서 3권의 책을 선정해서 그리스 말로 번역했는데, 여기에는 길가메쉬(노아 홍수의 칼데아판)의 서사적 연대기도 기록되어 있다.

윌레스 블랙 엘크

현대의 라코타 수족 주술사이자 위대한 수족 주술사인 블랙 엘크(검은 큰 사슴)의 손자이다. 그는 '독수리 사나이'로도 알려져 있는데, 그는 말을 할 때면 언제나 독수리 깃털을 쥐고 있었다고 한다. 그는 독수리의 영혼의 말을 전달하였기 때문에 말투가 어눌하고 더듬거리는 등 독특했다고 한다.

이 책에서 인용된 그의 예언들은 1985년에 오레곤의 포트랜드에 있는 인디언 지도자들과 신비주의자들이 공개 모임을 하는 동안 이루어진 것이다. 주제는 인류의 종말이 마지막에 왔다는 고대 호피의 예언이었다. 1990년에 윌레스 블랙 엘크는 윌리엄 S. 리온의 ≪블랙 엘크: 라코타의 성스러운 길들≫(하퍼-콜린즈)을 출간했다.

블라바츠키 여사 (1831-1891년)

유명한 러시아의 신비학자. 그녀는 러시아의 에카테리노슬라브에서 태어났으며, 17세 때에 국가 참사관인 니세르포어 블라바츠키와 결혼하였다. 결혼 생활은 미래의 신비학자이자 영적인 채널러에게는 적합하지 않았고, 그들은 곧 결별했다. 그녀는 그 뒤 세계 일주 여행을 했고, 사원들, 유적들, 그리고 멕시코의 마야 피라미드에서 인도의 사원과 화장터에 이르기까지 종교적 센터를 방문했다. 그녀의 저작들은 동서양의 신비주의를 잇는 가장 위대한 다리 역할을 하는 것으로 남아 있다.

1873년에 그녀는 뉴욕 시에 정착했으며, 그곳의 심령주의자 모임에서 환영을 받았다. 이 시기에 그녀는 H. S. 올코트 대령을 만났으며, 이 두 사람은 신지학회를 창립했다. 뒤에 둘은 학회의 본부를 인도의 마드라스로 이동했다.

성 요한 보스코 (1815-1888년)

농부 집안에서 태어나 홀어머니 밑에서 자랐으며, 청소년들 사이에서 종교적 소임을 맡을 기회가 있었기 때문에 이 주제에 대해 어린 시절부터 관심을 가졌다. 1841년에 목사로서 서품을 받았다. 그는 청소년 범죄에 대해 19세기식 소년원을 세우는 책임을 맡았고, 농업 학교와 병원들에서 섭외 업무를 담당했다. 그는 곤궁한 시기에 식구들을 위해 공기에서 음식을 만들어 주었다고 한다. 1874년에 카톨릭 교회의 대파국에 대해 예언한 성 보스코의 교황 비오 4세에게 쓴 편지는 지금도 바티칸 문서국에 보관되어 있다.

베르틴느 부키용

19세기 프랑스 수녀. 그녀는 거룩함과 경건성으로 많은 존경을 받고 있으며, 프랑스 생 오메르의 성 루이스 병원에서 환자들을 치료하는 데에 자신의 삶을 헌신했다. 그녀의 예언들은 적그리스도의 출현에 대한 것이었다. 그녀는 대파국 전의 '마지막 날들'이 그녀의 세기에는 발생하지 않고 우리의 20세기에 있을 것이라고 확신했다.

투시자 브라한

코인니치 오다르 피오시체라고 알려져 있기도 한, 빛나는 유성을 보며 미래를 점친 17세기의 스코틀랜드의 투시자. 그는 단순한 농장 노동자로 일하면서 예언적인 리딩을 제시했다. 그와 친했던 사람들에 의하면, 그는 정말 명석했고 실제적인 사람이었다고 말했다. 브라한 섬으로부터 본토로 명성이 재빨리 퍼져 나갔으며, 코인니치는 그의 모든 투시 내용을 모아 두었다. 그의 예언들은 주로 스코틀랜드의 미래에 집중되었다. 그는 타르 칠한 도로, 기차, 파이프로 공급되는 가스와 물, 그리고 20세기의 도덕의 해체에 대해 예언했다.

결국 그는 정직한 예언들 때문에 마법사로 몰려 화형되었다. 그가 화형주에 매달리게 되었을 때, 시포스의 백작 부인은 그가 틀림없이 지옥에 떨어질 것이라고 선언했다.

그는 다음과 같이 대답했다. "나는 천국으로 갈 것이지만, 당신은 가지 못할 것이다. 내가 죽은 뒤에, 양쪽 방향에서 갈가마귀와 비둘기가 날아와 재 위로 내려앉을 것이다. 만약 갈가마귀가 맨처음에 내려오면 당신 말이 옳을 것이지만, 비둘기라면 내 희망이 이루어진 것이다."

이말은 백작부인을 화나게 해서 그녀는 타오르는 타르 통에 그의 머리를 밀어넣으라고 명령했다. 전설에 의하면, 백작부인은 하늘을 날던 비둘기와 까마귀가 투시자 브라한의 재 위로 내려앉는 것을 보았다. 비둘기가 처음에 내려앉았다고 한다.

브레이브 버팔로

브룰 수족 출신의 주술사. 이 책에 인용된 그의 예언들은 1985년에 인디언 지도자들과 오레곤 주의 포트랜드의 신비가들의 대중 집회 때에 이루어진 것이었다. 그는 인류의 종말기가 가깝다는 고대 호피족의 예언을 들려 주었다고 한다. 의례에 참여한 다른 인디언 예언자들은 윌레스 블랙 엘크(라코타 수족), 토마스 바냐카(호피족), 그리고 그레이스 스포티드 이글(이누이트 족) 출신이었다.

고타마 붓다 (서기전 563?-483?)

불교의 창시자. 그는 인도 국경 근처에 있는, 현재의 네팔인 카빌라바스타 마을 근처에서 고타마 싯달타로 태어났다. 그는 고대 인도의 두 번째 계급인 전사 계급의 족장 아들로 태어났다. 점성가들에 따르면, 그는 위대한 세계의 정복자가 되거나 위대한 붓다(깨달은 정신적

대가)가 될 것이라고 예언했다. 29세에 고타마는 자신의 안전한 왕자로서의 생활을 포기하고 방랑하는 탁발 수도자가 되었다. 6년 동안의 엄청난 노력 뒤에 그는 깨우침을 얻었지만, 그는 깨달음을 얻으려는 모든 노력들도 쓸데 없다는 것을 깨닫게 되었다고 한다. 그는 불성이 모든 인간에게 생득적으로 존재하는 것이라고 가르쳤다. 그것은 성취가 아니며, 단지 자신의 존재성에 대한 진실을 향해 해체되어가는 것일 뿐이다.

그는 붓다로서, 그 뒤 45년 동안 동인도와 네팔을 두루 돌아다니면서 일시에 만여 명의 제자들을 모았다.

정통 힌두교도들은 8차례에 걸쳐 암살 음모를 실행했고, 마지막으로 그는 상한 음식을 먹고 독살된 것으로 보인다. 그는 임종시에 세계의 덧없음에 대해 말하면서 마음, 몸, 그리고 욕망의 작용과 환상들에서 벗어나기 위한 명상과 자신이 본 진실을 모인 제자들에게 가르쳤다.

"자신을 비춰라"라는 말이 그의 마지막 메시지의 핵심이었다. 고타마 붓다는 5월 보름에 태어났고 깨달았으며 죽었다고 한다.

에드가 케이시 (1877-1946년)

20세기의 가장 중요한 예언자 중 하나. 케이시는 미국 켄터키 주의 홉킨스빌 근처에서 태어났다. 그는 순수한 농촌 아이였으며, 수줍고 품성이 좋고 종교성이 깊었다. 그는 매년 한 번씩 성경을 읽었다고 한다. 그의 육감은 학문을 받지 못한 결과로 깨어났다. 아홉 살 때 선생님은 그를 바보라고 불렀는데, 그것은 그가 '오두막(cabin)'이라는 말을 정확하게 발음하지 못했기 때문이다. 그는 아버지에게 철자법을 배울 수 없었다. 그날 저녁 그는 자기 방에 들어가 좌절감을 느꼈다고 한다. 케이시는 뒤에 일단 혼자 남으면 "지금 자라, 그러면 내가 너를 돕겠다."는 어떤 목소리를 들었다고 한다. 케이시는 그의 머리 아래에 베개로 감싼 철자책을 배고서 선잠에 들었다. 그의 아버지가 그를 30분 뒤에 깨웠을 때, 케이시는 놀랍게도 책의 모든 내용을 암송할 수 있게 되었다고 한다.

야구는 케이시의 치유력을 깨우는 데에 도움을 주었다. 어린 시절 한 친구가 홈런을 쳤는데 그 공이 자신의 머리에 맞게 되자 심한 상처를 입었다. 소년 게이스는 혼수상태가 되어, 집으로 옮겨졌다. 혼수상태에서 그는 말을 했는데, 어머니에게 목덜미에 어떤 찜질약을 붙여달라고 하는 것이었다. 그렇게 하자 그는 곧 회복되었다.

그는 고등학교를 다니다가 학업을 중단했다. 그는 결혼을 했고, 두 아이의 아버지가 되었으며, 처음에는 점원으로 나중에는 서점에서 일하였고, 그 뒤 생명보험 판매원으로 간신히 먹고 살았다. 시간이 지나자, 혼수상태에서 긴 의자에 누워 구체적인 병치료 처방을 하는 무식한 시골뜨기가 있다는 소문이 미국 도처로 퍼져 갔다. 예를 들면, 케이시는 당뇨병에 걸린 사람들에게서 인슐린 수치가 높게 나타난다는 것을 발견하기 전에 뚱딴지 같은 처방을 했었다. 과학자들과 기자들은 허스트 연합 신문이 "미국의 잠자는 예언자"라는 별명이 붙은 케이시를 방문하기 위해 홉킨스빌로 모여들었다.

그는 전생애를 통해 수천 번의 리딩을 했으며 이는 문서화되어 있다. 여러 해 동안 그는 작업에 대한 대가를 받지 않겠다고 고집했지만, 결국 아내는 그를 확신시켜 지불할 능력이 있는 사람에게는 저렴한 대금을 받았다. 그는 가난한 사람들에게는 서비스를 무상으로 해

주었다.

1927년에 케이시는 버지니아 주 버지니아 비치로 이사해서, 부유한 후원자들의 지원을 받으며 서민 병원을 세웠다. 그의 명성이 높아지자 지역 당국으로부터 핍박을 받았고, 두 번이나 체포되었다. 면허 없는 의료 행위를 했으며, 뉴욕을 방문하여 '점'을 쳐 주었다는 것이었다. 두 번 모두 벌금을 물어야 했다.

케이시가 미래에 대해 의식적으로 한 예시는 아주 특이한 경우에 국한되었다. 1931년 6월 더운 여름 그는 자기 집 마당을 파헤치고 있었다. 갑자기 그는 손에서 곡괭이를 떨어뜨리고 똑바로 서 있었다. 한 마디 말도 없이 그는 집으로 뛰어들어가 문을 걸어 잠그고 서재에 틀어박혔다. 여러 시간 뒤에 그는 밖으로 나와 수백만의 남녀가 죽게 될 전쟁이 다가오고 있는 환상을 보았다고 설명했다. 1930년대에 잠든 상태에서 진행된 수천 번의 리딩을 필사한 것 중에는 제2차 세계대전에 대한 정확한 날짜, 시기, 기간에 대해 설명되어 있다.

케이시는 자신이 시공간의 경계에 서 있고, 가위를 들고 있는 붉은 뺨의 소년을 만난 꿈에 대해 자세히 말한 적이 있다. 케이시는 아름답게 미소짓는 소년에게 누구냐고 물었다. "나는 죽음이에요" 하고 그는 대답했다.

예언자는 충격을 받아 "이것은 내가 죽음에 대해 생각해 온 것과는 다르다"고 말했다.

소년은 웃으며 어깨를 으쓱해 보였다. "아무도 나에게 아름다운 경험을 기대하지 않아요."

"그러면 그 가위는 왜 들고 있니?" 하고 케이시가 물었다.

그 소년은 그의 시간이 다 되면, 이 가위는 몸과 영혼을 연결하는 은실을 잘라낼 것이라고 대답했다.

 1945년 1월 5일에 소년의 가위는 은실을 싹뚝 잘라냈다. 그날이 에드가 케이시가 휴식을 취하게 된 날이었다.

체이로 (1866-1936년)

 천리안을 가진 수상가(手相家)인 백작 루이스 하몬의 가명.(그리스 말로 '손'을 의미한다) 그는 수상학, 수비학, 그리고 점성학을 통해서 뛰어난 예언들을 한 것으로 유명하다. 하몬의 삶은 비밀스럽고 오컬트적인 미스터리로 가득 차 있다. 그는 1905년에 벌어졌던 청일 전쟁 때 특파원 생활을 했었다. 그는 제1차 세계대전 동안 영국의 첩보 기관을 위해서 자신의 재능을 사용했으며, 육감적인 스파이 마타 하리는 그의 연인 중 하나였다.

 하몬은 말년까지 결혼하지 않았으며, 자신의 최면술을 아름다운 여인들을 유혹하는 데 사용하였다. 기혼녀인 경우에는 특히 더 했다. 그는 유도의 달인이었고 리볼버 권총 사격의 명수였으며, 정부의 남편이 명예훼손으로 고소하려는 경우 자신의 재능을 발휘했다. 그도 또한 질투하는 남편에게 자상(刺傷)을 입기도 했다.

 1930년대에 하몬은 극작가의 행운을 얻기 위해 헐리우드에 진출했다. 그곳에서 그는 형이상학 학교를 설립하여, 미래에 일어나게 될 일들과 로스엔젤레스에 뉴 에이지와 오컬트가 정착하는 데 중요한 역할을 했다. 곧 그는 릴리안 기쉬, 메어리 픽포드, 그리고 연출가 에릭 폰 스트로하임 등 헐리우드의 유명한 스타들을 자신의 고객으로 받아들이게 되었다.

 1926년에 그는 《체이로의 세계예언》이라는 책을 썼으며, 1931년에 이를 개정했다. 1990년대인 지금 이 책을 안락한 의자에 앉아 읽게 되면, 지나간 70년 간의 장기적인 역사를 살펴보는 착각에 빠질 정도로 그의 예언은 정확하다.

백작 루이스 하몬은 헐리우드의 대로변에 있는 자신의 집에서 1936년 8월에 죽었다. 많은 심령주의자와 '남캘리포니아'에서 형이상학에 관심을 가진 자들은 7417번지에 있는 그의 집에서 그가 나타난다고 한다.

성 콜롬브실 (522-597년)

아일랜드의 성자. 41세에 영국의 이오나 섬에 정착했다. 그곳에서 그와 열두 제자들은 수도원을 세웠다(그의 이름 콜롬바에 붙어 있는 접미어 cille은 수도원 방 또는 교회를 의미한다). 그는 많은 양의 종교적 예언적인 수기, 시, 찬양가, 그리고 성가를 썼다.

콜롬브실은 34년간 순례를 계속했으며, 스코틀랜드, 헤브리디즈, 오크니스, 쉐트랜드, 그리고 파로스와 아이슬랜드의 바이킹 지역 등에 있는 이교도들에게 자신의 기독교적 방식을 설교했다.

그는 주로 사랑하는 아이레의 어둡고 우울한 미래에 관심이 있었다. 1000년 경에 있은 바이킹의 아일랜드 침공, 뒤이어 일어난 엥글로 노르만 침략, 1641년 아일랜드 반란, 그리고 1845~1850년의 아일랜드의 감자 대기근 예언 등이 유명하다.

데이비드 굿맨 크롤리 (1829-1889년)

아일랜드에서 태어났지만, 뉴욕에서 자란 미국의 투시자. 그는 뉴욕의 《이브닝 포스트》지를 위해 일한 존경받는 저널리스트였으며

1862년과 1872년 사이에 ≪세계≫지의 편집장으로 일했다. 그는 최초의 미국 여성 기자들 중 하나인 여성 권익 옹호가 제인 커닝햄과 결혼했다. 당시에 뛰어난 금융 시장 예측자로 잘 알려진 그는 1873년 공황을 발생하기 2년 전에 예언했으며, 이때 몰락한 최초의 은행 이름(제이 쿡 & 컴퍼니)과 붕괴한 최초의 철도회사(노던 퍼시픽)의 이름도 알아 맞췄다. 1870년대에 건강이 좋지 않아 저널리스트 일을 정리했다. 그는 비지니스와 정치학에 관한 예언서를 쓰면서 생을 마감했는데, 이것들은 ≪미래 예측≫이라는 제목으로 1888년에 출간되었다. 크롤리는 동료들에게 그것을 읽으라고 충고하면서, 자신의 예언은 "2000년에 평가될" 것이라고 했다.

달라이 라마

티벳의 정치적, 영적인 지도자. "지혜가 대양과 같이 큰 스승"이라는 몽고말에서 온 것이다. 티벳에서 달라이 라마의 뛰어난 지도력은 제5대 달라이 라마 롭상 갸초(1616-1682년)의 시대에 발휘되었다. 그때부터 그 이름은 영적 수준에서만 존재하고 있는 티벳의 수호 성인인 보살의 화신이라고 생각되며 대대로 이어져 왔다. 보살은 5개로 나누어지는 하위의 영적 단계로, 물질계에서도 나타날 수 있다. 영적인 동정심을 지닌 관음보살은 달라이 라마의 화신이라고 알려져 있다. 각 달라이 라마는 선행자의 윤회로 받아들여진다. 달라이 라마가 죽은 몇 년 뒤에 특별한 오컬트적인 힘을 갖는 승려들은 다른 몸으로 다시 태어난 떠나간 스승들의 영혼을 확인하기 위해 도처로 파견된다. 각 후보자들에 대해 여러 종류의 영적인 인터뷰가 진행된다. 그들은 질문을 받고, 몇 가지 물건들을 보게 된다. 그들 중 몇 가지는 선행하는 달라이 라마의 개인적인 유품들이지만, 몇 가지는 미끼이다. 그가 정확하게 개인 유품들을 식별하고 자신의 정체를 확증하는 다른 실험을 통과하면, 그는 라사(티벳의 수도)의 대 포탈라(사원)로 되돌아 가고 티벳의 정치적, 영적인 지도자로서 새로운 삶을 준비하며, 교육은 대개 18살 때 시작된다.

13대 달라이 라마 (1876-1933년)

동정심을 갖는 보살이 인간의 모양으로 화신한 이로서, 자신의 독특한 영적인 덕과 속세의 행동으로 티벳 사람들에 의해 존경을 받은 새로운 달라이 라마. 툽텐 갸초는 위대한 5대조 이래 가장 위대한 달라이 라마 중 하나라고 여겨졌다. 그는 정치가와 깨달은 자로서의 임무에 합당한 행동가이자 개혁가였다. 많은 달라이 라마들이 위대한 영적인 지도자들이기는 했지만, 정치가로서는 초라했거나 그 반대였기 때문에 이 두 가지를 통합한 자는 드물었다.

툽텐 갸초는 일련의 원대한 개혁들을 이끌었다. 그의 지도 아래 공무원의 수가 늘어났고, 라마 승려들의 부패가 폭로되었다. 그는 또한 티벳의 형벌 제도를 바꿨고, 사형제도를 폐지했다. 그는 티벳을 현대 세계로 이끌어 전기, 전신, 전화를 도입했다. 깊은 영적인 인물로 13대 달라이 라마는 매일 평균 6시간의 명상과 영적인 연구를 하는 데 보냈다. 죽기 바로 직전에 그는 공산주의 중국이 티벳을 침략하여 대파국이 올 것이라는 것을 국민들에게 정확하게 경고했다.

14대 달라이 라마 (1935-)

티벳의 예언에 따르면, 텐진 갸초는 달라이 라마의 계보에서 마지막이라고 여겨지고 있다. 그는 아직 10대였던 1950년에 중국 공산주의자들이 '평화로운 해방'이라는 슬로건 아래에서 티벳을 침략하여 티벳의 문화와 종교를 체계적으로 파괴하기 시작하였을 때, 백만의 티벳인들의 뜻에 따라 정치적인 지도를 맡게 되었다. 1958년에 실패한 티벳의 전국 봉기로 젊은 신-왕은 인도의 다르질링으로 망명하게 되었다. 그 이후로 14대 달라이 라마는 자신의 억압받는 동족의 곤경을 극복하기 위해 세계를 여행하였다. 1990년대에 세계의 지도자들은 그의 메시지를 고려하기 시작했다. 그는 비폭력적인 종교적, 정치적 행동주의자인, 가장 위대한 20세기의 성자 마하트마 간디와 비교된다.

다니엘

깨어진 십자형의 서판 조각처럼 정체를 알기 어려운 구약의 예언자. 다니엘은 실제로 여러 사람이었을 것으로 추측된다. 처음은 서기전 14세기의 우가리트의 전설에 나오는 다니엘 왕이었을 것이다. 두 번째는 ≪에제키엘≫ 14:14에 나오는 정의로운 사람의 예(노아와 욥과 함께)이고, 세 번째는 ≪에제키엘≫ 28:3에 나오는 비밀을 아는 현자였다. ≪다니엘서≫의 1-6장에서 이 예언자는 외국의 궁정에서 왕의 꿈을 알아맞춘 젊은 유대인으로 여러 왕들을 모신 고관이었다. 그러나 18-12 장에서는 천사에 의해 해석된 꿈과 환상에 관한 이야기에 나오고 있다.

별다른 시간 상의 착오가 없다면, 이야기와 예언은 바빌로니아와 페르시아 시기인 서기전 6세기에서 4세기 사이에 이루어진 것이다. 그러나 그들은 우선 유대를 공격한 위대한 정복자인 알렉산더 대왕의 계승자들을 훨씬 후대의 선동가 안티오커스 4세 에피파네스(서기전 175-163년)로 설명하고 있다. 어떤 시대의 다니엘이건, 반 유대인적인 야수의 소굴에서 살아남은 다니엘은 기독교의 메시아인 예수가 도래하는 시기를 정확하게 예언했다.

베잔 다루왈라 (1931-)

인도에서 태어난 세계적으로 유명한 점성가. 그의 재치 있고 정확한 예언들은 남아시아와 중동의 전역에서 8개 이상의 다른 언어로 출간되어 있다. 그는 산제이 간디와 인도의 신비가 오쇼(라즈니쉬)의 죽음을 정확하게 예언했으며, V. P. 싱에게 라지브 간디가 패배할 것을 예언했다. 남아프리카의 감옥으로부터 넬슨 만델라가 석방될 것이라는 1988년 8월에 한 그의 예언은 34일 만에 이루어졌다. 나는 그가 명랑하고 철저히 인생을 즐기는 보수주의자라는 것을 알게 되었다. 그는 또한 점성술의 신비성을 제거하는 유머 칼럼을 아트 부치왈드라는 이름으로 썼다.

앤드류 잭슨 데이비스 (1826-1910년)

미국의 가장 위대한 기술 예언자로 심령주의운동의 지도적인 이론가였다. 그는 1856년 이전에 비행기 여행, 개솔린, 자동차, 그리고 조립식 건축에 대해 예언했다. 그는 뉴욕의 오렌지 카운티에서 1826년에 술주정뱅이 구두 수선공의 아들로 태어났다. 그의 공식 교육은 초등학교에서 5개월에 불과하다. 데이비스는 빈곤 속에서 살았고 머슴살이를 했다. 그러나 순회 재봉사와 아마추어 최면술사인 윌리엄 리빙스턴이 그의 투시능력을 발견하고는, 그를 격려하여 순회 신앙 치료사로 만들었다. 데이비스는 트랜스 상태에 들어 뉴욕 시에서 150번이 넘는 강의를 했다. 그는 또한 미래에 관한 수많은 책들을 썼는데 그가 한 미래의 창조에 관한 가장 위대한 예언들은 1856년에 출간된 ≪신전의 내부≫라는 책에 실리게 되었다.

프란체스카 데 빌리안트 백작 부인

이탈리아 사보이 출신으로 저녁 식사를 하는 동안 예언적인 통찰력으로 사람들을 즐겁게 해주어 20세기 초에 각국의 왕실 인척과 권력 브로커들 사이에서 유명했다.

지아키노 데 피오레 (피렌체의 요아킴: 1139-1202년)

이탈리아의 카라브리아에 살았던 카톨릭 시토수도회의 수도승. 그는 성경과 예언적인 작품들에 대해 해석을 단 유명한 학자였다. 미래에 대한 그의 예언들은 전통에 상당히 의존해 있다. 미래에 대한 해석은 그의 저작인 ≪영원한 복음의 예언들≫에 실려 있는데, 여기에는 구약 시대를 아버지(성부)의 시대, 즉 복종과 두려움, 노예제와 전통의 시대라고 부르고 있다.

예수는 아들(성자)의 시대인 즉 믿음, 상징, 젊음, 그리고 자유의 시대라고 불렀다. 그에 따르면, 우리는 세 번째의 마지막 시대인 성령의 시대에 살고 있는데, 짧고 폭력적인 대파국기 뒤에 문명이 꽃필 것이다. 이때는 서로의 사랑과 우정의 시기가 될 것이다. 세계는 완벽한 자유, 부활, 명상에 대해서만 알 것이며, 결국 영적인 초월을 이루게 될 것이다.

데구치 나오 (出口ナオ, 1836-1918년)

일본의 여자 투시자이자 오오모토교(大本敎)의 창시자이다. 그녀는 바위(땅)의 신인 쿠니토코타치-노-미코토의 현신이라고 추종자들은 생각했다. 말년(1892년)에 그녀는 일본의 신인 우쉬토라-노-콘진과 접신한다고 주장했는데, 그는 붓을 든 그녀의 팔을 움직여 메시지를 전달한다고 한다. 나오는 글을 배우지 못했다고 한다. 접신 상태에서 그녀는 능숙하게 붓을 놀려 숙련된 서예가의 솜씨를 발휘했다. 그녀는 종종 캄캄한 어둠 속에서 종이 위에 붓으로 글을 적었다.

그녀의 사위 데구치 오니사부로(出口王仁三郎, 1871~1948—물의 신, 스사노의 물질적인 현시로 생각되는)의 협조로 그녀는 신도와 불교의 가르침과 예언적인 전통을 종합하여 새로운 교파를 창시했다. 나오와 오니사부로가 대표하고 있는 신들은 국가 종교인 신도(神道) 아래에서 억압되었던 존재들이다.

마리오 드 사바토 (1933-)

현대 프랑스의 천리안(Clairvoyant). 이탈리아인 아버지와 프랑스인 어머니 사이에서 난 이 사생아는 어린 시절부터 종교적인 헌신과 신앙심을 보였다. 그의 예언들은 진 딕슨과 유사하게 카톨릭적 영향을 상당히 받고 있다. 1970년대에 그는 유럽의 가장 유명한 신탁자 중 하나이다.

호앙 데 바티구에로

13세기 기독교 투시자로 이 세기의 전환기에 핵전쟁이나 생태학적인 재난에 의한 바티칸의 몰락을 투시한 사람 중 하나이다.

진 딕슨(1918-1997년)

그녀는 미국 최초의 여성 예언자로 30년 이상 동안 예언가로 각광을 받아왔다. 그녀는 위스컨신의 한 마을에서 태어나 독일에서 이민한 부모에게 입양된 일곱 형제 중 하나였다. 어린 시절, 그녀는 간호원이 될 건지 배우가 될 건지 망설였다고 한다. 그녀는 양쪽 모두 이룰 것이라고 생각했을지도 모른다. 그녀는 매우 카리스마적이고 달변인 텔레비전형 개성을 지니고 있었다. 금연가이자, 정기적으로 미사에 참여하는 카톨릭 신자였으며, 노인들을 돕고 아동을 보호하는 데에 시간을 많이 보냈다.

1946년에 딕슨은 인도의 분리가 일어나기 한 달 전에 그 날짜까지 예언하여 세계적으로 알려진 점성술 칼럼니스트로 존경받게 되었다. 그녀는 또한 1964년의 알래스카 지진을 세계에 경고했다. 존과 로버트 케네디의 암살에 관한 그녀의 예언들은 역사상 가장 위대한 예언으로 평가되고 있다.

에제키엘

성경에 나오는 사제이자 예언자. 그는 서기전 587년에 대성전이 파괴되고 바빌론 유수가 끝나기 전인 유대 왕국의 마지막 시기에 성직을 시작했다. 그의 재직기 동안 유대 국가는 성전에서 희생 의식을 수행하던 것을 중단하고, 믿음을 회복하는 위대한 변혁을 수행하게 되었다. 학자들은 이것이 시나고그의 형성으로 귀착되었으며, 유대율법의 연구를 최고점에 이르게했다고 지적한다. 혹자는 정신병적인 것이라고 볼지 모르지만, 에제키엘은 자신의 예언을 기이한 것에 접근하는 행동과 문학적 장치로 표현했다. 에제키엘의 예언에 포함된 날짜들은 구약 성서 중에 가장 은밀한 것이다. 최초의 예언은 서기전 593년전에 시작하여 서기전 571년 전에 어떤 신탁으로 끝을 내고 있다. 학자들은 에제키엘의 이중성 때문에 혼란스러워 하고 있다. 1:1-3:11 장들은 그가 팔레스타인에 있는 유대인들에게 메시지를 보냈다는 것을 보여 준다(11:1-3). 처음에는 유수 전에 팔레스타인에 있는 사람들에게 말하고 있으며, 뒤에서는 예루살렘과 성전이 재가 된 뒤에 바빌로니아로 유수된 자에게 말하고 있는 것이 아닌가 성경 연구가들은 추측하고 있다. 어떤 사람들은 팔레스타인에 있던 유대인들에 대한 그의 메시지는 유수된 곳에서 이루어진 것으로 보아, 세속적인 사람과는 달리 그가 투시자였다고 믿는다.

에제키엘의 메시지는 선택의 자유와 하나님과 동료 인간들과의 관계에서의 책임을 강조한 것이다.

꽃피는 아몬드 나무의 예언

1944년에 연합국측의 폭격기들은 베를린을 공격하고 있었다. 파괴된 교회의 폐허에서 납으로 된 관이 발견되었는데 거기에는 19세기의 베네딕트 수도회 수도승이 쓴 것으로 보이는 책의 표지에 '꽃피는 아몬드 나무'라는 제목을 단 문서가 있었다. 양피지 표지 위에 암호로 적힌 예언표가 있었는데, 연(年) 단위로 간단히 예언되어 있었다.

≪아마겟돈 사본≫(엘리멘트 북스)의 저자인 유명한 예언 해석가 피터 르미슈리어는 "분명히, 해석자의 독창성이나 예언자의 정확성을 입증하는 것이 어느 정도 필요하겠지만, 예언과 사건을 관련시킬 때에는 기교를 부려서는 안된다."고 말했다.

제느 수사

프랑스 브레타뉴의 퐁제레에 있는 클라리스 수도회의 대수도원장. 그의 예언들은 대부분 1798년 이전에 이루어졌지만, 1819년에 보세에 의해 파리에서 간행되었다. 가장 유명한 그의 예언은 20세기가 지나기 전에 주의 최후의 심판을 목격하게 될 것이라고 언급한 내용이다.

굿 호스 족(오야테 순카와칸)

현대 미국의 원주민 신비가. 그는 비사얀의 주술사, 담뱃대 전수자(pipe carrier), 그리고 라코타 테톤 수족의 태양춤꾼이다. 그는 압레자 티오스파이의 메디칼 센터에서 영적인 자문을 하고 있다.

G. I. 구제프(1877-1949년)

현대 러시아의 신비주의자로 깨달은 자, 수피의 대가, 악마 등 많은 꼬리표들이 붙어 있다. 구제프가 가장 좋아 하는 별명은 '춤 선생'이었다고 한다. 그는 러시아의 아르메니아에 있는 알렉산드로폴에서 태어났다. 어린 시절 조숙하다는 말을 들으며, 독립적이고 반항적인 젊은이로 자라났다. 약 20년간 구제프는 삶의 신기하고 불가사의한 모든 현상을 이해해 보겠다는 일념으로 중앙 아시아와 중동의 티벳의 극지를 두루 여행했다. 구제프는 제1차 세계대전 이전에 모스코바에서 제자들을 모으기 시작했다. 그러나 신비학 학교를 수립하려는 노력은 러시아 혁명에 의해 방해되었다.

구제프는 종종 자신의 제자들에게 사람은 다른 세계(彼岸)를 익힐 수 있기 전에 이 세계(此岸)를 먼저 익혀야 한다고 말했다. 그는 자신의 영적인 사업을 유지해야 할 세속적인 필요 때문에 무서운 방법을 사용했다. 그와 그의 추종자들은 러시아에서 곤궁에 시달려야 했지만, 1922년에 구제프는 파리 근처의 샤토 뒤 프리외레를 간신히 사들여 "조화로운 인간 개발 연구소"를 열게 되었다. 샤토 뒤 프리외레에서의 영적인 작업의 대부분은 성스러운 춤의 기법을 개발하고, 인간의 한계를 넘어 에너지와 의식의 더 높은 단계로 들어가도록 노역을 하게 했다.

1924년 어느 날, 구제프는 차를 몰다가 나무에 충돌했다. 그는 파괴된 차 옆에서 혼수상태에 빠졌지만, 담요가 덮여져 있고 베개가 베어져 있는 그를 경찰이 목격하였다. 뇌진탕과 내상을 심각하게 입은 구제프가 도움 없이 스스로 트렁크를 열어 어떻게 담요와 베개를 찾아 눕게 되었는지 전혀 알 수가 없었다.

그는 회복되었고, 신비학 학교를 해체하였으며, 3권의 책에 자신의 가르침을 기록하는 데에 전념했다. ≪손자들에게 들려 주는 베엘제법의 이야기≫, ≪비범한 사람들과의 만남들≫, 그리고 마지막으로 ≪삶은 '나'일 때에만 진정한 것이다≫ 등이 그 책들이다.

1933년부터 그는 계속 파리의 작은 아파트에서 거의 고립된 생활을 했으며, 이곳에서 1940년에서 1944년까지의 나치 점령 시절을 보냈다. 그는 헌신적인 제자들의 작은 모임과 야간 모임을 갖는 자리에서 자신이 우주적인 진실을 이해한 것을 나눠 주면서 여생을 보냈다.

헤르메스 트리스메기스투스

객관적인 학자들에 의하면, 헤르메스 트리스메기스투스는 서기 처음 몇 세기 동안 알렉산드리아에서 살았던 철학자들이거나 한 철학자를 말한다. 그리스와 플라톤적 정통주의의 무미건조하고 낡은 가르침에 대한 반역적인 글들이 ≪헤르메티카≫로 묶여 있다.

주관적인 정보원들에 따르면, 헤르메스는 위대한 아틀란티스의 대사(adept)로서 대홍수 이전 시기의 인물이라고 본다. 그들에 따르면, 그는 아틀란티스 제국이 1만 2천 년 전의 기상학적인 조건 때문에 '대단히 습하게' 된 뒤에 이집트의 신비학 학교들을 창설했다. 이 헤르메스는 서양의 거의 모든 비교적인 가르침들에 대한 기초를 놓았다고 믿어지고 있다. 그의 책 ≪하얀 여신≫에서 로버트 그레이브스는 헤르메스의 우주적 역할을 '여러 영혼의 지도자'로 특징짓고 있다. 그는 점성학을 창안했다고 하며, 그의 가르침은 오컬트 연구가들에 의해 타롯(tarot)의 뿌리가 되었다고 여겨지고 있다.

이 책에서 사용되고 있는 예언들은 헤르메스의 필명을 사용한 어떤 저자의 저작이라고 생각되는 ≪아스클레피우스와의 세 번째 대화≫에 나온 것이다. 그것에 의하면, 기독교가 모든 이방적인 미덕을 파괴하는 미래를 예언하고 이를 매우 애통해 하고 있다.

성 힐데가르트 폰 빙엔 (1098-1179년)

독일의 베르메르스하임에서 태어났으며, "라인 강의 여 예언자"라는 별명을 가지고 있었다. 그녀는 디센베르크 근처의 베네딕트 수도원에 들어갔으며, 그곳에서 1136년에 수녀원장이 되었다. 그녀는 서양 중세에 가장 뛰어난 여성 중 하나였다고 평가되고 있다. 여러 복음서들에 대한 해설서도 포함되어 있는 그녀의 수많은 저작 중에는 지방의 성자들의 삶, 자연 과학과 인간의 신체에 관련된 책에 이르기까지 재미 있고 객관적인 관찰들이 많이 나오고 있다. 1147년경에 그녀는 빙엔 근처의 루퍼츠베르크 수도원으로 옮겼으며, 그곳에서 그녀는 ≪Scivias≫라는 대파국과 관련된 저작을 통해 예언을 발표했다. 그녀는 화려하고 은유적인 '신탁'과 '계시'를 통해 믿음과 아울러 심판을 수행했다. 그러나 그녀는 권력을 가지고 있던 친구들이 많아서 결코 화형을 당할 염려가 없었다. 그녀는 80살까지 장수하여, 4명의 교황과 2명의 황제, 영국의 헨리 2세, 클레르보의 성 베르나르도와 같은 뛰어난 성직자들, 아일랜드의 예언자 성 말라키와 같은 친구들과 긴밀히 왕래했다.

한스 홀처 박사

1971년에 ≪미래의 개관≫이라는 책을 편찬한 뛰어난 초심리학자. 그것은 엄밀하게 탐구하고 있던 영국과 미국의 심령가와 투시자들의 예언들을 정선하여 요약한 것이다. 그의 연구 성과들은 ≪예언자들은 말한다≫(뉴욕: 밥스-메릴 출판사 1971년)에서 발표되었다. 1995년에 홀처 박사는 1970년대에 ≪예언들. 세계 운명의 전망들: 진실, 가능성, 또는 오류≫(컨템퍼러리 북스)라는 제목의 책에 기록된 예언들의 실현이나 실패를 다룬 개괄서를 개정했다.

쎄무 후아르테 할아버지 (1904-?)

현대 미국 캘리포니아주의 오자이의 추마쉬 인디언 주술사. 이 상냥한 원주민은 백인들에 의한 고난의 시기를 유머를 가지고 인내해 왔다. 예를 들면, 초등학교 시절 그는 다른 아이들에 의해 계속 얻어맞았다고 한다. 백인 기독교 가정의 아이들은 그리스도를 죽였다고 믿었기 때문에 어떤 유대인 아이를 때리곤 했다. 어느 날 젊은 세무와 그 유대인 아이는 방과 후에 때리려고 달려드는 아이들에게 쫓기고 있었다고 한다. 세무는 그에게 "왜 너는 그를 죽였니?"라고 물었고, "그를 죽여?" 하고 상처입은 친구는 반문하면서 "나는 그를 알지도 못했어!"라고 대답했다고 한다.

아이린 F. 휴즈

시카고 출신의 현대 미국의 투시자.

얼마이어

프라이라싱 출신의 독일 바바리아 투시자의 필명.

이사야

≪구약 성서≫에 등장하는 예언자의 이름. 헤르메스 트리스메기스투스와 같은 헬레니즘적 투시자의 경우처럼 이사야의 이름은 한 사람의 통찰력을 바탕으로 뒤에 작품을 모았던 여러 사람들이 사용하던 이름이다. '최초의 이사야'는 1-39장에 해당하며, 몇몇 구절은 제자들이 추가한 것으로 보인다. 이 예루살렘의 이사야가 주장한 것처럼, 그는 유대에서 4명의 왕(서기전 783-742년의 우지아, 742-735년의 요담, 735-715년의 아하즈, 그리고 715-687년의 헤제키아)의 고문역을 맡았다. 역사는 그가 웅변적인 종교 도덕가였다는 것을 보여 주며, 정치적인 배반자들에 대항하여 연설한 천재적인 시인으로 기억하고 있다. 서기전 721년에 앗시리아 제국에 의해 북왕국 이스라엘을 무너트린 것과 유사하게 여러 음모가 남왕국인 유대를 위협하고 있었던

상황이었다.

40-45장은 대개 '제2의 이사야'로 알려진 무명의 저자에 의해 씌어졌다고 생각된다. 그는 바빌론 유수 말기에 대한 예언을 제시했다(서기전 587-539년).

마지막 장들(56-66)은 '이사야'의 필명을 사용하는 여러 저자들로부터 나온 서술이다. 그들은 바빌론 유수 이후 시기의 희망과 실망을 덧붙이고 있으며, 과거에 약속받은 땅을 재건설하고 다시회복하기 위한 이스라엘의 노력에 대해 설명하고 있다. 이 저자들은 종종 '제3 이사야'라는 제목 아래 분류되고 있다.

예레미야

장기간의 좌절스러운 상황을 인내한 유대의 예언자. 인내와 불굴의 의지를 갖은 성직자. 그는 사랑하는 유대인들이 어두운 밤을 지나 마침내 살아남게 될 것이라는 줄기찬 믿음을 가지고 있었다. 서기전 587년경부터 수년 동안 바빌로니아인들에 의해 예루살렘이 몰락하는 사건이 일어날 것과 성전이 파괴될 것이라고 예언하여 많은 핍박과 조롱을 받았다. 그는 이집트로 탈출했던 탈주자들 사이에 섞여 있었다고 알려져 있다. 그곳에서 미래에 대한 비관적인 어두운 예언을 했다. 동시대인들 중에는 그가 전파한 복음을 믿었던 사람은 소수였던 것처럼 보인다. 그러나 이스라엘 사람들이 결국 바빌로니아 사람들의 멍에로부터 자유롭게 되었을 때 그의 예언은 바로 증명되었다.

요엘 (서기전 600년)

구약 성서의 예언자로 우주적인 징조, 질병, 성스러운 전쟁, 패망과 회복의 드라마틱한 종말론적인 전망들을 많이 제시했다. 학자들은 요엘을 서기전 600년 이전이나 서기전 350년 이후의 사람이라고 생각하고 있다. 대부분은 두 번째의 예루살렘 성전인 서기전 450년과 서기전 400년 사이라고 보고 있다.

안톤 요한슨(1858-1929년)

스웨덴에서 태어나 16세에 노르웨이로 거주지를 옮긴 평범한 어부. 요한슨은 종교심이 깊었던 사람으로 미래에 대한 투시 재능을 신의 힘과 사랑으로 돌렸다. 그는 목자, 선생, 어부, 그리고 뒤에는 노르웨이의 핀마르크 주의 황무지에 대한 지도를 작성했던 측량 기사로 일했다. 그와 같이 일했던 동료들은 그를 정직하고 용감하며 편견을 갖지 않고 신에 대한 순수한 믿음을 지녔던 사람으로 기억한다. 초기의 예언적 전망은 같은 동네에 살던 친구들과 친지들에 대한 것이었다.

그는 카리브 해의 마티니크 섬에 있는 성 피에르 시를 파괴한 1902년의 거대한 화산 폭발, 1906년의 거대한 샌프란시스코 지진, 그리고 이탈리아의 메시나 시를 파괴한 1908년의 지진 등을 정확하게 예측했다. 모건 로버트슨과 체이로와 같이 타이타닉 호의 침몰을 예언했을 뿐만 아니라, 침몰한 배 이름과 희생자 중 하나인 백만장자 존 제이콥 애스터 4세의 이름도 지적해 낼 수 있었다.

세계적인 사건들에 대한 예언들은 1907년 11월의 어느 날 밤에 이루어졌다. 요한슨은 어떤 목소리와 현란한 빛 기둥 때문에 깊은 잠에서 깨어났다. 처음에 그는 하늘로 들려 올라가 오스트리아의 대공 프란시스 페르디난드의 암살을 목격하였다. 그 뒤 그는 제1차 세계대전의 여러 사건들, 러시아(공산주의자)와 독일(나치) 혁명을 보았다. 또 그는 온실 효과로부터 일어나는 엄청난 태풍을 보았다.

파트모스의 성 요한

서기 81-96년경에 쓰어진, ≪신약 성서≫의 독특하고 철저히 종말론적인 책인 ≪계시록≫의 저자로 성서의 예언자 중 마지막에 오르는 사람이다. 기독교로 개종하여 독실한 신자가 된 사람으로, 그리스의 파트모스 섬에 있는 동굴에 갇혀서 운명적인 계시에 대해 썼다. 거기에서 그는 로마 제국에 대해서는 물론 미래의 대파국에 대해 환상적이면서도 정확하게 서술했다.

대개 ≪계시록≫의 요한과 사도 요한이 동일한 인물이라고 생각하고 있다. 이 두 저작을 자세히 검토해 보면, 그들은 전혀 다른 사람이라는 것이 나타나 있다.

≪계시록≫의 예언들이 과거 회상적인지에 대해 많은 논의가 있다. 어떤 학자들은 '짐승'이나 '적그리스도'는 우리의 미래에 있을 일이 아니라 오래전 과거에 사라졌던 일이라고 생각하고 있다. 히브리 숫자로 '666'이라는 숫자는 요한의 시대에 잔인한 로마의 황제 네로의 이름과 큰 차이가 없는 라틴어 철자였다.

카테-찰 (서기 1세기경)

중앙 멕시코의 고대 톨텍족 인디언들이 가장 위대한 예언자로 생각한 인물. 현대의 학자나 고고학자들이 중앙 멕시코의 테오티우아칸의 폐허라고 믿고 있는 툴라의 성스러운 톨텍 시의 운명을 카테-찰은 예언했다.

카테-찰의 뛰어난 예언 중에는 '천둥 막대(구식총)'를 발사하는

'빛나는 금속 옷'을 입은 스페인의 정복자들의 도래에 대한 것도 있다. 그는 또한 백인들의 침략에 의해 야기된 아메리카 원주민들의 대파국, 코르테스에 대한 아스텍의 패배, 유대인들과 같은 톨텍인들 자신의 디아스포라에 대해 설명했는데, 이는 그가 죽은 지 5세기 뒤에 있었다. 남북아메리카에 걸쳐 있는 많은 원주민 투시자들과 같이 그는 '백색의 동쪽 사람들'은 우리 시대의 가까운 미래에 발생하게 되어 있는 마지막 전쟁으로 완전히 파괴될 때까지 병기를 부지런히 개발시킬 것이라고 믿었다. 이 사건 뒤에 톨텍인들과 사랑과 의식의 개발에 헌신하는 사람들은 툴라의 성스러운 도시를 재건할 것이다. 그곳은 앞으로 새로운 인류의 영적, 문화적 중심 중 하나가 될 것이다.

J. 크리쉬나무르티 (1895-1986년)

남인도의 철학자이자 명상가로 안드라 프라데쉬에서 태어났다. 영국의 신비학자 C. W. 리드비터는 마드라스 외곽의 해변에서 연약한 13세 소년을 '발견했다'고 한다. 그는 뒤에 브라만 출신 젊은이의 오라가 놀라울 정도로 순수하고 무구하다는 것을 확신하여, 애니 베산트와 신지학 운동의 지도자들에게 신지학의 창시자 블라바츠키 부인이 예언한, 위대한 세계적 스승 마이트레야(미륵불)의 영혼을 실현시키도록 했다.

리드비터와 베산트는 그 소년을 양자로 삼았고, 그를 마이트레야의 출현이 예정된 순간을 위해 몸, 마음, 영혼의 준비 과정을 거치게 했다. 크리쉬나무르티가 비교적인 음모의 세월을 보내면서, 34세에 이르러 이 독특한 실험이 절정에 도달했다. 1929년에 그는 네덜란드의 옴멘에 있는 신지학자들의 세계적인 회합에서 변신하기로 되어 있었다. 그는 자신이 마이트레야라고 주장하지 않고, 메시아로서 자신을 이용하려고 세웠던 조직, "동방의 별 교단"을 해산할 것을 공개적으로 명령했다. 그는 "진리에는 길이 없으며, 어떤 종교나, 어떤 교파나, 어떠한 길로도 거기에 접근할 수 없다. 그것이 내 생각이며, 나는 절대로, 그리고 무조건적으로 그것을 고수하고 있다. 무한하고 무조건적이고, 어떤 길에 의해서도 접근하기 어려운 진실은 조직될 수 없다. 또한 어떤 조직도 어떤 특별한 길을 따라 사람들을 지도하거나 지배하기 위해 형성되어서는 안된다. 누군가를 따르는 순간, 진실을 따르는 것을 멈추는 것이다. 나는 단지 하나의 목적을 가지고 있다. 영원히 행복하게 되기 위해서는 사람들을 해방시키는 것, 그들을 자유를 향해 가게 하는 것. 모든 제한을 깨게 하는 것이 그가 자아의 무조건적인 실현을 할 수 있게 해 줄 것이다"라고 말하면서, 지도자직을 사임했다.

손을 꼭 쥐고 작별 인사를 하면서 크리쉬나무르티는 옴멘에서 어안이 벙벙한 청중들을 남겨 두고 떠났고, 이후 50년 동안을 추종하지 않는 추종자들의 스승 없는 스승으로 남았다. 그는 진실에 대한 자신의 경험을 정기적으로 줄기차게 말했다. 그는 아동 교육에 깊이 관여했고 미국, 영국, 스웨덴, 그리고 인도에서 비 문하생에 의해 건립된 크리쉬나무르티 학교를 감독했다.

크리쉬나무르티는 1948년까지 완전히 영적인 깨달음을 얻지 못했다고 말했다. 그러나 그는 이미 이번 세기의 많은 지도적인 철학자들-데이비드 봄과 루퍼트 쉘드레이크와 같은 뛰어난 과학자들, 그리고 올더스 헉슬리와 같은 재능 있는 작가들에게 강의와 수많은 책들로 영향을 주었다. 그는 91세로 죽기 바로 직전까지 강의를 했다.

엠마 쿤츠 (1892-1963년)

스위스 브리트니우의 마을에서 태어난 여성 투시자이자 신비가. 19세에 그녀는 도망간 연인을 찾으러 미국을 여행했으나, 그를 찾지 못했다. 그녀는 고향으로 돌아와 허드렛일을 하고, 하녀 일을 했으며, 봉제 공장에서 노동하면서 생계를 유지했다. 그 동안, 그녀는 또한 시를 써서 발표했다.

41세 때 비로소 신비가이며 신앙요법가로서 그녀는 펜듈럼을 진단 도구로 사용하여 사람들을 치료했다. 그녀는 아이온 A('아이온'은 '무한'의 그리스말)라고 부른 알프스의 동굴에서 발견한 광물과 약초로 먼저 병자와 장애자를 치료했다. 주변의 많은 시골 사람들은 그녀의 치료가 효력이 있는 것을 보고 기적이라고 생각했다. 엠마 쿤츠는 결코 말을 하지 않았다. 그녀는 자연적인 힘이 모든 사람들에게 유용하다고 주장했다. 사람들은 물질 지향적인 생각을 하고 있기 때문에, 자신들의 직관으로부터 벗어나 있을 뿐이다.

결국 그녀의 치료법은 박해를 받았으며 그녀는 브리트니우로부터 또 다른 스위스 주로 이사를 해야 했다. 거기서 그녀는 71세로 죽을 때까지 치료와 초상 현상에 대한 연구에 헌신했다.

쿤츠 부인은 또한 미천한 예언자가 아니라는 것이 입증되었다. 그녀는 종종 과거, 현재, 또는 미래의 사건을 시공간을 넘어 본다고 말했다. 그녀는 펜듈럼을 통해 환상과 놀라운 기하학적인 모양을 한 그림들―이것을 그녀는 "21세기에만 이해될 것"이라고 했다―을 연구했다. 그녀의 더 유명한 예언들 중에는 대기층에 구멍을 뚫게 될, 로켓이 출현할 것이고, 미국에 의해 발명된 "전세계를 파괴할 수 있는 무기〔핵무기〕"에 관한 것도 있다. 그녀는 이것이 우주로부터 들어오는 죽음의 광선을 지표에 방사되게 할 것이며, 이를 적시에 멈추지 않는다면, 수백만 명을 죽이게 될 것이라고 경고했다. 과학은 단지 50년 뒤에 그녀가 한 통찰의 참뜻을 알게 되었다. 로켓의 배기 가스는 오존층을 소멸시키는 데에 주요한 요인 중 하나라는 것이 밝혀졌다.

라 살레트의 예언

1831년에 프랑스의 이세르에서 태어난 석수장이의 딸, 멜라니 칼바는 1846년 10월 19일에 성 처녀(성모 마리아)를 목격했다. 그날 발표된 보고서에 따르면, 이 14세 된 아이가 그레노블 근처에서 라 살레트의 공동체가 있는 작은 산맥 쪽을 향해 그녀의 친구, 막시맨느 지로드와 양떼를 몰고 경사지를 내려갔다고 한다. 처음에 멜라니 칼바는 태양이 작은 시내 옆에 떨어졌다고 생각했다. 멜라니 칼바는 빛나는 공이 열려지며 "온통 빛과 꽃으로 덮인 아름다운 부인"이 나왔다고 말했다. 그 부인은 작은 개천 안에 있는 돌 위에 앉아서, 너무나 슬픈 모습으로 손으로 얼굴을 감싸고 나왔다. 그 소녀들은 그 부인이 갑자기 진주처럼 빛나는 관처럼 움직이지 않고 하늘로 떠오르는 모습을 말없이 보았다. 그녀는 세계적인 영성의 몰락, 카톨릭 교회의 몰락, 내전과 세계 대전에 대한 설명, 도시의 파괴 등을 탄식하는 예언을 전달했다. 그녀는 또한 전세계적인 지진과 화산 활동을 유발할 온실 효과를 상세히 설명하고 있는 내용을 들려 주었다. 그레노블의 주교는 그들의 이야기를 믿고 멜라니 칼바를 교황 비오 4세에게 보내, 그들이 듣고 보았던 것을 확인하게 했다. 많은 책들이 이 신비로운 사건을 취급했다.

성 말라키 (1094-1148년)

맬 매독 우아 모르개르로 알려져 있다. 아일랜드의 아르마그에서 태어나 부계에 귀족 혈통을 받았다고 하며, 켈트족의 비교와 투시의 뿌리 깊은 전통을 이어받았다.

그는 아일랜드의 대수도원장을 지냈다. 그에 관한 정보는 전기와 친한 친구인 클레르보의 성 베르나르도로부터 온 것이다. 또 다른 말라키의 전기 작가에 의하면, 성지 순례를 하는 동안 말라키는 대심판의 날까지 111명의 교황이 존재하게 될 것을 예언한, 유명한 환상을 경험했다.

말라키는 로마에 1139년과 1140년 사이에 머물렀으며, 추기경과 로마 교황의 특사(대사)의 직함을 받았다. 그는 충직한 외교 사절이 되어 아일랜드로 되돌아 왔다. 이곳에서 그는 나무보다는 돌에 기도의 내용을 적는 외국의 관습을 세워 많은 보수적인 인물들을 당황하게 만들었다.

그는 로마로 두 번째의 순례를 하다가 병에 걸려 클레르보의 수도원에서 친한 친구 성 베르나르도의 품에 안겨 죽었다.

마리아와 엘사

1937년 12월 10일에 북 이탈리아의 볼타가 출신의 여 농민 2명은 스티그마타(십자가 위에서 그리스도가 수난받은 것을 모방하여 손과 발에 상처가 나는 현상)를 받다가, 구세주로부터 직접 한 가지 선물을 받았다고 주장했다. 그가 세상에 준 '선물'은 다음에 있을 두 차례의 무서운 전쟁에 대한 서술이었다.

마리아 라크의 예언

독일의 라인란트 지역의 마리아 라크의 수도원 기록들을 말한다.

마리엔탈의 예언

스트라스부르크 북쪽 하게나우 마을 근처에는 13세기에 세워진 마리엔탈 수도원이 있다. 순례지로 유명한 이 알사스의 한 지역은 전쟁 대피를 위한 성전과 정복군의 숙소로 이용되어 왔다. 그것은 나무로 된 들보와 신앙, 그리고 돌로 된 불사조를 볼 수 있는 곳으로 유명했지만, 불에 타서 무너져 견고하게 재건축되었다. 재건의 이유는 역사의 소용돌이에서부터 이 오아시스를 방문하는 누구든 그의 운명 때문에 억압받지 않을 것이라고 말한 어떤 전설 때문이다. 마리엔탈의 수도원 벽 안에서는 1749년 하게나우에서 발행된 ≪순례자의 서(書)≫가 발견되었다. 그것은 방랑하는 수도승과 구도자를 위한 방명록과 같은 것이다. 그 책에는 "20세기에 도래하는 사건들"에 대한 대단히 정확한 연대기를 중세의 시구로 표현하고 있다.

마야의 달력

콜롬부스 이전의 예언자와 고대 멕시코의 점성가들이 4천년 동안 하늘의 움직임을 관측, 기록해서 날짜가 37만 년 동안 중복됨이 없이 확정할 수 있을 정도로 만든 정확한 달력. 마야인들은 그리스도 탄생 훨씬 이전이고 우리가 현재 사용하고 있는 그레고리력이 나오기 1천5백 년 전에, 동시대의 칼데아인과 동일한 정확도로 계산할 수 있었다.

메시슈 사마 (1882-1955년)

오카다 모키치 로도 알려져 있다. 일본의 신도에 나오는 성스러운 계보에서 볼 수 있는, 태양신(또는 창조주)로부터 메시지를 받았다고 주장한 신도의 한 교파인 세계 구제교의 창시자.

멀린 (서기 5세기)

영국의 가장 저명한 예언자. 아더 왕의 전설에서 영생하는 주술사가 진짜 인물인지 신화적인 인물인지 역사가들의 의견이 나눠져 있다. 민담에 의하면 멀린은 악마와 붉은 수녀 사이에서 불순한 통정으로 태어난 악마의 새끼였다고 한다.

미가 (서기전 8세기)

히브리말로 '여호와와 같은 자'라는 뜻의 이름으로 《구약 성서》의 예언자. 그는 유대의 모레쉐스 마을 출신이었고, 한때 가스의 블레셋인 도시에 살았었다. 그는 동시대인인 이사야보다 젊었는데 시골을 방랑한 단순한 농민의 눈을 통해 미래를 보았으며 대중적으로 알려진 예언자였다. 그는 서기전 721년 사마리아의 함락 직전에 임무를 시작했다. 미카의 예언은 토지 소유의 죄, 약자에 대한 강자의 부정, 그리고 지식을 가진 자들의 사기에 집중되어 있었다. 그는 이스라엘의 부정은 예루살렘의 함락과 솔로몬 성전의 파괴를 일으키게 될 것이라고 예언했다.

《미가서》에 포함되어 있는 예언들은 서기전 8세기와 1세기 사이에 '미가'라는 필명을 사용한 《구약 성서》의 예언자들에 의해 씌어진 것으로 보는 사람들이 많다. 학자들은 처음의 3장만이 본래의 미가에 의해 작성된 것으로 생각하고 있다.

모하메드(570-632년)

메카에서 태어난 예언자이자 이슬람교의 창시자. 그는 젊은 시절 메카의 약대상들을 따라 여행을 하면서 보냈다. 그는 많은 시간을 베두인 사람들과 보냈기 때문에, 그들로부터 고대 아라비아의 종교에 대해 배울 수 있었다. 모하메드는 또한 네스토리우스교도들을 만났는데, 이들로부터 예수와 기독교 성서에 대해 배웠다.

26세에 그는 15세 연상인 부유한 과부 카디자와 결혼했는데, 그녀는 모하메드를 자신의 사업 관리자로 만들었다. 그녀는 대단한 지성을 가지고 있었다고 하며, 그녀의 성실과 헌신은 이슬람교를 창시한 모하메드에게 강력한 영향력을 미쳤다. 결혼은 가난한 약대상인에게 사회적으로 강력한 부와 권력을 가져다 주었지만, 그를 타락시키지는 않았다. 모하메드는 모범적인 행동으로 메카 주변에 '충직하고 진실한' 사람이라는 별명으로 알려지게 되었다.

히라 산에 있는 동굴에서 명상을 하면서 신의 목소리를 들었던 날을 제외하면 메카의 가장 정직한 시민들처럼 살았을 것이다. 어느 날 그는 망토를 둘둘 감고 자고 있었는데, 그때 그는 태양과 같은 빛을 경험했다. 그는 완전한 평화와 고요한 충만감을 느꼈다. 그가 깨어났을 때, 모하메드는 그 앞에 가브리엘 천사가 서 있는 것을 보았다. 천사는 또렷하고 놀라운 목소리로 말했으며, 그가 살아 있는 유일한 예언자라고 선언했다. 그는 이슬람교의 성스러운 책 ≪쿠란≫의 구술을 무아경 속에서 시작했다.

모하메드는 두려움을 느낄 정도로 유명해져, 메카 속에 있는 다양한 이방 교파들은 그를 암살하려고 했다. 모하메드는 적기에 그 음모에 관련된 소문을 들었고, 추종자들을 데리고 메디나로 이동하였다. 이 도망, 또는 '헤지라'가 이슬람의 연대의 기원이 되었다.

  8년 뒤에 그는 성스러운 도시를 만들기 위해 자신의 군대를 데리고 메카로 와서 성스러운 카바 신전 안에 있는 350개의 이방인의 신상들을 파괴할 것을 명했다. 그는 모든 적들을 사면해 주었고, 이슬람교의 유일신인 알라의 카바 신전에 헌신하도록 했다. 62살에 그는 죽었지만, 7년 전에 있었던 독살 음모 때문에 이슬람교는 급속히 소아시아와 북아프리카 전역으로 퍼져 나갔고, 세계 종교의 하나가 되었다. 종교를 탄압하려는 자들은 역사에서 아무것도 배우지 않는 것처럼 보인다. 종교의 창시자들을 십자가에 못박거나 독살하면, 그 종교는 틀림없이 확산되는 것이다.

몬테수마 2세 (1480-1520년)

  앞 부분의 "사라진 백인 형제의 도래"를 보라.

루스 몽고메리

  그녀는 정치와 국제적 사건에 대한 워싱톤 연합의 칼럼니스트 생활을 여러 해 동안 했다. 그 뒤 그녀는 형이상학과 심령학적 문제에 대해 관심을 집중했다. 그녀는 《예언의 선물》로 초상 현상을 다룬 기자로서 처음으로 국제적인 명성을 얻었다. 이때 처음으로 다룬 것이 현대 미국의 여 예언자 진 딕슨의 삶을 탐구한 것이며, 뒤에는 자신이 영매로서 예언적 저작들을 냈다. 그녀는 1971년부터 고 아더 포드의 영매이며, 자신이 '지도령들' 이라고 부른 '상위의 영혼들' 과 채널링한다고 주장했다. 그녀는 현재 워싱톤 D. C에 살고 있는데, 자신의 지도령들을 초대하여 편지에 대답해 주고 있으며 집단 윤회, UFO, 예언, 그리고 환생과 같은 인기있는 뉴 에이지 주제에 관한, 재미 있고 사고력을 증진시키는 책에 관심을 가지고 있다.

"마더"

인도의 신비가 스리 오로빈도의 추종자들이 미라 알파사를 영적인 계승자로 부르는 경우 사용하는 이름. 그녀는 터키-이집트계의 딸로서 프랑스에서 자랐다. 1920년대부터 그녀는 벵갈의 신비가들과 친교를 나누었다. 그녀는 인도의 퐁디세리에 오로빈도의 아쉬람을 세우는 데에 도움을 주었다. 1950년에 그가 죽은 뒤에 그녀는 '오로빌' 이라고 부르는 아쉬람 도시를 세웠고, 95세로 죽을 때까지 오로빈도의 가르침을 전파하는 데에 헌신했다.

요한 아담 뮐러

프러시아 마이스백 출신의 소박한 농부로 19세기 초의 수십 년 동안, 눈부시게 빛나는 인물로부터 나폴레옹 전쟁의 여러 사건들을 듣고 정확하게 예언했다. 1807년에 영적인 여인과 '다른 목소리들' 은 그가 농장과 처자를 떠나서 프러시아의 왕을 알현할 것을 명령했다. 그 영은 뮐러에게 모임의 순간에 중요한 메시지를 '보낼 것' 이라고 약속했다. 힘들고 장기적인 여행을 한 뒤에 그는 드디어 왕의 일행을 만나게 되었다. 뮐러는 부끄러움을 무릅쓰고 왕에게 국가를 더 잘 통치하려면, ≪이사야 서≫를 주의 깊게 읽어보라고 권했다. 빌헬름 3

세는 이 촌부를 상당히 주의깊게 살펴본 뒤, 귀향할 수 있도록 잘 보살펴 주었다고 한다. 뮐러 자신의 의견으로는 영의 메시지가 상당히 용두사미로 되었다고 한다.

구루 나낙 (1469-1538년)

인도의 종교 지도자, 시크교의 창시자, 시크교 경전의 편집자, 그는 이슬람교와 힌두교의 의식적 표현들에 대해 비판력을 키웠다. 영적인 깨달음을 얻은 뒤인 1499년 이후 그는 일에 착수하였다. 1521년에 그는 스스로 세운 카르타불이라는 한 마을에 정착하여 이후 인도의 편잡 전역을 두루 다니며 시크교의 가르침을 전파했다. 그곳에서 69세로 죽을 때까지 살았다. 죽기 전에 그는 계승자를 지명했다. 마지막 구루 고빈드 싱을 시크교의 경전이 그루라고 선언할 때까지 시크교에는 9명 이상의 구루들이 있었다.

노스트라다무스 (1503-1566년)

미셸 드 노스트르담에 대한 라틴어 별명으로 수수께끼와 같은 예언적인 걸작인 ≪예언들≫의 저자. 이 책은 그를 지난 4세기 반 동안 가장 유명하고 논쟁적인 예언자로 만들었다. 그는 프로방스의 생 레미 마을에서 '기독교로 개종한' 유대인으로 태어났다. 그의 아버지 자크는 부유한 공증인이었다.

예언에 관한 수수께끼와 같은 재능은 처음에 르네상스적인 학식을 가지고 있었던 할아버지에 의해 영향을 받은 것으로, 그는 당대의 가장 자유주의적 사상을 가진 왕인 프로방스의 '선량한 르네'와 아들 카라브리아 공작의 궁정 내과의사였다. 그는 수학과 점성학에 뛰어난 적성을 보였다.

  친할아버지는 그가 14세 때에 프로방스의 교황령인 아비뇽에서 자유주의 예술을 공부시키려고 했었다. 거기에서 그는 점성학과 코페르니쿠스를 공개적으로 옹호하여, 성직을 갖고 있는 선생들을 화나게 만들었다. 미셸은 그래서 몽펠리에 대학으로 옮겨 의학 연구를 하게 되었다. 그는 1525년에 학사 학위 시험을 통과했다. 의료면허를 받게 되자, 몽펠리에를 나와 남 프랑스의 시골에서 개업을 했고, 거기에서 그는 자유롭게 의학 이론들을 실험할 수 있게 되었다.

  16세기 프랑스는 흑사병이 창궐하고 있었다. 노스트라다무스는 질병의 그림자를 추적하였으며, 위험이 사라질 때까지 한 마을을 결코 떠나지 않았다. 그는 거기에 자신의 의술을 적용했으며 연금술사, 유대 카발라주의, 그리고 이교도의 반 종교개혁적 신비주의 지식과 선생들에게 배운 내용을 응용했다. 1592년에 그는 몽펠리에로 되돌아왔으며, 그곳에서 박사 학위를 받았다. 그는 툴루스에서 개업하기 위해 떠날 때까지 이후 3년 간을 그곳에서 의학 교수로 재직했다.

  그 뒤에 아젱으로 이사하였으며, 결혼하여 부유한 가정을 이루었고, 아들 하나 딸 하나를 낳았다. 그의 양친들은 아젱의 부유하고 아름다움을 아는 사람들이었다. 그러나 1537년에 젊은이의 영적, 정신적 행복을 거두어 간 잔인한 비극이 일어났다. 그 해에 질병이 아젱에 다시 번졌다. 그는 의사로서 수천 명을 치료했지만, 부인과 아이들은 싸늘한 시체가 되어 버렸다. 그 뒤 친구들과 가족들이 그를 외면하게 되었다. 또 그는 종교 재판에 회부되었다. 하인은 그가 성모 마리아 동상을 이상하게 만드는 것을 보았다고 했으며, 그가 "악마들을 제작하고 있다"고 증언했다. 노스트라다무스는 소유물을 챙겨 노새를 몰고 종교 재판관을 피해 야반도주를 했다.

그 다음의 10년 동안 비극을 당한 이 의사는 남 유럽과 이탈리아로 망명하여 방랑 생활을 했다. 비극과 환멸은 그의 에너지를 신비학 연구 쪽으로 향하게 만들었다. 이 때에 그의 예언적인 "투시"가 완전히 드러나기 시작했다.

많은 모험 뒤에 노스트라다무스는 당대에 최악의 질병인 흑사병이 일어났던 1544년에 프로방스로 되돌아왔다. 그 혼자 엑스와 살롱 시를 질병에서 구했다. 살롱의 작은 시에서 그는 부유한 과부와 결혼을 했고, 마을 언저리에 집을 세웠다.

이때에 그는 신비학에 전심전력을 다했다. 그는 조심스럽게 예언을 시도했다. 그는 야심찬 계획, 즉 미래 세계의 역사에 대한 예언을 수수께끼의 4행시로 표현할 정도가 되었다. 그의 예언시들은 이제까지 프랑스어, 라틴어, 이탈리아어, 히브리어, 아랍어, 그리고 그리스어를 사용하는 나라에서 많은 해석자들을 낳고 있다.

그는 1544년의 어느 금요일 밤에 예언들에 대한 작업을 시작했다. 전부 7권, 또는 각 100개의 사행시로 이루어진 '백시선(百詩選)'(7번째 백시선은 예외적으로 42개의 4행시를 담고 있다)는 1555년과 1557년 사이에 출간되었다. 마지막 3개의 백시선들은 사후에 발행되었다.≪예언들≫의 초판은 종교 재판을 의식해서 조심스럽게 포장되어 있다.)

프랑스의 앙리 2세가 마상에서 벌어진 창 시합에서 사고로 죽을 것이라고 예언한 뒤에, 1556년에 노스트라다무스는 파리로 소환되었는데, 그곳에서 그는 캐서린 드 메디치 여왕과 신비학에 같은 관심을 지니게 되었다. 노스트라다무스는 앙리 2세가 1559년에 그 예언대로 죽게 되자, 서재로 안전하게 되돌아왔다. 백시선 1 다음에 오는 편지의 35연에 의하면, 앙리가 경기 동안 마상의 창자루로부터 튄 나무 파편에 맞아 투구의 금 마스크를 관통해 눈 뒤의 두뇌 속에 박혀 버리는 것이었다. 그가 죽던 날 밤, 종교 재판에 모였던 군중들은 노스트라다무스를 인형으로 만들어 태웠고, 사제들은 진심으로 그가 화형에 처하기를 바랐다. 단지 노스트라다무스는 캐서린 여왕과 친분을 갖고 있어서 안전할 수 있었다. 이 4행시는 노스트라다무스를 유럽 왕궁의 화제 거리로 만들었다.

1564년에 그 지역을 지나가는 동안, 캐서린(이제 섭정 여왕)과 미숙한 왕 샤를르 9세는 살롱에 은퇴하고 있는 노쇠한 예언자를 방문했다. 여행을 마치기 전에, 캐서린은 샤를르 9세에게 그를 교구의 참사관과 외과의사로 존경한다는 표시로 특권과 급여를 하사하게 했다.

그 뒤 노스트라다무스는 1년 8개월 동안 여생을 살면서 예언적인 생애가 마감에 도달했다는 것을 느꼈다. 그의 마지막 예언은 자신의 죽음이 임박했다는 것이었다. "대사관에서 되돌아 올 때, 왕의 선물이 있다. 그는 더 이상 아무것도 하지 않을 것이다. 그는 신께로 갈 것이다. 가까운 친척, 친구, 피를 나눈 형제들은 침대와 긴 의자 근처에서 완전히 죽은 그를 (발견하게 될 것이다)". 1566년 7월 2일 새벽에 예언자의 몸이 예언했던 대로 발견되었다.

성 오딜 (서기 720년)

프랑스 알사스 지방의 여후작이자 보스즈 산맥의 호헨부르그(오딜렌베르크) 수도원의 대수녀원장이었다. 그녀는 선천적으로 맹아였다. 그녀의 아버지 알사스의 아달릭은 이를 사악한 징조라고 믿어 아이를

부록:예언자에 관한 백과사전

수녀원에 가두어 버렸다. 그녀는 어린 나이 때부터 신에게 헌신적이었다. 그래서 그녀는 미래에 대한 예언 능력이 생겼으며, 맹아로 살아야만 했던 운명의 선물이라고 그녀는 생각했다. 그녀는 강렬한 기도와 지역 주교의 치유력으로 시력을 기적적으로 회복했다. 그녀의 아버지가 이 말을 듣자, 마음이 바뀌어 그녀를 집으로 데려오라고 명했다. 그녀는 곧 어쩔 수 없이 공주로서 생활해야 했지만, 결국 아버지를 설득하여 성 하나를 수녀원으로 만들게 하여 거기서 수녀원장으로 여생을 보냈다. 성 오딜의 예언들은 죽기 전에 마지막으로 작성한 유서라고 한다.

오쇼 (1931-1990년)

'아차리아' 또는 '바그완 쉬리' 라즈니쉬라고 불리기도 했다. 많은 이야기거리가 된, 인도의 신비가이자 네오 산야스 운동의 창시자로 많은 이름이 있었다. 오쇼는 본명이 라즈니쉬 찬드라 모한으로 쿠츠와다라는 중앙 인도의 작은 마을에서 태어났다. 어린 시절의 이야기들에 따르면, 그는 독립적이고 반항적인 아이로 모든 사회적, 종교적, 그리고 철학적인 신념에 의문을 제기했다고 한다.

21세 때였던 1953년 3월 21일의 한밤중에 오쇼는 그가 완전히 깨달았다고 주장했다. 그는 이것을 다음과 같이 기술했다.

"과거는 사라졌다. 마치 나와는 전혀 상관이 없었던 것처럼, 마치 누군가 다른 사람의 이야기였던 것처럼 …… 모든 경전들은 죽어 보였고, 이 경험에 대해 적힌 모든 말들은 매우 공허하게 보였다. 매우 생동감이 있고, 축복에 차 있는 밀물과도 같았다. …… 나는 전신에서 생명의 거대한 진동을 느꼈으며, 허리케인 같은 거대한 진동을 느꼈다. 빛, 기쁨, 황홀경의 거대한 태풍 …… 모든 우주가 축복이었다."
≪초월의 진리≫ (1977년).

그는 1956년에 최우수 철학 석사학위를 사가르 대학에서 받았다. 그는 레이푸르에 있는 산스크리트 대학에서, 그리고 나중에는 자발푸르에 있는 대학에서 철학 교수로 재직했다. 그는 강력하고 매력적인 연설자이고, 대중적인 토론에서 정통 종교 지도자들에 도전하는 사람으로 인도 전역에 알려졌다.

아차리아 라즈니쉬('아차리아'는 '영적인 스승'을 의미한다)라고 알려져 있는 라즈니쉬 찬드라 모한 교수는 1966년에 대학을 떠나 인도 전역에 5만에서 10만 회에 달하는 연설 집회를 했고, 수천 명이 참여한 새롭고, 더 정화적인 형태를 갖는 명상 캠프를 실험했다.

1970년대 초에, 그는 바그완 쉬리 라즈니쉬('바그완'은 '축복받은 자'라는 뜻이다)라는 이름을 가졌으며, 인도 사회에 충격을 주는 사건을 일으켰다. 1974년에 그는 인도의 푸나에 공동체를 수립하여 서방으로부터 수만 명의 구도자들을 끌어들였다. 그 해에 쉬리 라즈니쉬 아쉬람은 세계에서 으뜸가는 성장 및 치료 센터가 되었다.

1981년에 바그완은 타락하고 열악한 상황에 대해 의료적인 관심을 갖고 미국으로 여행을 떠났다. 당시에 그는 3년간 묵언 정진하기 시작했다. 이는 자신의 말만을 듣고, 배후에 조용히 숨어 있는 실존적인 진실을 듣지 않는 추종자들을 돕기 위해 행하는 것이라고 주장했다. 1980년대 중반 오레곤 주에 공동체인 라즈니쉬 푸람을 만들었는데, 이는 논쟁적이고 선구적이며 위대하고 영적인 공동체가 되었다.

그 공동체에 대한 반대도 강했다. 대립했던 양측은 선동적인 행동에 책임이 있었고, 상황을 나쁘게 만들었다. 정치적인 압력이 그 도시의 팽창을 저지하기 위해 가해졌다.

바그완은 1984년 가을에 영적인 침묵을 깼으며, 개인 비서인 마 아난드 쉴라와 그녀의 수하들에게 배반을 당하게 되었다. 뒤에 그들은 약물, 방화, 도청, 살인미수 등의 범죄를 저질렀다. 바그완은 쉴라 집단의 범죄를 수사하기 위해 사법 기관에 소환되었다. 그 해 10월 말에 포트랜드에 있는 미연방 대법원은 비밀리에 바그완과 7명에게 이민 사기라는 상대적으로 가벼운 죄목으로 기소했다.

바그완의 체포에 대해 어떠한 정당한 근거도 없다는 것이 연방 법관들에게 확인되자, 추종자들은 10월 27일 밤에 그를 데리고 노스 케롤라이나 주의 샤로트로 가서, 다음날에 연방군이 공동체에 처들어올 것이라는 소문에 대비했다.

바그완이 샤로트 공항에 도착하자, 연방 보안관에 의해 정당한 근거 없이 체포되었다. 그는 12일 동안 보석금이 없어 감금되었다. 그는 3일간 독방에 감금되어 있었다. 그의 추종자들은 이 때 감방에서 중금속인 탈륨이 들어 있는 음식이 제공되었다고 보았다.

자신의 생명에 위협을 받으면서, 바그완의 변호사는 35개나 되는 벌금 항목 중에서 2개를 알포드 플리에게 동의했다.(항변의 법칙에 따라, 피고는 검찰이 유죄를 입증할 수 있을 때까지 무죄로 추정된다) 바그완은 40만 달러의 벌금을 물고 1985년 11월에 미국에서 떠났다.

그는 일시적인 휴식을 위해 인도로 되돌아왔고, 자신의 전망을 알리기 위해 세계 여행을 시작했다(1986년 2월과 7월). 유럽과 아메리카 대륙의 총 21개국에서 그에게 여행 비자를 내주지 않거나 도착시에 비자를 취소했으며, 강제로 제트 비행기에 출국 명령을 내렸으며, 어떤 경우에는 총으로 위협을 했다. 바그완은 인도로 되돌아왔으며,

1987년 1월에 다시 수만 명의 추종자들을 새롭고 혁신적인 푸나 아쉬람으로 모았다. 1989년 10월에 그는 간단히 "오쇼"라고 불렸다. 이는 과거와 완전히 단절된다는 것을 의미했다. 이것은 제자들이 스승들에게 인사를 드릴 때 말하는 "미스터"에 해당하는 성스러운 말이다. 이것은 또한 영적인 깨달음의 '대양과 같고' 황홀한 경험을 나타내고 있으며, 이 상태를 경험한 사람에 대한 말이다.

그의 건강은 미국에서 겪은 감옥 생활 후에 급속하게 쇠락했다. 죽기 9개월 전인 1989년 3월에 그는 만장일치로 공동체의 모든 업무를 임시적으로 결정할 21명의 제자로 구성된 담당 그룹을 만들었다.

그는 마지막으로 "나에 대해서는 과거 시제로 말하지 말라"고 요청했다. "이곳에 내가 나타나는 경우는 몸을 통해 고통을 당했던 때보다 더 많을 것이다." 지금까지 그가 창시한 운동은 계속 번성하고 있다. 푸나 아쉬람은 재개되어 왔으며, 그의 지지자들에 따르면 명상 연구에 대한 것만이 아니라, 인간 잠재성 운동에 관한 한 세계에서 가장 큰 치료 센터로서 1970년대의 참가 기록(하루 8만 명)을 훨씬 넘어섰다고 한다. 방문객 중에는 유명한 14대 달라이 라마도 있는데, 그는 오쇼를 "깨달은 스승"이라고 선언했으며 "의식 개발에서 인류가 어려운 단계를 극복할 수 있게 도움을 주기 위해 가능한 모든 일을 했다"고 말했다.

파드마삼바바 (서기 8세기)

티벳 불교의 창시자. 그는 "연꽃에서 태어난 자" 또는 "고귀한 스승"이라고 알려져 있었다. 그는 (748년에) 위대한 나란다 불교 대학을 떠나 다르마(법)를 히말라야로 가져갔다. 그는 또한 티벳의 점성학 체계를 수립했다고 한다.

파두아의 수도승

성 말라키의 예언에 필적하는 예언을 한 18세기의 수도승. 그러나 이들은 다만 최후의 심판으로 이어지는 최후의 교황 20명에게만 관심이 있을 뿐이다. 이 승려의 예언들은 1740년경에 출간되었다. 그들은 20세기의 교황 몇 명을 정확하게 거명하고 있으며, 성 말라키가 했던 것보다 훨씬 더 자세하게 그들의 통치를 설명하고 있다.

파사우의 예언

≪국가들의 운명≫(르웰린출판사)의 저자인 아더 프리디티스가 발견한 예언적인 단편들. 그는 이를 독일의 파사우에서 한 세기 이전에 살았던 어떤 가족으로부터 인도받았다고 말한다. 그 내용은 과학적으로 보았을 때 핵 겨울에서의 생활과 유사한 것으로 볼 수 있다.

몰 피쳐 (서기 1731-1815년)

미국 독립전쟁의 신탁자라고 알려져 있다. 선장인 존 다이아몬드의 딸로 태어나, 1760년에 구두 수선공 로버트 피쳐와 결혼한 뒤에도 자신의 투시력을 사용하지는 않았다. 미국 독립전쟁기에 몰 피쳐의 투시 재능은 보스톤의 영국 수비대 사령관 존 피트케언이 리딩을 의뢰하기 위해 올 정도로 널리 알려져 있었다.

미국의 반란군들도 피쳐의 예언을 상당히 신뢰할 만한 것으로 보았다. 워싱톤 장군은 승리한 뒤에 그녀를 신탁자이자 성녀라고 불렀다. 그러자 그녀는 조지 워싱톤에게 "당신이 먼지가 된 뒤에, 당신과 부인은 국민들의 마음에 국왕과 여왕으로 남게 될 것"이라고 말해, 그가 미국의 상징적인 인물이 될 것이라고 예언했다.

비록 그녀가 영국 군대의 이동과 다른 영적인 첩보 활동을 정확하게 예언한 것으로 되어 있지만, 몰 피처는 아직 건국되지 않은 국가가 뛰어난 세계 열강으로 될 것이라고 예언하는 특별한 솜씨를 보여 주었다.

몰 피처의 마지막 예언은 75세의 성숙한 나이에 이루어졌다. 그녀는 자신의 죽음이 1815년 3월 9일에 올 것이라고 선언했으며, 결국 그녀의 예언대로 이루어졌다.

교황 비오 10세

1909년에 접견 중에 나이든 교황은 꾸벅꾸벅 졸면서 무서운 광경을 보았다. 어떤 교황도 감히 생각하지 못한 백일몽을 본 것이다. 그는 자신과 미래의 교황이 바티칸에서 "신부들의 시체 위를 걸어서" 철수하는 것을 보았다.

프라나친 공주

아스텍의 공주이자 투시가, 몬테수마 왕의 누이. "사라진 백인 형제의 도래"를 보라.

올슨 프래트 (1811-1881년)

몰몬교의 초기 사도이자 저자, 논객. 몰몬 교회의 12사제로 이루어진 최초의 종교회의 구성원. 프래트는 오하이오 주 히람에 있는 한 가게의 종업원이었는데, 그곳에서 창시자인 조셉 스미스를 만나 몰몬교로 개종했다. 그는 영국과 스코틀랜드 지방에 몰몬교 선교사로 파견되었는데, 이때가 몰몬교가 선교사를 최초로 파견했던 때였다(1840년). 그는 처음으로 몰몬교가 정착했던 나우부 시의원에 임명되었고, 그곳의 대학에서 수학과 영문학 교수직을 맡게 되었다. 1847년에 몰몬교도들은 핍박 때문에 나우부를 포기했다. 프래트는 브리감 영과 함께 유타 주의 솔트 레이크 시로 이동할 때 척후병 역할을 했다. 그는 뒤에 영국에서 몰몬 교회의 책임자가 되었고(1849년), ≪몰몬의 서≫를 장과 절로 나눈 최초의 학자였다. 미국의 내전에 관한 예언은 올슨 프래트, ≪설교 저널≫ 20권, pp. 151-152,9 1879년 3월호에서 가져온 것이다.

힌두 푸라나스(서기 300-1000)

베다와 탄트라와 함께 브라흐만교적 인도인들에게 인기 있는 세 번째의 종교적인 경전. 인도의 프라나 시기는 쇠락의 시기이다.

케살코아틀

고대 중앙 아메리카의 철학자, 주술사, 그리고 신의 화신. 기독교인들의 경우 자신들이 믿는 메시아만이 동정녀가 낳았다고 생각하지만, 케살코아틀도 "동정녀가 낳은 자"로 알려져 있었다. 그는 현대 멕시코 시의 남쪽에서 성스러운 집단을 이끌어 성직자(예언자) 왕으로서 가르침을 전파했다.

중앙 아메리카 인디언들은 케살코아틀(이는 "깃털을 단 뱀"을 의미하는데 아스텍 인디언들의 신비적인 상징이다)을 점성술의 창시자라고 생각했다. 그는 고대 멕시코의 성스러운 달력, 토나라마틀을 만들었으며, ≪운명의 서≫라고 알려지기도 한 ≪선악의 날에 대한 서≫를 작성했다고 알려졌다.

그레고리 라스푸틴(1871-1916년)

러시아의 비교 승려, 최면술사이자 신앙 치료사. 당시 로마노프 황실의 왕자 알렉시스가 유전으로 내려오는 혈우병을 앓고 있었다. 라스푸틴은 출혈로 생명에 위협을 느끼고 있는 왕자를 치료해 주어 러시아 황가에 많은 영향력을 미쳤다. 라스푸틴은 궁중에서 방탕한 생활을 하였고, 니콜라스와 황비 알렉산드라에게 최면술로 영향을 미쳤다. 그의 기행 때문에 정적들은 그를 제거하려고 노리고 있었다. 왕가의 사람들은 차르에 대한 그의 영향력으로 러시아가 독일과의 전쟁에서 패배하게 만들었다고 말했다. 그들은 그가 예언했던 것처럼 1916년 12월 말에 성 페테르스부르그에서 라스푸틴을 암살할 음모를 꾸몄다. 영국의 예언자이자 최면술사 루이스 하몬(체이로) 백작은 라스푸틴이 죽기 11년 전에 그의 면전에서 암살 내용을 설명한 바 있다.

여 예언자 레기나

여 예언자로 "독일의 카산드라"라고 알려져 있다. 그녀는 20세기 초의 가장 유명한 독일의 여예언자였다. 대파국에 대한 그녀의 글에는 제1차 및 제2차 세계대전 시기에 대하여 정확하게 예언하고 있다. "왕과 황제는 사라질 것이며, 또 다른 자는 채찍을 들 것이다. 철제관은 너, 독일 민족을 위한 것이며, 앞으로 여러 해 동안 무겁게 느껴질 것이다." 그녀는 또한 인류를 휩쓸어 버리고 소수만이 살아남아 새로운 세계를 건설하게 될 다가오는 생태적인 재난에 대해 예언했다.

모건 로버트슨 (1861-1915년)

타이타닉 호의 침몰을 예언한 예언적 작가. 타이타닉 호의 침몰의 징조는 적어도 19명에게 재난이 일어나기 2주 전에 나타났다고 한다. 모건 로버트슨은 선원 생활을 그만두고 단편 소설 작가로 전직하여, 그것이 발생하기 14년 전에 소설로 재난을 미리 기술했다.("타이탄 호의 침몰"을 보라). 로버트슨은 1894년에 출항하기를 그만두고, 글쓰기에 전념하였다. 부인이 건강이 악화되고 자신의 창조력이 쇠약해지는 데에 고민하다가, 그는 자진하여 벨레뷰 병원의 정신병동에 들어갔다. 병원에서 나온 뒤에 그는 과거에 '박력'이 부족했다고 느끼면서 글쓰기를 다시 시작했다고 한다. 그는 심장 마비를 일으켜 아틀란틱 시티의 어떤 호텔 방에서 책상에 기대어 죽었다.

에멜다 스코치

1933년에 벨기에의 함의 열두 살짜리 소녀가 그리스도의 영혼이 적그리스도들과 불신앙에 대한 영적 영향에 대해 자신에게 들려 주었다고 말했다. 그녀가 절규한 내용에는 기독교적인 대심판의 날에 볼 수 있는 불과 유황 등이 등장하지만, 파도가 둑을 넘어 들어오는 언급의 경우는 21세기의 해수면 상승과 함께 일어나게 되는 대사건을 암시하고 있는 것으로 볼 수 있다.

어머니 쉽톤 (1488-1561년)

요크셔의 마녀 우르술라 수트힐에 대한 별칭. 많은 전설과 규중의 이야기에도 자주 등장했다. 그녀의 시적인 점술도 그러하다. 그녀는 예언자 지망생들로부터 사이비 마녀라는 말을 자주 들었다고 한다. 이야기는 작은 요크셔 마을에서 일어난 1488년 7월에 우르술라의 탄생으로부터 시작된다. 그녀의 어머니는 겨울에 초인간적인 방문객들을 맞게 되었다고 한다. 그 뒤 그녀의 어머니 아가사는 하강한 늙은 염소와 같은 영적인 힘을 갖게 될 운명의 한 어린이를 갖게 되었다. 전설에 따르면 요크셔의 직조공들은 1488년의 7월에 뇌우, 개구리 울음을 우는 갈가마귀 등등의 기이한 전조들로 놀라게 되었다. 미래의 어머니 쉽톤은 애를 낳아서 조롱과 경멸 거리가 되었고 즉시 대소동이 중단되었다. 왜 안 그렇겠는가? 태어난 아이는 보통 사람들보다 덩치가 컸으며, 몸이 굽었고 얼굴이 무서웠기 때문에 하늘도 그녀를 보자 날벼락을 치면서 꽁무니를 빼었다. 그녀의 지능은 뛰어나다.(악마가 축복을 줘서 감사합니다.) 이 '복받은 사건'을 보고 그녀의 어머니는 가장 가까운 수도원으로 은거하였으며, 나중에 그곳에서 떨어져 죽었다.

　어린 우르술라는 어떤 간호사가 돌보아 주어서 학교에 들어가게 되었고, 친구들에게 마력을 사용하게 되었다. 아이들은 물어뜯기기도 했고, 땅에 쓰러졌으며, 조롱을 하는 경우에는 언제나 보이지 않는 공격을 받아 무언가에 걸어채였다.

　우르술라는 24세 때 결혼을 했다. 남편은 토비아스 쉽톤이었는데, 뉴욕 근처의 쉽톤 마을에 사는 목수였다. 그녀는 그 지역에 여 예언자로 알려지게 되었다. 그녀는 1513년 북 프랑스에 가해진 앙리 8세의 침략에 대한 예언을 최초로 하여 성공을 거두었다. 17세기의 점성가인 윌리엄 릴리는 《예언집》(1646년)에서 어머니 쉽톤에 근거하여 18세기의 예언들에 대해 저술을 했는데, 예언 중 16개가 이미 실현되였다고 주장했다. 그것들은 대부분 질병, 기근, 전쟁, 패션, 그리고 국지적인 역사 사건들에 관한 것이었다. 미래의 황소 눈에 대한 예언에는 스페인의 무적함대("서쪽 군주국의 목마/드레이크의 군대에 의해 파괴될 것이다.")의 패배 등이 포함되어 있다. 그녀는 또한 1666년의 런던 대화재를 예언했다.

쉽톤을 가장 유명하게 만든 예언 시들은 영국의 편집자, 찰스 힌들리에 의해 1880년에 발표되었다. 그것에 따르면 발명, 전쟁, 19세기 중엽의 사건들을 정확하게 설명하고 있다. 그가 "1936년에 …… 강력한 전쟁이 계획되고 있다"는 예언을 위조했다고 인정한 바 있어서 힌들리가 협잡꾼일 가능성도 있다. 히틀러와 장화를 신은 추종자들이 당시에 제2차 세계대전을 계획하고 있었던 것은 분명하다.

힌들리에 따르면, 제3차 세계대전은 중동의 상황 때문에 발발하게 될 것이다. 미국은 4년 동안의 대재난기에 아랍에게 패배를 안겨 줄 것이다.

이 어머니는 73세의 나이로 침대에서 평화롭게 죽었다.

여 예언자의 신탁 (서기전 2세기-서기 3세기)

그리스와 로마의 전설에 등장하는 여 예언자들(sibyl)이 아폴로 신에 의해 예언적인 통찰을 받는 것을 말한다. 최초로 알려진 여 예언자은 에리트리아의 헤로필레로 트로이 전쟁을 점으로 전망했다고 한다. 뒤에 여 예언자들은 10명으로 증가했다. 에리트리아, 사모이, 트로이 또는 헬레스폰틴, 프리기아, 키메리아, 델피("살라미스 해전" 참조), 쿠마이아, 리비아, 바빌로니아, 그리고 티부르티아 출신 등이었다. 로마 제국 시기에 여 예언자들이라고 알려진 어떤 예언적인 시들은 이

10명의 것이다. 그들은 로마의 종교 사상에 중요한 영향을 주었다.

그리스의 6보격 운문으로 쓰여진 여 예언자 신탁의 두 번째 조류는 그리스와 라틴의 초대 기독교 교회 성직자들이 일으킨 것이다. 그 영향은 바빌론으로부터 영감을 받은 여예언자들로부터 온 것이라고 하며, 기독교의 부흥과 장래에 있게 될 대파국에 관한 예언을 담고 있다고 한다. 이들 여 예언자의 신탁들은 중세에 매우 인기가 있었다. 현대 학자들에 따르면 그들은 처음에 유대인으로, 뒤에 기독교인들로 구성되었다고 본다. 그들은 처음에 개종자들을 지배하려고 이교도의 신탁을 모방한 것처럼 보인다. 그럼에도 불구하고 현대의 생태학적인 재난과 그 결과에 대한 언급이 냉정하게 나타나고 있다.

팀 시키아

유럽인들의 행동의 결과를 통찰력 있게 경고했기 때문에 1988년에 유럽으로 건너간 캐나다의 데니 인디언(옐로우 나이프족)이다. 그는 모든 질병의 80퍼센트가 심리적인 것과 스트레스가 많은 현대의 생활 때문이라고 믿고 있다. 많은 원주민 예언자들과 같이 시키아는 자신의 예언을 기록하는 것에 머무르지 않고, 너무 늦기 전에 서양인들이 변화되어야만 한다고 경고하는 일을 하고 있다.

조산나 사우스코트

영국의 종교 지도자. 데본셔의 소지주의 딸로 태어났다. 사우스코트는 18세기 후반의 영국, 프랑스 혁명, 나폴레옹 보나파르트의 몰락과 관련된 예언을 정확하게 했기 때문에 수십만 명의 추종자들이 관심을 갖게 되었다. 64세 때 그녀는 성령에 의해 수태하게 되어, 세계를 변화시킬 운명을 타고 난, 새로운 기독교적인 인물인 "실로"라는 아이를 갖게 되었다고 한다. 검사를 한 21명의 의사들 중 17명은 그녀가 잉태했다고 진단했다. 그러나 그녀가 워털루 전쟁 직전인 1815년에 죽었을 때, 그녀의 몸을 해부하자 어떤 증거도 없었으며, 그녀가 왜 죽었는지에 대한 증거도 명확하지 않았다고 한다.

그레이스 스포티드 이글

미국 이누이트족의 원주민으로 왈레스 블렉 엘크의 동료이자 해석자. 이 책 안에 있는 그녀의 예언들은 1985년에 오레곤, 포틀랜드에서 특별 공개 집회 때에 있었던 것이다.

베스트리시우스 스푸리나 (서기전 1세기)

로마 재판소의 존경받는 점술관. 종교적 의례 동안, 스푸리나는 살해된 동물의 내장을 살펴 로마의 독재자 줄리어스 시저가 서기전 3월 15일에 죽게될 것이라는 징조를 알아냈다. 시저는 자신에 대한 경고를 무시했고, 15일에 암살되어 죽게 되었다. 윌리엄 셰익스피어는 희극 《줄리어스 시저》에서 스푸리나의 예언적인 경고를 "3월 15일을 경계하라"라고 표현하여, 영원성을 부여했다.

스톰버거 (18세기)

2세기 전에 현재 체코슬로바키아의 국경 근처에 있는 독일 바이에른 삼림에 살던 사람들은 길을 가로질러 가다가 정확한 예언을 하는 재능이 있는, 유유자적하는 소몰이를 만날 기회가 있었을지도 모른다. 그와 동시대인들은 현 세기와 다가오는 대파국의 수십 년 동안에 있을, 삭막하고 끔직한 사건에 대해 불신했을 것이다.

그의 예언은 수많은 오스트리아인과 바이에른 예언 연구자들에 의해 증명되어 왔고 저작 대상이 되어 왔지만, 많은 문서들, 팜플렛, 책들이 1934년에 나치에 의해 불태워졌다. 히틀러의 선전상인 요셉 괴벨스는 히틀러를 신봉하는 독일에 의해 발발한 전쟁이 미치는 결과에 대한 스톰버거의 반 나치적인 예언에 화가 났을 것이다. 그의 저작을 보면, 가장 솔직하고 정확한 투시자 가운데 하나였다는 것을 알 수 있다. 그는 자동차, 기차, 그리고 비행기를 예언했다. 그는 세계대전이 일어난 날짜, 그 길이(4년간), 그리고 비인간적인 독가스 무기, 지뢰, 그리고 탱크를 예언했다. 스톰버거는 대공황, 파시스트 독재자들, 독일의 분단, 그리고 미래의 인플레이션 동향들에 대해 예언했다. 그의 동시대인들은 미래에 대해 시골뜨기처럼 황당한 이야기를 한다고 놀려댔을지도 모른다. 그는 3차례의 세계대전 중에 단 하나도 이번 세기를 넘기지 않을 것이라고 선언했다. 냉전이 끝나고 전개될 전쟁은 최악일 것이라고 예언되어 있다.

실비아 부인

20세기 초 유럽에서 가장 유명한 투시가 중 한 사람인 비엔나의 벡-알지코프스키의 비앙카 백작부인의 필명. 그녀의 고객들은 대부분 중동 출신의 왕, 왕자, 정치인, 그리고 외교관이었다. 많은 세계적 예언들은 그녀의 많은 서신 왕래에 등장하는 것이다. 그들 중 상당 부분이 F. R. 리쉐에 의해 편집되어 책으로 출간되었으며, ≪여러 국가들의 운명≫의 저자인 아더 프리디티스의 헌신적인 학문적 고찰을 통해 더 많은 독자들에게 알려지게 되었다. 1948년에 그녀의 영적인 경력은 죽음 때문에 중단되었다.

마리아 타이지

1835년에 환상 속에서 그리스도를 본 이탈리아 농부. 그녀의 예언은 스위스의 여 예언자 엠마 쿤츠와 독일 예언자 바르톨로메오에 의해 제시된 전조들과 비슷하다. 대부분의 인류를 몰살시키는 하늘로부터 내려오는 거대한 질병에 대해 이들 모두가 경고하고 있는데, 이것은 대기의 오존층에 침투하는 우주선일 수도 있다.

타모-산 (1907-)

카마쿠라 막부 시대의 키쿠치 류오주로 알려져 있다. 그녀는 일본에서는 깨달은 신비가이자 생태계를 보존해야 한다는 주장으로 잘 알려져 있다. 타모-산은 1951년에 인가된 부추 간 슈우("붓다의 눈")라는 불교의 한 교파를 창시한 사람이다. 그것은 500년 만에 처음으로 일본 정부에 의해 공식적으로 인정된 최초의 신흥종교 교파이다.

나는 1989년에 인도를 마지막으로 방문하는 동안 다행스럽게 타모-산을 만났다. 이 작은 여성은 매우 건강했다. 사랑스러운 곰 인형을 안 듯이 그녀의 키에 두 배나 되는 여자들이 그녀를 환영하는 것을 보았다. 그녀는 특이한 노래를 부르는 능력이 있었다. 그녀는 입을 약간 벌리고 동상처럼 가만히 서 있다가 청중들이 즉시 이완되고 충만한 상태로 만드는, 파고드는 듯한 호소력있는 목소리로 말했다.

타모-산은 딸 시츠루를 낳기 전에 이미 깨달았으며, 딸은 지금 어머니의 통역과 비서 일을 맡고 있다. 타모-산은 일단 아이들을 키우는 방법에 대해 몇 가지 충고를 했다. "나는 딸이 어떤 두려움도 갖지 않게 하려고 조심했다. 그녀가 어렸을 때, 나는 주위의 사람들에게 그녀 앞에서 소리를 치거나 깜짝 놀라게 하거나 두려움을 보이지 말라고 말했다."

시츠루는 타모-산이 자신을 교육시키려 하거나 영향을 주려는 노력을 전혀 하지 않았다고 덧붙였다. 그녀는 언제나 자신이 선택한 삶을 살게 하려고 노력했다고 한다. 아이의 순진무구한 얼굴을 보면, 성인들이 철학이나 믿음을 강제해서는 안 된다는 것을 알 수 있다. "그것은 그들을 망치고 내면에 있는 지혜를 죽이는 것이다."

그녀 자신의 영적인 길에 대해서는, 타모-산은 일단 "나는 소유욕을 개발하지 않고 아무 것도 없이 성장했다. 나는 자연과 조화를 이루며 사는 것이 자연스러웠다. 나는 결코 연구하거나 삶의 목적을 세우지 않았지만, 자연스럽다고 느낀 대로 살았다"고 말했다.

"내가 아는 모든 것은 빛나고 있으며, 사랑으로 차 있고, 아름답게 보인다. 나는 바로 아름다운 모든 것을 보고 싶다. 나는 사람들의 손에 의해 망쳐지고 있는 일들을 보고 싶지 않다."

모두에게 보내는 타모-산의 메시지는 다음과 같다. "모든 것이 붓다이다. 모두가 붓다이다. 당신은 꽃이며, 나도 꽃이다. 우리 모두는 꽃을 만들고 우리는 모두 하나이다."

알프레드 테니슨 경 (1809-1892년)

영국의 시인. 낭만주의 문학의 거장 중 하나. 그는 스스로 부과한 침묵과 명상을 한 뒤에 1842년 《록슬리 홀》을 썼다. 테니슨은 보통 통찰력이 있는 것으로 알려져 있지는 않았지만, 이 시의 120-130 행에는 세계 전쟁에서 볼 수 있는 항공 수송, 공중전, 국제 연합의 형성

등 미래에 도래할 것에 대한 예언적 통찰이 번득이고 있다. 이 구절의 마지막 행에는 인간은 인류의 연합으로서 전세계적인 평화를 이루며 살 것을 약속한다.

티벳 점성가들

　점성술은 티벳 라마교의 창시자 파드마삼바바에 의해 서기 749년경에 인도로부터 티벳에 소개되었다. 비록 티벳 점성술이 인도와 중국의 체계와 유사하다고 할지라도, 그것은 가장 좋은 서양의 체계와 경쟁하는 하늘에서 나타나는 전조의 독특한 일부분이 되었다. 몇 세기 동안, 라마(승려들)의 한 분야는 사건들을 정확하게 예언해 오고 있으며, 행성의 위치보다는 고정된 주기로부터 계산되어 달라이 라마들에게 도움을 주었다. 천문력 대신에 그들은 영국과 중국의 침략(1904년과 1950년) 날짜, 제1차 세계 대전의 시작과 끝, 그리고 마지막 달라이 라마의 탄생(1935년)을 정확하게 예언해 온 수학적인 과정을 형성해 왔다. 그의 라마 점성가들 덕분에, 13대 달라이 라마는 공산주의 중국에 의한 티벳의 종교 경전과 성소의 체계적인 파괴에 대해 성직자들이 대비할 수 있게 했다. 침략 날짜에 대해서는 1세기 전 궁중 점성가들이 예언했다. 점성술은 라마승들이 수십 년 동안 영적인 전문가들은 금박을 씌운 모조품들과 중국인들이 파괴한 비교 경전의 모조 사본들을 교란을 위해 만들어 두었다. 본래의 유물들과 책들은 티벳이 다시 자유를 얻을 때까지 히말라야의 동굴에 은폐되어 있다고 한다.

알란 보간

미국의 예언자이자 뉴욕 시에 있는 중앙예언연구소의 가장 뛰어난 예언자 중 하나. 1970년대에 그는 뉴욕 시의 브루클린에 있는 마이모니데스 꿈연구소, 캘리포니아의 파로 알토의 스탠포드 연구소, 그리고 뉴욕 시의 시립 대학에서 심령학을 연구했다. 보간은 중앙예언연구소로부터 초심리학 박사학위를 받았고, 여러 가지 예언에 대한 저작을 남겼다. 그는 자기 책이 "미래와 삶의 '청사진'을 실현하거나 변화시키는 방법에 대한 이론"을 제시하는 것이라고 주장한다.

바르사바의 예언

1790년에 어떤 폴란드의 수도승에 의해 씌어진, 예언적 천재의 문서. 1793년의 폴란드 분단, 나폴레옹 전쟁, 1848년의 유럽 혁명, 제1차 세계대전, 그리고 전쟁의 결과로 인한 질병, 뒤이어지는 원주민 부족들의 투쟁 등 여러 사건의 발생 일자를 지적, 설명하고 있다. 그것은 한 가지 희망적인 예언을 담고 있다. '1986년에' 시작되는 전세계적인 평화. 이것은 냉전을 종결시킨 소련 대통령 미하일 고르바초프가 주창한 페레스트로이카를 의미할 수도 있을 것이다. 그러나 폴란드의 수도승에 따르면, 전세계적인 평화가 찾아올 때 세계 지도자들이 올바른 판단을 내리지 않으면, 1990년 중반에 이 움직임이 중단될 수도 있다고 경고한다.

브리감 영 (1801-1877년)

몰몬교의 지도자이자 예언자로 버몬트 주의 휘팅감에서 태어났다. 그는 창시자 조셉 스미스가 1844년에 순교했을 때, 몰몬교를 안정화시켰다. 영은 핍박으로부터 약속된 땅을 찾아 5천 명의 신도들을 이끌고 온갖 고난을 당하며 미국 서부로 이동했다. 그들은 유타 주의 그레이트 솔트레이크 근처에 정착했으며, 그곳 솔트레이크 시티에 몰몬교의 메카를 수립했다.

이 책에서 살펴본 영의 예언들은 브리감 영, ≪강화집≫(8권, p. 123, 1860년 7월 15일)에서 가져 온 것이다. 이들은 신앙에 충만하여 미국 도처로 퍼져나갔다. 그는 21세기가 도래하기 전에 혼란과 자연재난, 내전으로 빠져들어갈 것이라고 경고했다. 몇몇 해석자들은 다른 예언가들이 1990년대 중후반이나 21세기의 20년간에 올 재난을 예고했지만, 그는 황량한 1960년대에 예언을 집중했다고 생각하고 있다.

예수 (이수아 바르 요셉)

괄호 안의 별명은 '신의 아들'로서 메시아라고 기독교인들에 의해 믿어졌던 예수 그리스도(서기전 4?-서기 29?)의 별칭이다. 그의 삶에 대해 여러 가지 추정들이 수세기 뒤에 덧붙혀졌다. 기독교 성직 제도, 성서, 그리고 위계 질서의 조직화, 제도화는 니케아(서기 325년) 종교회의 시기에 더해진 것이다.

1980년대에 예수 그리스도의 삶에 관해 여러 가지 계시와 통찰이 새롭게 제시된 바 있다. 이러한 새로운 내용들은 기독교 사상의 발전에 새로운 시각을 갖게 해 준다. 7세에서 30세 사이의 예수의 행적에 대해서는 많은 논쟁이 있다. 이에 대해서 성경은 아무것도 기록하고 있지 않지만, 그가 동양에서 23년 동안 연구했다는 이론을 뒷받침하는 근거들이 많다. 전설에 의하면, 출애굽 당시에 사라져 버린 이스라엘의 13번째 종족이 캐쉬미르에 정착했다고 한다. 모세의 무덤은 스리나가 계곡에 있다는 설도 있다. ≪낙원의 뱀≫이라는 책에서 미구엘 세라노에 따르면, 예수가 원 이름이 '카쉬르'('카쉬르'는 '시리아와 같은'이란 뜻이다)인 인도의 캐쉬미르주에서 오랜 기간 체류를 하다가 팔레스타인으로 되돌아갔다는 한 전설을 소개한다. 캐쉬미르에는 유대의 메시아 이름을 딴 두 마을이 있다. 캐쉬미르인들은 예수가 자신의 영적인 공부를 하고 휴식을 취하기도 하며 양떼를 키우기도 한 장소에 '목자의 마을'이라는 뜻의 파할감을 지었다. 다른 한 곳은 스리나가 외곽의 작은 마을 이쉬쿠만으로 '예수가 휴식한 장소'라는 뜻이다. 이곳에서 그는 유대로 되돌아가는 긴 여행을 하기 전에 휴식을 취하고 연설을 했다고 한다.

　황금률과 같은, 예수의 많은 불후의 말씀들은 본성상 불교적임에 틀림이 없다. 19세기 러시아의 연구자 니콜라스 노토비치는 불교의 여러 성소와 사원들에서 예수가 연구한 여러 구절들이 담긴 히말라야의 라다크국과 티벳의 불교 경전을 발견했다.

　예수 그리스도는 성경 연대기 속에 30세 때 다시 등장한다. 3년이라는 길지 않은 영적 활동은, 그가 저주를 받아 예루살렘에서 십자가형에 처해지게 만들었다. 그가 3일 만에 죽음으로부터 부활했다는 전설은 모든 기독교 신앙의 기초를 이루고 있다. 믿음보다는 지식을 중시하는 물병자리 시대에 들어가면, 부활에 대해 새로운 문제들이 제기될 것이다. 기독교 경전은 우리에게 로마 군인들이 창으로 예수의 옆구리를 찔러 "상처에서 피와 물이 흘러나왔다"(≪요한복음≫ 19:34)라고 되어 있다. 그러나 죽은 자는 피를 흘리지 않는다. 이것은 예수가 실제로 십자가에서 죽었는지, 아니면, 그가 끌려 내려왔을 때

혼수상태였는지 의문을 갖게 만든다. 본디오 빌라도로부터 예수의 몸을 인수받기를 원하여, "자신의 무덤에 안치"했던 부유하고 영향력 있는 제자인 아리마대 요셉이 비밀리에 그를 간병하였고 건강을 회복시켜 그를 유대로부터 빼냈다. 그것은 예수가 회원으로 참여했던 비교 모임인 에세네파에 의한 것이라고 추측된다.

십자가에 달려 부상한 뒤에 예수는 대중적인 종교 활동에서 물러나, 캐쉬미르로 되돌아와 삶을 보냈다는 주장을 뒷받침하는 증거가 있다. 캐쉬미르인들에게 그는 유사-아삽으로 알려져 있었다. 캐쉬미르인들에 의하면, 예수는 승천한 것이 아니라 파할감에서 제자들의 모임에 참석하였으며, 102세의 노쇠한 나이에 죽었다. 사람들은 그가 묻여 있는 장소인 1900년 정도 지난 스리나가르 외곽의 무덤을 방문할 수 있다. 천장 위에는 손톱으로 세겨진 2피트의 돌 조각물이 있다. 샤르다어로 되어 있는데 이를 영어로 번역하면 유사-아삽(카냐, 스리나가르)이다.

예수의 예언들은 십자가 처형 뒤 오랜 세월 동안 기록되지 않았으며, 훨씬 뒤 니케아 종교회의에서 광범위하게 수정되었을 가능성이 충분히 있다. 그러나 많은 예수의 예언들이 현대의 사건들과 유사하며, 수정주의자들이 자의적으로 위조되었다고 주장하는 것인지도 모른다.

즈가리야

셈계 예언자들 중 가장 수수께끼 같은 사람으로 그의 예언은 다니엘과 파트모스의 성 요한의 대파국에 대한 예언과 유사하다. 학자들은 제카리아의 제1, 제2서들은 다른 사람에 의해 기록된 것이라고 믿는다. 처음 장들(1-8)은 바빌론으로 탈출한 이후의 시기, 예루살렘이 다시 생활과 종교 도시로 재건설되던 시기에 작성된 것이다. 두 번째 서(9-14장)는 훨씬 뒤인, 서기전 160년 경까지 올라가는 마카비아 전쟁 뒤에 씌어졌다. 두 번째 서는 양식상 체계적으로 혼합되어 있다. 한편으로는 예레미아와 에제키엘과 같은 초기의 예언자들의 상징적인 행동을 회상하는 것이며, 다른 한편으로는 시온 사람들에게 대파국과 성스러운 구속의 미래를 경고하고 약속한다. 제카리아는 "주가 기억한다"는 의미이다.

참고 서적 목록

Alli, Antero, *Astrologik: The Interpretive Art of Astrology.* Seatle, WA: Vigilantero Press, 1990

Ambres, *Ambres.* Torsby, Sweden: AB Sturid, 1992.

Anzar, Nadsherwan. *The Beloved: The Life and Works of Meher Baba.* North Myrtle Beach, SC: Sheriar Press, 1974.

Aurobindo, Sri. *The Future Evolution of Man: The Divine Life Upon Earth.* Wheaton, IL: Quest Books, 1974.

---------.Savitri:*A Legend and A Symbol*.Pondicherry:SriAurobindo Ashram, 1990.

Avabhasa, Da(Free John). *The Dawn Horse Testament,* new standard ed. Clearlake, CA: Dawn Horse Press, 1991.

Baba,Meher, and D.E.Stevens, ed.*Listen Humanity.* SanFrancisco: Harper & Row/Colophon, 1971.

Bahaullah. *A Synopsis and Codification or the Laws and Ordinances of the Kitab-i-Aqdas. The Most Holy Book of Bahaullah.* Compiled by the Universal House of Justice. Haifa: Bahai World Center, 1973.

Abdul-Baha. *Paris Talks.* London: Bahai Publishing Trust, 1944.

---------. *The Promulgation of Universal Peace.* Wilmette, IL: Bahai Publishing Trust, 1982.

---------. *The Secret of Divine Ciliization.* Wilmette, IL: Bahai Publishing Trust, 1957, 1970.

---------. *Selections from the Writings of Abdul-Baha.* Haifa: Bahai World Center, 1978

Baigent,Michael,Richard Leigh, and Henry Lincoln. *The Messianic Legacy.* London: Corgi Books, 1987.

Batra, Ravi. *The Great Depression of 1990.* New York: S&STrade, 1987.

Berlitz, Charles. *Doomsday 1999.* New York: Doubleday, 1981.

Bernbaum, Edwin.*The Way to Shambhala:A Search for the Mythical Kingdom Beyond the Himalayas.* Garden City, NJ: Doubleday, Anchor Press, 1980.

Balvatsky,H.P.*The Secret Doctrine*.Madras:TheosophicalPublishing House, 1888.

The New English Bible, New York: Oxford University Press, 1976.

Bonder, Saniel.*The Divine Emergence of the World-Teacher: The Realization, the Revelation, and the Revealing Ordeal of

Heart-MasterDa Love-Ananda ;aBiographical Celebration. Clearlake, CA: Dawn Horse Press, 1990.

Brown, Lester R. *The State of the World 1988*. New York: Norton, 1987.

-----. *The State of the World 1989*. New York: Norton, 1989

-----. *The State of the World 1990*. New York: Norton, 1990

-----. *The State of the World 1991*. New York: Norton, 1991

Butler, Bill. *The Dictionary of the Tarot.* New York: SchockenBooks, 1975.

Carter, Mary Ellen. *Edgar Cayce on Prophecy: His Remarkable Visions of the Future-and How They Can Guide Your Life Today.* New York: Warner Books, 1988.

Cheiro, Count Louis Hamon. *Cheiro's World Predictions*. Santafe, NM: Sun Books, Sun Publishing, 1981.

Crowley, Aleister. *777 and Other Cabalistic Writings*. New York: Samuel Weister, 1973.

Edmonds, I. G. *Second Sight: People Who Read the Future*. New York: Thomas Nelson, 1977.

Esslemont, J.E. *Bahaullah and the New Era*. Reprint, Wilmette IL: Bahai Publishing Trust, 1966.

Fisher, Joe. *Predictions*. Toronto: Collins, 1980.

Forrest, Steven. *The Inner Sky: The Dynamic New Astrology for Everyone*. New York: Bantam, 1984.

Free John, Da(Adi Da Santosha). *The Enlightenment of the Whole Body*. Middletown, CA: Dawn Horse Press, 1978.

--------. *Garbage and the Goddess*. Lowerlake, CA: Dawn Horse Press, 1974.

--------. *Scientific Proof of the Existence of God Will Soom Be Announced at the White House*. Middletown, CA: Dawn Horse Press, 1980.

Forman, Henry James. *The Story of Prophecy*. Santa Fe, NM: Sun Books, Sun Publishing, 1981.

Fromm, Erich. *To Have ro To Be? A Aew Blueprint for Mankind*. London: Abacus, 1978.

Graham, Lloyd M. *Deceptions and Myths of the Bible: Is the Holy Bible Holy? Is It the Word of God?* New York: Bell, 1979.

Green, Jeff. Uranus: *Freedom from the Known*. St. Paul, MN: Llewllyn, 1988.

Green, Owen. *Nuclear Winter.* Cambridge, MA: Polity Press, 1985.

Gribbin, John. *Future Weather and the Greenhouse Effect*. London: Delta, Eleanor Friede, 1982.

Ground Zero. *Nuclear War: What's in It for You?* New York: Ground - Zero, 1982.

Gunther, Bernard. *Neo Tantra: Bhagwan Shree Rajneesh on Sex, Love, Prayer, and Transcendence*. San Francisco: Harper & Row, 1980.

Gurdjieff, G. I. *All and Everything: Beelzebub's Tales to His Grandson* New York: Arkana, 1985.

-------. *Life is real only then when "I am": All and Everything/Third Series*. New York: Dutton, 1981.

Haich, Elizabeth. *Initiation*. Palo Alto, CA: Seed Center, 1974.

Hall, Manly P. *The Secret Teachings of All the Ages*. Los Angeles : Philoshophical Research Society, 1978.

Hazra, R. C. *Studies in the Puranic Records on Hindu Rites and Customs*. Delhi: Motilal Banarsidass, 1975.

Hermes Trismegistus, and Walter Scot,ed. *Hermetica*.Boston: Shambhala, 1985.

Holzer, Hans. *Prophecies. Visions of the World's Fate: Truths, Possibilities, or Fallacies?* New York: Contemporary Books, 1995.

-----. *The Prophets Speak*. New York: Bobbs-Merrill, 1971.

Holy Bible: New International Version. East Brunswick, NJ: Internationa l Bible Society, 1978.

Ions, Veronica. *Indian Mythology*. New York: Paul Hamlyn, 1967.

Jochmans, J.R.*Rolling Thunder: The Comming Earth Changes*. Santa Fe. NM: Sun Books, Sun Publishing, 1986.

Kelly, J. N. D. *The Oxford Dictionary of Popes*. London: Oxford University Press, 1989.

Kidron, Michel. *The New State of the World Atlas,* 1989. New York: Simon & Scuster, 1989.

Kikuchi, Rev. Ryoju Tamo-san. *Moor the Boat*. Kamakura, Japan : 1960.

Krishnamurti, J. *Commentaries on Living*: First Series. Wheaton,

IL: Quest Books, 1967.

Lawrence, K. H. *Apocalypse*. London: Penguin, 1984.

Lemesurier, Peter. *The Armageddon Script: Prophecy in Action*. Shaftesbury: Element Books, 1981.

Lovelock, James. *The Bhagavad Gita*. Reprint, Harmondsworth: Penguin Books, 1973.

-------. *The Dhammapada*. Reprint, Harmondsworth: PenguinBooks, 1973.

Meredith, George. *The Choice Is Ours: The Key to the Future*. Cologne: Rebel Publishing, 1989.

Mohammed. Translated by M.H. Shakir. *The Qur'an,* Inc., 1988.

Montgomery, Ruth, with Joanne Garland. *Ruth Montgomery: Herald of the New Age*. New York: Fawcett Crest, 1986.

Montgomery, Ruth. *Aliens Among Us*. New York: Fawcett Crest, 1985.

------. *Strangers Among Us*. New York: Fawcett Crest, 1979.

------. *Threshold to Tomorrow*. New York: Fawcett Crest, 1982.

------. *A World Before*. New York: Fawcett Crest, 1971.

Mooney, Ted. *Easy Travel to Other Plandts*. New York: Ballantine Books, 1981.

Murakami, Shigeyoshi. *Japanese Religion in the Modern Society*. Tokyo: University of Tokyo Press, 1983.

Noone, Richard W. *5/5 2000 Ice: The Utilimate Disaster*. New York: Harmony Books, 1971.

Ouspensky, P.D. *In Search of the Miraculous*. London: Harvest, HBJ Books, 1977.

Parker, Derek and Juliet. *The Compleat Astrologer*. New York: McGraw Hill, 1971.

Peters, Fritz. *My Journey with a Mystic*. Reprint, Laguna Niguel, CA : Tale Weaver, 1986.

Prieditis, Arthur. *The Fate of the Nations: Nostradamus's Vision of the Age of Aquarius*. St. Paul, MN: Llewellyn, 1982.

Rajnessh, Bhagwan Shree(Osho). *Beyond Psychology*. Cologne: Rebel Publishing House, 1987.

-----. *The Golden Future*. Cologne: Rebel Publishing House, 1987.

-----. *The Greatest Chanllenge: The Golden Future*. Cologne: Rebel Publishing House, 1988.

-----. *I Am the Gate: The Meaning of Initiation and Discipleship*. San Francisco: Harper & Row, 1977.

-----. *The Last Testament: Interviews with the World Press, vol 1*. Boulder, CO: Rajneesh Publications, 1986.

-----. *The Razor's Edge*. Cologne: Rebel Publishing House, 1988.

-----. *The Silent Explosion*. Bombay: Ananda-Shila, 1973.

-----. *Socrates: Poisoned Again after 25 Centuries*. Cologne: Rebel Publishing House, 1988.

Robinson, Lytle. *Edgar Cayce's Story of the Origin and Destiny of Man*. New York: Berkeley Books, 1976.

Russel, Eric. *History of Astrology and Prediction*. London: Citadel, 1972.

Satprem. Sri Aurobindo: *Or the Adventure of Consciousness*, 2d ed. New York: Institute for Evolutionary Research, 1970.

Schell, Jonathan. *The Fate of the Earth*. London: Picador, 1982.

Shoghi Effendi. *God Passes By*. Wilmette IL: Bahai Publishing Trust, 1944.

Stearn, Jess. *The Sleeping Prophet: An Examination of the Work of Edgar Cayce*. New York: Bantam Books, 1974.

Taherzadeh, Adib. *The Revelation of Bahaullah*. Oxford Press, 1974.

Toth, Max. Pyramid Prophecies. Rochester, VT: Destiny Books, 1988.

Vaughan, Alan. *Patterns in Prophecy*. New York: Hawthorn Books, 1973.

Wallenchinsky, David. *The Book of Predictions*. New York: William Morrow, 1980.

Waters, Frank. *The Book of the Hopi*. New York: Ballantine, 1963.

Ward, Chas. A. *Oracles of Nostradamus*. New York: Dorset Press, 1986.

World Commission on Environment and Development. *Our Common Future*. New York: Oxford University Press, 1987.

Yatri. *Unknown Man: The Mysterious Birth of a New Species*. New York: Simon & Schuster, 1988.